Sobre hemisférios

Luiz Feldman

Sobre hemisférios

capítulos de geopolítica brasileira

autêntica

EDITORAS RESPONSÁVEIS
Rejane Dias
Cecília Martins

REVISÃO
Lívia Martins

CAPA
Diogo Droschi

DIAGRAMAÇÃO
Guilherme Fagundes

IMAGEM DE CAPA

Iberê Camargo
Estrutura em movimento (3), 1962
Água-tinta (crayon litográfico e lavis)
49,4 x 70 cm
Acervo Fundação Iberê
© Iberê Camargo – Fundação Iberê

Dados Internacionais de Catalogação na Publicação (CIP)
(Câmara Brasileira do Livro, SP, Brasil)

Feldman, Luiz
Sobre hemisférios : capítulos de geopolítica brasileira / Luiz Feldman. -- 1 ed. -- Belo Horizonte, MG : Autêntica Editora, 2025.

ISBN 978-65-5928-617-1

1. Geopolítica - Brasil 2. História diplomática 3. Relações internacionais I. Título.

25-292680.1 CDD-327.101

Índices para catálogo sistemático:

1. Geopolítica : Relações internacionais : Ciência política 327.101

Eliete Marques da Silva - Bibliotecária - CRB-8/9380

GRUPO **AUTÊNTICA**

Belo Horizonte
Rua Carlos Turner, 420
Silveira . 31140-520
Belo Horizonte . MG
Tel.: (55 31) 3465 4500

São Paulo
Av. Paulista, 2.073 . Conjunto Nacional
Horsa I . Salas 404-406 . Bela Vista
01311-940 . São Paulo . SP
Tel.: (55 11) 3034 4468

www.grupoautentica.com.br
SAC: atendimentoleitor@grupoautentica.com.br

A Bruno Brant.

Prefácio

Gelson Fonseca Jr.[1]

Há muitas e boas razões para ler *Sobre hemisférios: capítulos de geopolítica brasileira*, de Luiz Feldman. O projeto é promissor: estudar as principais concepções de espaço pelas quais "a diplomacia brasileira procura, entre meados do século XIX e meados do século XX, fazer frente à geopolítica".

É esse o fio condutor de uma pesquisa inovadora sobre quatro momentos de mudança na história da política externa: a diplomacia do visconde do Uruguai para fixar a presença do Brasil na América do Sul; as propostas de Joaquim Nabuco sobre o alinhamento com os Estados Unidos; a visão de Gilberto Freyre sobre a projeção do Brasil na África; e, finalmente, a Política Externa Independente, com foco na ação de Afonso Arinos e San Tiago Dantas a respeito da descolonização das chamadas "províncias ultramarinas" de Portugal.

O objetivo analítico é compreender como evoluem as variações geopolíticas nesses quatro momentos. Para cada episódio, a história dos fatos é lembrada, mas a preocupação de Feldman é ir além deles. Assim, ao privilegiar o espaço, estabelece a métrica que permite reenquadrá-los, desenhando um instrumento conceitual para entender o que muda na política externa quando ela muda.

---

1 Diretor do Centro de História e Documentação Diplomática do Ministério das Relações Exteriores, foi assessor internacional da Presidência da República, cônsul no Porto e em Madri, embaixador no Chile e representante permanente junto às Nações Unidas. É autor, entre outros, de *Diplomacia e academia: um estudo sobre as relações entre o Itamaraty e a comunidade acadêmica.*

Para isso, recupera, no pensamento que informa a solução diplomática, um critério espacial: ora a prevalência das longitudes, ora das latitudes. Feldman enriquece a tradição geopolítica brasileira, dá-lhe movimento, a geografia como limite e oportunidade, e, ao mesmo tempo, oferece novos parâmetros para estudar a continuidade e os cortes na história diplomática brasileira.

Se o objetivo do livro é inovador, Feldman tem credenciais mais do que suficientes para a empreitada. É significativa a sua contribuição para o estudo de autores essenciais para o pensamento brasileiro. O tema do espaço não é novo para o autor, que, em obra recente, *Mar e sertão: ensaio sobre o espaço no pensamento brasileiro*, já o tinha percorrido, com acuidade, opondo duas vocações da presença internacional do Brasil: a marítima, nas obras de Joaquim Nabuco e Gilberto Freyre; e a terrestre, nas obras de Oliveira Lima e Sérgio Buarque de Holanda.

De certa maneira, *Sobre hemisférios* retoma e amplia esse tema, agora pela ótica da história diplomática, revisitando Nabuco e Freyre e introduzindo o visconde do Uruguai e Afonso Arinos.

Além da invenção de um novo prisma analítico, o ponto forte deste livro, como em seus escritos anteriores, é o rigor com que Feldman examina a obra dos pensadores escolhidos para estudar os modelos da presença do Brasil no mundo. Não há simplificações e o autor consegue, em poucas páginas, encontrar variantes e nuances em cada um deles.

A complexidade da argumentação é apresentada de forma clara, precisa, em estilo que convida à leitura. É verdade que cada um dos personagens tem, como se diz, um lugar de fala que certamente influencia a maneira de pensar. A realidade internacional exige decisões ou sugere caminhos. Em qualquer circunstância, é preciso organizar intelectualmente ou respostas ou projetos sobre alternativas ou possibilidades.

Uruguai, Nabuco e Arinos estão em situações que exigem decisão: o visconde como ministro dos Negócios Estrangeiros; Nabuco como advogado do Brasil em um arbitramento e embaixador em Washington; Arinos como ministro das Relações Exteriores e, depois, diplomata à frente da Missão junto à ONU em Nova York. Suas concepções nascem por exigência do cargo. Não é o caso de Freyre que, ainda que tenha exercido funções na Unesco e mesmo na delegação brasileira na Assembleia Geral das Nações Unidas, é o que tem mais liberdade para imaginar.

Aspecto original da análise de Feldman é que sai do cânone, afasta as narrativas consagradas e procura encontrar os seus argumentos em fontes pouco exploradas dos autores. No caso do visconde do Uruguai, reconstrói sua concepção de segurança que, além do Prata, projeta-se para a América do Sul. No de Nabuco, não olha apenas para os seus discursos como embaixador em Washington, mas se concentra em seus comentários sobre o arbitramento na Guiana e a posição na Conferência da Paz na Haia. Em Gilberto Freyre, chama atenção para sua contribuição para os trabalhos da Unesco e da Assembleia Geral das Nações Unidas. E, em Arinos, examina a Política Externa Independente não pelo dissídio com o governo americano, ou seja, Cuba, mas pelo ângulo da descolonização portuguesa.

Além disso, lança um novo olhar sobre o barão do Rio Branco, patrono da diplomacia nacional. O chanceler aparece, em *Sobre hemisférios*, na múltipla condição de herdeiro de Uruguai, chefe de Nabuco, alvo de Freyre e inspiração de San Tiago Dantas. Recupera a tradição diplomática que o antecede e é também recuperado como símbolo dessa tradição pela diplomacia que o sucede. Feldman não o trata como marco zero, mas como encruzilhada histórica entre – em suas palavras – ordem regional e interesse extracontinental, legado sul-americano e projeção pelo multilateralismo.

Longe de resumir o livro e de fazer jus aos matizes dos seus argumentos, valem alguns comentários sucintos sobre a reflexão de Feldman.

A pesquisa sobre o visconde do Uruguai tem privilegiado seu papel no Prata, quando orienta a mudança da política de neutralidade prevalecente depois da guerra da Cisplatina para uma atitude intervencionista. A superação da ameaça que representava Rosas, nosso "inimigo necessário", não esgota, porém, o papel do visconde. Para Feldman, ele promove uma "ruptura da vertente oceânica" do Estado imperial luso-brasileiro que continuou até a década de 1850. Esquecidas as condicionantes europeias que modelavam a política dos Bragança e os atritos com a Inglaterra, o espaço diplomático se desloca plenamente para a região.

Assim se estabelecem as condições para a fundação do que seria uma política externa especificamente brasileira, pensada a partir de uma concepção própria, superando as inclinações lusitanas. Um dos traços fundamentais dessa virada é a rejeição da ambição de conquista, superada quando o visconde afirma a condição brasileira de potência satisfeita: "Contentamo-nos com a imensidade de nosso território, com os recursos e riquezas naturais que Deus lhe deu...". Tomada como espaço diplomático preferencial, a América Meridional embasa também "o rechaço à intromissão das potências navais".

Em suma, Uruguai não postulou uma "preponderância assertiva do Brasil, mas uma grandeza estática, resultante de um equilíbrio entendido como *status quo* e mantido pelos sustentáculos da vigilância, do entendimento e, excepcionalmente, da guerra". As ameaças transoceânicas estavam contidas e, assim, a segurança passa a ser definida pelo equilíbrio regional.

O segundo personagem lembrado por Feldman é Joaquim Nabuco, um dos mais estudados de nossos homens públicos. Nosso autor procura trazê-lo para as coordenadas geográficas. Não é tanto o Nabuco das conferências em universidades americanas que insiste, até por afinidades ideológicas, na aproximação com os Estados Unidos. Ele aparece, mas a pergunta de Feldman, mais abrangente, reabre o tema: como Nabuco imaginou o lugar do Brasil no mundo?

As fontes para encontrar a resposta são, sobretudo, cartas, neste caso mais reveladoras que documentos públicos. Nelas estão registrados a decepção no arbitramento da Guiana e seus comentários sobre as posições brasileiras na Conferência da Paz. A decisão do rei da Itália no sentido de dividir o território disputado com base no princípio da ocupação efetiva, adotado pelos europeus no Congresso de Berlim para a África, representava uma "ameaça existencial" à soberania brasileira. Afinal, "o árbitro decidira um litígio territorial em que se opunham títulos que remontavam ao começo do século XVIII a partir de um princípio adotado no fim do século XIX em uma conferência de que o Brasil não participara".

O pan-americanismo, ou mais precisamente o alinhamento aos Estados Unidos, se tornaria, assim, a garantia para a segurança brasileira, agora com substrato realista; segurança e alinhamento caminham juntos e explicam, por exemplo, as diferenças entre Nabuco, Rui Barbosa e o barão do Rio Branco na Conferência da Haia.

Como Feldman esclarece, a defesa do princípio da igualdade soberana pela delegação brasileira na Haia foi, para Nabuco, um desvio do monroísmo, entendido como uma posição válida circunstancialmente, porque a "igualdade absoluta de todas as nações" era um princípio inalcançável, que não poderíamos impor ao mundo. Seria também contraproducente, porque, em vez de corrigir assimetrias, as aumentaria. "A ideia de nivelar todas as nações, excluindo em absoluto a lei de proporção da esfera do direito internacional, só fará agravar a separação entre grandes e pequenas potências". No principismo monroísta de Nabuco, não cabe divergência dentro da aliança por parte do sócio menor.

Feldman descreve as nuances entre as posições dos três estadistas de forma clara. "A Rui Barbosa, Nabuco poderia aplicar a avaliação de que queria gozar a vantagem naval do monroísmo sem aceitar o corolário que era o alinhamento; Rui, por sua vez, poderia redarguir que a conferência, lançando o Brasil à dinâmica ultramarina, criara uma vertente em que o interesse nacional era servido pelo não alinhamento. E o barão do Rio Branco, colocado no centro e pretendendo enxergar a posição por todos os lados, poderia observar que o poder naval alheio obedece a um interesse também alheio, sendo preferível ter meios próprios, fundamento de boas amizades e da segurança nacional".

Para o visconde do Uruguai, o Brasil era uma potência satisfeita que, à sua maneira, resolvia as ameaças que enfrentava; bastava-se. Nabuco introduz o que seriam as novas ameaças, e o espaço hemisférico, leia-se Estados Unidos, passa a ser a referência. Rui é idealista: é a superação das hierarquias de poder a garantia de segurança. A escolha da segurança, em Nabuco, supõe o poder, naquele momento buscado nas relações de longitude.

Rui não vai além das afirmações abstratas. É Gilberto Freyre quem desenharia a substância ideológica da projeção além dos limites hemisféricos. O monroísmo seria insuficiente para definir o lugar do Brasil no mundo. A âncora para a projeção internacional seria a própria natureza da formação brasileira, a miscigenação que criaria uma capacidade de convivência melhor do que a que propõem os europeus. Assim, a sociologia de Freyre seria a referência básica a partir da qual pensa o Brasil no mundo.

Nesse marco, Feldman chama atenção para o pensamento internacional do mestre pernambucano, resumido em sua tentativa de "afetar a autopercepção nacional, alargar a imaginação sobre o que constituísse o campo do país e fundar uma política transoceânica concreta". Simplificando o argumento, a singularidade da civilização lusotropical se converteria na base de um projeto diplomático que fundasse um imperialismo alternativo, antropocêntrico, assimilacionista, que aproximasse etnias, não aprofundasse as suas diferenças, e operasse como "baluarte da fraternidade no planeta" liderado pelo Brasil (tiro a expressão de *Mar e sertão*). Uma das consequências da posição de Freyre é a de que os processos de descolonização não deveriam ser abruptos, provocados por movimentos revolucionários. O argumento terminava por fortalecer a resistência salazarista a qualquer iniciativa para afrouxar o controle sobre as colônias.

Em Uruguai e Nabuco, o pensamento parte da ameaça. Em Freyre, de uma noção de paz mundial. Ele quer prevenir conflitos, quer encontrar caminhos para lidar com os riscos do ocaso do imperialismo europeu. Sugere, à sua moda, um caminho para a superação do conflito de civilizações. Queria uma ONU realmente universalista. Como delegado na Assembleia Geral, é protagonista de um entrevero com Eleanor Roosevelt, ao defender uma concepção universal no caso da distribuição dos fundos da Unicef para os países latino-americanos, e não somente para os europeus, como defendia a delegada americana.

É notável o exame que Feldman faz da trajetória de Freyre, da inegável criatividade de suas ideias, de como se descolavam do que era possível e conveniente diplomaticamente para o Brasil. O passo necessário para a projeção africana seria abandonar a hipoteca portuguesa, o que era incompatível com o lusotropicalismo.

No último capítulo, o personagem principal é Afonso Arinos, também presentes San Tiago Dantas, Araújo Castro, Antônio Houaiss e Alberto da Costa e Silva. São eles que elaboram intelectualmente as diretivas da Política Externa Independente e enfrentam os desafios de colocá-la em prática, entre os quais a resistência do governo português, a ditadura de Salazar e as resoluções das Nações Unidas para levar adiante o processo de independência das colônias lusitanas na África e na Ásia.

Naquele momento, o projeto de liderança internacional com base nas ideias de Freyre estava abandonado; porém, não o ímpeto diplomático de se abrir para as transformações do sistema, especialmente a descolonização, que se generalizava, e a afirmação do multilateralismo. A aproximação com a África, como anota Feldman, desloca-se do lusotropicalismo para outra plataforma: "pelo anticolonialismo, a Política Externa Independente começa a imaginar um nexo direto e horizontal Sul-Sul".

Os fundamentos do anticolonialismo, dirá Arinos, derivam "da evolução natural e interna da nossa democracia", que impunha à diplomacia expressar a visão "historicamente antirracista e anticolonialista" da sociedade brasileira. A transformação dos objetivos em medidas concretas, isto é, o apoio às resoluções da ONU, não é simples. É, ao longo do período, travado pelo *lobby* português, de significativa influência política e de fácil acesso ao mais alto nível do processo decisório. Não é sem razão que Feldman anota, ao lembrar o célebre discurso dos três Ds de Araújo Castro, que o Brasil só poderia ser assertivo em dois Ds, desarmamento e desenvolvimento; em descolonização, as "ressonâncias" das críticas de Freyre à nova diplomacia, em discurso no Gabinete Português de Leitura, deixam o chanceler Araújo Castro "de guarda alta".

Apesar dos obstáculos para ser levada adiante, a Política Externa Independente explicita a perspectiva do hemisfério sul como "habilitadora da projeção extracontinental brasileira, sul-atlântica e africana". No plano continental, é na ideia de América Latina que se articulam a presença e o peso desse Brasil da latitude. Assim surge, com Arinos, uma política brasileira de latitude que relança a projeção ultramarina do país. É esse o grande arco da história contada no livro: da política na longitude à política na latitude.

Não é necessário lembrar que cada personagem trabalhou e pensou em tempo histórico determinado. As propostas nasceram e valeram para aquele tempo e serviram como orientação de operações diplomáticas ou inspiração para o discurso da política externa. Há, contudo, algo de mais abrangente neste livro.

Sobre hemisférios desvenda, na verdade, *modos de pensar* questões permanentes da diplomacia brasileira. O que disseram o visconde do Uruguai, Nabuco, Freyre e Arinos não resolve, é claro, os problemas de hoje, mas ajuda a entendê-los; para mim, essa é a grande contribuição deste livro.

A segurança e uma certa visão de ordem será sempre fundamental para definir a nossa presença regional. Os Estados Unidos são a convivência longitudinal necessária, inevitavelmente problemática. A natureza da abertura para o mundo africano precisa de fundamentos sólidos, culturais ou políticos. O projeto do universalismo nas relações diplomáticas exige a combinação constante do potencial brasileiro no plano das coordenadas geográficas.

O convite para escrever este prefácio para o livro de Luiz Feldman foi honroso. Valha como reconhecimento da minha admiração pelo intelectual e pelo diplomata. *Sobre hemisférios* é um texto realmente inovador e, para quem se interessa pela política externa brasileira, uma leitura necessária.

Rio de Janeiro, 25 de setembro de 2025.

Nota do autor

Reimprimem-se nestas páginas, com alterações, três textos surgidos em formato diverso: o segundo capítulo, como "Nabuco de Roma à Haia", na revista *Synthesis* (v. 15, n. 3, 2022), do Rio de Janeiro; o terceiro capítulo, como "Gilberto Freyre y las Naciones Unidas", na *Revista Iberoamericana* (v. 89, n. 285, 2023), de Pittsburgh; e o quarto capítulo, como "Afonso Arinos diplomata multilateral", em coletânea organizada em 2025 por Arno Wehling e Rogério Faria Tavares, nos 120 anos do estadista mineiro. O conjunto, reunido ao estudo inédito do primeiro capítulo, ganhou unidade. Em uma conversa do autor com Mauricio Lyrio, ganhou o seu nome. Escrito a título pessoal, este livro não pretende representar posições oficiais da diplomacia brasileira, nem atribuir erros e omissões senão ao autor.

Brasília-Buenos Aires, 1º de julho de 2025.

Introdução

A geopolítica impõe-se ao Brasil de tempos em tempos. Os problemas externos não são compreendidos, nesses momentos, como secundários: tornam-se existenciais. Exigem como resposta uma definição fundamental de espaço, uma tomada de posição no sentido forte do termo, a partir da qual o país busca se proteger dos perigos vindos de fora e abrir o mundo, ou parte dele, à influência brasileira.

Uma maneira de contar nossa história diplomática é reconstituindo o empenho pela imaginação de um *campo brasileiro* que assegure proteção e influência ao país em meio a um mundo hostil. Ao longo do tempo, a política externa procura demarcar e modelar esse espaço, que abrange tanto o território soberano quanto certa dimensão diplomática de seu exterior, segundo diferentes concepções.

Conjugam-se nessas concepções, de diferentes formas, geografia e política. O seu alcance geográfico pode limitar-se à vizinhança ou estender-se ao além-mar; sua índole política pode se expressar em um ideal de estabilidade ou apontar a uma vontade de projeção. Essas são coordenadas-chave que, em distintas combinações, orientam distintos modos de afirmar a posição do Brasil no mundo.

Os conceitos de *ordem regional* e *interesse extracontinental* captam bem o conjunto de experiências associadas às sucessivas demarcações, pela política externa, de um campo brasileiro. O primeiro indica variadas tentativas de fixar um ideal de ordem no entorno do país, isto é, alguma convergência no âmbito da região; o segundo, variadas tentativas de sustentar um interesse do país no ultramar, ou seja, alguma incidência em âmbito externo ao continente.

As concepções concretas de ordem regional e interesse extracontinental são, como já se disse das coisas humanas, um assunto "variado e inconstante".[1] São, em uma palavra, históricas. Mudam com o tempo, reagem a circunstâncias oscilantes e podem contrastar deliberadamente entre si. Formuladas em contextos específicos, podem transcendê-los, revelando-se longevas ou reincidentes.

Apreender essas concepções em seu movimento, sua duração e sua singularidade é um desafio para a escrita da história, não para exercícios teóricos. Enquanto os conceitos genéricos de ordem regional e interesse extracontinental nos ajudam a desenhar os contornos de uma área da historiografia diplomática, são as concepções concretas de ordem e interesse havidas pela diplomacia no decurso do tempo que animam, com suas colorações particulares, cada quadro histórico.

Proponho-me, neste livro, a historiar algumas das principais concepções de espaço pelas quais a diplomacia brasileira procura, de meados do século XIX a meados do XX, fazer frente à geopolítica: as noções de *América do Sul*, ou *América Meridional*, como se dizia, de 1843 a 1866; *hemisfério ocidental*, de 1899 a 1909; *trópico*, de 1948 a 1959; e *hemisfério sul*, de 1961 a 1963.

A nota dominante destas páginas é aquela atitude de Capistrano de Abreu ao explicar o que queria ao escrever sua obra *Capítulos de história colonial*: "uma História modesta, a grandes traços e largas malhas", que permitisse "encadear melhor certos fatos, e chamar a atenção para certos aspectos até agora menosprezados".[2]

Os capítulos à frente abordam a história diplomática brasileira sem ambições de completude ou de exaurir a sua temática. Descem, é certo, à malha fina com que as quatro concepções de espaço mencionadas foram tecidas. Mas, à maneira do historiador cearense, procuram compor um panorama a grandes traços. Partem desta indagação: pode o nosso passado diplomático ser encadeado em uma leitura geopolítica?

É preciso, à largada, definir o que se quer dizer com isso cronologicamente. São comuns, na historiografia atual, narrativas impregnadas do sentido de *legado*, em que o passado de nossa diplomacia se confunde com a história multissecular da diplomacia portuguesa, da qual se desprenderia

---

1 Montaigne, *Ensaios*, v. 1, p. 10.

2 Capistrano de Abreu, "Ao barão do Rio Branco – 1886-1903", p. 130.

naturalmente como galho a surgir do tronco. Essa ótica se justifica, é claro, por um dado inerente à diplomacia: a continuidade.

A definição das fronteiras, por exemplo, resulta de um acúmulo de negociações e tratados que, em importante medida, antecedem a independência do Brasil. Os ajustes de limite feitos após 1822 não só incorporam o patrimônio jurídico herdado de Portugal como se servem dele como estratégia negociadora. Fato histórico e trunfo político, a herança diplomática lusitana só poderia ser ignorada com erro crasso.

Mas também percorre a historiografia diplomática brasileira um sentido de *ruptura*: característico, talvez, de livros mais antigos, expressa-se na ideia de que nem tudo é uma emanação da raiz portuguesa, como não poderia deixar de ser em uma nação que se insurge contra o jugo metropolitano. Outros fatores, afora a tradição, pesam. É o que acontece quando se toma em conta uma circunstância como a geografia.

Algumas das páginas mais notáveis de nossa historiografia diplomática dedicam-se à profunda transformação do cálculo estratégico de Portugal com a retirada de D. João VI aos trópicos em 1808, quando o Estado, trasladando a sua sede da Península Ibérica à América do Sul, torna-se luso-brasileiro. Dentro da continuidade, a ruptura, ensina Oliveira Lima no seu clássico *Dom João VI no Brasil*.

É essa mesma tônica que marca o ponto de partida destes capítulos. Ponto de ruptura: o fim do tráfico transatlântico de cativos africanos por volta de 1850. Começar algumas décadas depois que a história de Oliveira Lima não é discordar da centralidade que atribui ao fator geográfico; é redobrá-la. Em lugar da mudança da capital, partimos aqui da ruptura da vertente oceânica do Estado imperial luso-brasileiro instalado no Rio de Janeiro.

A proibição do tráfico, por iniciativa da Inglaterra, cuja esquadra se interpõe entre as duas margens do Atlântico Sul, impõe um reordenamento do alcance espacial do Brasil. Representa um corte profundo no "transoceanismo",[3] termo (outra vez) de Capistrano que designa o sentido marítimo da formação colonial brasileira. Lido ao revés, pode designar o sentido multicontinental do império português, disperso da América à África e à Ásia.

Essa projeção por diferentes continentes, se bem que tingida pela longa decadência imperial portuguesa, é parte integrante do Estado que se traslada ao Rio de Janeiro. Em 1808, o Rio é feito sede de um império

---

[3] Capistrano de Abreu, "Introdução", p. xviii.

colonial. E o retorno de el-rei a Lisboa em 1821 não liquida, por si só, o assunto. Um dos primeiríssimos problemas diplomáticos que o Brasil independente e seu jovem imperador devem resolver é o dos vínculos do país com as possessões africanas de Portugal, "vitais" como fonte da mão de obra escravizada e explorada deste lado do Atlântico: o novo Estado "tinha um pulmão em Angola".[4]

O tratado de reconhecimento da independência, firmado em 1825 entre D. João VI, pai, e D. Pedro I, filho, sob mediação inglesa, veda textualmente logo no artigo terceiro a reunião de quaisquer colônias lusitanas ao nascente Império sul-americano. O dispositivo insere-se, logicamente, em uma longa lista de medidas da Inglaterra pelo fim do tráfico na primeira metade do século XIX. Mas isso é uma história à parte.

O que importa notar é que, em 1850, quando a Inglaterra já passou da diplomacia ao bloqueio naval, o Estado brasileiro não pode mais nutrir a pretensão de se projetar imperial ou economicamente sobre Angola e o continente africano. Define-se 1850 como a ruptura de nossa "matriz espacial colonial";[5] é, igualmente, a ruptura do legado luso-brasileiro de um Estado com aspirações ao menos bicontinentais, da América do Sul à costa e mesmo à contracosta da África.

Nessa reconfiguração da circunstância geográfica brasileira, temos um início possível da história diplomática nacional. O corte com o mar e com o ultramar africano é também um corte no passado diplomático que nos revela uma camada de significado histórico. É que a "força fundamental na constituição de um Estado, o caráter territorial",[6] adquire no caso brasileiro o sentido de um contraste com o transoceanismo.

É em contraste com um passado de escala oceânica que o Estado independente brasileiro começa a forjar o seu caráter territorial. Pelas proporções do país, que se emancipa da metrópole logrando conservar as vastas regiões da América portuguesa reunidas sob um centro político unificado, esse caráter é, na verdade, mais que territorial; é continental.

O Brasil independente vai assumindo um *destino de continente* em contraposição a um *passado de arquipélago*, de terras dispersas pelas orlas do Atlântico, do Índico e do Pacífico. Evaldo Cabral de Mello observa que isso

---

[4] Alencastro, "Prefácio", p. 15.

[5] Alencastro, *O trato dos viventes*, p. 354.

[6] Ganivet, *Idearium español*, p. 97.

se exprime na oposição entre as formas políticas do Império do Brasil, massa continental autocentrada, que é como o Brasil "devia ser", e do Reino Unido de Portugal, Brasil e Algarves, conjunto de ilhas políticas, o país "como já era".[7]

A bem dizer, a continentalidade brasileira vinha sendo deliberadamente forjada desde muito antes da independência. Ao longo do século XVIII, Portugal passa de uma preocupação defensiva frente a invasões na costa atlântica brasileira a uma "política abertamente expansionista" de colonização do interior do continente sul-americano,[8] buscando tomar posse de terras localizadas mais além da raia de Tordesilhas e, por isso, nominalmente hispânicas pelo direito europeu.

A culminância dessa política é o Tratado de Madri de 1750. Revogando o Tratado de Tordesilhas, sacramenta ganhos territoriais portugueses nas regiões centro-oeste e amazônica que extrapolam de muito o meridiano estabelecido pelo velho acordo de 1494 entre os reis de Castela e Portugal. Obtém-se aí o que historiadores antigos chamavam "recuo do meridiano", monumental deslocamento a oeste das fronteiras brasileiras.

Pela mesma época do Tratado de Madri, a metade do século XVIII, o Brasil começa a surgir nos mapas com o formato triangular pelo qual o conhecemos. O *Mapa das Cortes*, concebido por Alexandre de Gusmão e usado nas negociações em Madri, bem como a *Carta da América Meridional*, preparada em 1748 pelo geógrafo francês D'Anville também sob orientação da diplomacia portuguesa, são emblemas desse tempo.

Seria um equívoco, assim, levar longe demais a oposição entre Brasil independente continental e passado colonial arquipelágico. O próprio Portugal já trabalhava pela continentalidade brasileira, como ensinam as grandes obras de nossa história diplomática, desde os seus títulos, ao identificarem na política de Lisboa um fator na "formação" ou na "construção" territorial do país.[9]

Mas, como dito, é do século XVIII essa política. Antes da profundidade continental, observa Jaime Cortesão, a feição predominante do império português no mundo era a das fachadas litorâneas. A mudança,

---

7 Cabral de Mello, *Um imenso Portugal*, p. 26.

8 Furtado, "Portuguese America under Foreign Threat and the Creation of the Concept of *Uti Possidetis* in the First Half of the 18th Century", p. 124.

9 Ver Goes Filho, *Navegantes, bandeirantes, diplomatas*, cujo subtítulo fala na "formação" das fronteiras; e Ricupero, *A diplomacia na construção do Brasil*, cujo subtítulo indica 1750 como ponto de partida.

explica, tem a ver com a derrocada do império marítimo lusitano na Ásia e com a subsequente transição, na África e na América, para a política setecentista de fixação e expansão continentais.

Em um plano mais amplo, Cortesão vislumbra, com a superação da velha "cultura de latitude", própria da projeção marítima portuguesa dos séculos XVI e XVII, o vicejar da "cultura da longitude" que marca o territorialismo europeu do XVIII.[10] Com a inovação tecnológica da época possibilitando uma definição mais exata dos meridianos do globo, o tema das longitudes entra em cheio na geopolítica setecentista portuguesa.

Júnia Ferreira Furtado, retomando a discussão do historiador português exilado do salazarismo no Rio de Janeiro, demonstra como a diplomacia lusitana opera dentro dos preceitos de Tordesilhas justamente ao tentar superar esse tratado. Sob a premissa de um meridiano, agora mais bem calculado, que divide em duas metades o planeta, Portugal teria títulos territoriais a reivindicar na América do Sul bem como no oceano Pacífico. É o espaço do que se chamava a "longitude oriental" atribuída por Tordesilhas a Portugal,[11] vasta faixa do globo terrestre entre o que hoje são o Brasil e as Filipinas (à Espanha se atribuía a "longitude ocidental").

Ao negociar o Tratado de Madri, Portugal, mais interessado nas minas de ouro brasileiras do que em territórios insulares do outro lado do mundo, propõe aos espanhóis um ajuste global. A partilha da América do Sul, em que Lisboa leva enormes sertões a oeste da linha de Tordesilhas, é compensada em alguma medida por concessões lusitanas na Ásia, a exemplo do reconhecimento da soberania de Madri sobre as Filipinas.

Esses termos do acordo de 1750 ilustram como, pela cultura da longitude, a continentalidade brasileira era enfocada a partir de uma ótica multicontinental, ou, se quisermos, transoceânica. Mesmo ao costurar o famoso acordo que pela primeira vez deu ao Brasil a sua fisionomia continental, a diplomacia portuguesa operava nos marcos de

---

[10] Cortesão, *Alexandre de Gusmão e o Tratado de Madrid*, t. I, p. 318 e p. 292.

[11] D'Anville *apud* Furtado, *Oráculos da geografia iluminista*, p. 330. Para os dividendos da abordagem do Brasil nesse período como parte do ultramar português, antes que como uma colônia autorreferenciada, ver Bicalho, "Da colônia ao império". Para uma visão geral da dinâmica do império marítimo português dos séculos XV ao XIX, ver Boxer, *Opera minora III*, p. 357-415.

dilatadíssimas longitudes, fazendo uma partilha nada menos que global com os espanhóis.

O tema da longitude contribui para uma melhor compreensão de como o Brasil assume de vez, com o corte da vertente oceânica em 1850, o seu destino continental. Não se trata somente de negar um passado de arquipélago (nada fácil, considerando-se que a própria capital do novo país ostenta marcas inconfundíveis do mundo afro-atlântico, dando a muitos viajantes a sensação de estarem "em pleno continente africano");[12] trata-se de reconhecer que o legado de continentalidade, parte desse passado, fora construído em um quadro de vastas longitudes globais totalmente indisponível para o país independente.

O Brasil herda da diplomacia portuguesa, é verdade, a política setecentista de longitude, ou de profundidade territorial, cujos critérios "medem-lhe a grandeza pelo padrão continental".[13] Mas o tabuleiro em que nossa política externa pode jogar é uma fração daquele em que os impérios ibéricos disputavam suas partidas mundiais.

Sob o impacto da ação obstinada da maior potência marítima do século XIX, em menos de três décadas de vida independente do Brasil o espaço disponível para a diplomacia do país sofre um drástico estreitamento de longitude com a eliminação do componente extracontinental. A longitude deve limitar-se, após o bloqueio inglês do oceano, às terras do hemisfério ocidental: à América.

É nessa profunda ruptura espacial que situo o surgimento da política externa brasileira. Ao fazê-lo, ponho o início cem anos depois da marca fixada por Rubens Ricupero em sua história. Esclareça-se logo: estas páginas não poderiam ter sido escritas sem a *Diplomacia na construção do Brasil*, que cobre todo o terreno e permite à nossa reconstrução deter-se apenas em alguns momentos significativos.

Começar por volta de 1850, e não de 1750 como a *Diplomacia* de Ricupero, é buscar uma singularidade na conformação de nossa problemática exterior: é pôr em foco o imenso empenho do novo Estado em reivindicar e tornar realidade certo legado colonial, convertendo-o em destino de continentalidade, enquanto era forçado a abrir mão de outro, tornando-o passado oceânico.

---

[12] Lopes dos Santos, *Irmãs do Atlântico*, p. 181.

[13] Cortesão, *Alexandre de Gusmão e o Tratado de Madrid*, t. I, p. 320.

A diplomacia começa a refletir uma política propriamente brasileira, pelo critério proposto aqui, quando enfrenta essa reconfiguração das condições materiais e estratégicas em que o país está instalado.

Se é próprio da ação política o "corte que dá forma",[14] nossa política externa, como tal, surge quando talha o legado colonial à medida de novas circunstâncias geográficas. O trabalho diplomático despertará interesse nestas páginas precisamente na medida em que procura levar a efeito a política externa nesse sentido de um *posicionamento* substantivo no mundo.[15]

***

O primeiro capítulo, à frente, reconstitui esse momento inaugural da política externa aproximando-se a um dos nomes mais consequentes da diplomacia do Império e à categoria que repôs em circulação: Paulino José Soares de Souza (1807-1866), visconde do Uruguai, arquiteto da concepção brasileira de *grandeza sul-americana*.

Colaborador do movimento do Regresso, na segunda metade da década de 1830, em que se reergue o Estado unitário após a experiência liberal de descentralização na Regência, o visconde se firma nos anos 1840 como um dos nomes primazes do partido conservador, ou, no dizer da época, saquarema, pela origem fluminense de seus chefes. Ministro dos Negócios Estrangeiros duas vezes, nas décadas de 1840 e 1850, e, desta à de 1860, membro do Conselho de Estado, será o chanceler mais longevo da monarquia.

Muitos fatores tornam a pasta especialmente delicada em sua quadra histórica. Há a pressão inglesa; há as tensões com a Argentina, herdadas da malfadada disputa pelo Uruguai e prolongada pelos problemas de convivência com Juan Manuel de Rosas em Buenos Aires; há dúvida sobre muitas das fronteiras, sejam as chamadas vivas, no Prata, sejam as extensíssimas com os vizinhos a oeste e norte; há a realidade política facciosa herdada do período regencial.

Nessa época "ainda dependia dela", diz um historiador do Império sobre a política externa, "a união do Brasil".[16] É para propiciar ordem externa, contrapartida urgente da interna, que o visconde do Uruguai, peso

---

[14] Galli, *Formas de la crítica*, p. 137.

[15] Ver a distinção entre diplomacia e política externa em Calvet de Magalhães, *A diplomacia pura*.

[16] Nabuco, *Um estadista do Império*, t. III, p. 207.

pesado da política nacional, vai chefiar os Estrangeiros. De lá desenha e executa, e, mais tarde, do Conselho, preserva e aprofunda, um programa de política externa que liquida hipotecas, robustece ativos e assegura unidade, estabilidade e progresso nos termos do Segundo Reinado.

Pela indefinição das fronteiras do país, território e entorno às vezes mais se diluem em um limiar do que se separam em um limite. Nesse quadro, demarcar os limites do próprio continente em que atuava o Brasil, dando foco a essa atuação, podia ser mais urgente (e factível) do que demarcar alguma fronteira específica. Daí porque o visconde, além de assimilar o corte com o oceano, que tira a maritimidade da agenda diplomática, propõe outro corte, que destaca o continente austral do restante do hemisfério. Uma política limitada, mas resoluta de latitude modula a longitude: América Meridional.

É traçando esse campo que o visconde busca tomar posse do legado colonial e modelá-lo à medida de seu tempo. A América Meridional é o ideal de ordem em torno ao qual procura fazer convergir os vizinhos de terra e também as potências navais atuantes na região. Sua concepção operativa de América Meridional envolve três aspectos principais.

Refere-se a um conjunto de Estados, composto por todas as nações independentes da região e não apenas as do Prata, sujeito a um preceito estrito de *status quo*. Qualquer projeto de revisionismo territorial ameaça, com um salto de poder relativo, o equilíbrio regional, devendo ser contrarrestado por uma coalizão de contenção. A preocupação crucial é com os desígnios argentinos quanto a Uruguai e Paraguai. Mas a escala sul-americana é central para essa política, até pela fragilidade das demais fronteiras do Brasil.

O visconde leva a efeito esse programa contra Rosas, tomado como inimigo em seu plano de engrandecimento argentino à custa de territórios brasileiros. A aliança regional que costura leva à derrubada do líder de Buenos Aires em 1852. O objetivo do visconde é, pelo *status quo*, conservar a grandeza continental brasileira. Para isso declara o país uma potência territorialmente satisfeita, rejeitando o expansionismo luso-brasileiro (ou sua nostalgia) encampado até por seu mentor, o arquissaquarema Bernardo Pereira de Vasconcelos.

A América Meridional refere-se, em seguida, a um conjunto de regimes políticos e sociais até certo ponto heterogêneo, mas que, compartilhando a mesma formação latina, distingue-se do perfil anglo-saxão da

América Setentrional. A heterogeneidade impõe parâmetros de convivência e ingerência. Em regra, para o visconde, devem-se reconhecer os direitos soberanos de lado a lado: a monarquia e as repúblicas circundantes deveriam coexistir em paz e estas últimas deveriam admitir o regime da escravidão naquela.

A guerra só se justificaria no caso excepcional de que o ciclo de anarquia e tirania, próprio das sociedades latinas, levasse a um caudilhismo territorialmente revisionista, como o de Rosas e o de seu aliado no Uruguai, Manuel Oribe. A intervenção estrangeira seria necessária, aí, para abrandar costumes políticos a tal ponto radicalizados. O visconde torna essa diretriz realidade com a intervenção no Uruguai. Mas uma ingerência com essas finalidades teria que ser longa e difícil. Vê com desconcerto, no fim da vida, a escalada da intervenção no Uruguai para uma guerra com o Paraguai.

A América Meridional é, por último, um critério forte de distinção entre o regional e o extrarregional que embasa o rechaço à intromissão das potências navais. Com a renúncia do Império à vertente oceânica do país, fonte da predação da África por mão de obra, a linha de problemas diplomáticos com Inglaterra e Estados Unidos se havia movido para o litoral, as bocas de rio e os próprios cursos fluviais. A questão era garantir o controle soberano desses espaços, atendendo, como é hábito entre os saquaremas, à circunstância peculiar de cada caso. O fim do tráfico impõe-se inapelavelmente, já o vimos, em um Atlântico unificado pela Inglaterra.

Mas há o caso dos rios. No Prata, onde o interesse brasileiro é a navegação livre contra o monopólio portenho, busca-se atuar nas brechas da esquadra inglesa. No Amazonas, que se pretende manter fechado a bem da soberania brasileira, resiste-se à demanda dos Estados Unidos por abertura, articulada junto a vizinhos sul-americanos. A pressão norte-americana complementa-se pelo que o visconde percebe como a expansão da presença do país rumo à vizinhança terrestre do Brasil, através da América Central, após a guerra com o México. Discrepando de um opositor liberal como Tavares Bastos, que pleiteia a abertura do Amazonas, insiste na diferenciação entre a América Meridional e o hemisfério ocidental.

O segundo capítulo recompõe o momento em que, com a renovação da agenda diplomática no bojo da instalação da República, ascende um ideal de ordem regional em muitos sentidos oposto ao sul-americano. Aproxima-se, agora, à obra do primeiro embaixador do Brasil em

Washington e à categoria que procura inscrever no centro da política externa: Joaquim Nabuco (1849-1910) e a concepção de *aliança hemisférica*.

Um dos líderes do abolicionismo nos anos 1880, Nabuco tem sua trajetória política interrompida pelo ocaso da monarquia. Do ostracismo na década seguinte, escreve clássicos como *Minha formação*, sua autobiografia, e livros de polêmica como *A intervenção estrangeira durante a Revolta*, sobre o papel da esquadra norte-americana no levante da Armada. Convidado pelo governo Campos Salles a defender o Brasil no litígio contra a Inglaterra pelo território do Pirara, muda-se do Rio para Londres em 1899. Após laudo arbitral desfavorável do rei da Itália, em 1904, é remanejado para Washington pelo barão do Rio Branco.

Para Nabuco, a turbulência da primeira década republicana e o desenlace negativo da disputa fronteiriça com a maior potência do mundo àquela altura são dados de um mesmo problema. Diante de um ambiente externo marcado por imperialismos agressivos, o Brasil já começava a pagar, com a predação de seu patrimônio territorial, o preço de sua incúria com o progresso interno. Sem forças para ocupar efetivamente o território descomunal, o país sujeitava-se ao arbítrio dos poderosos, contra o qual de pouco lhe valeria um direito internacional determinado por esses mesmos poderosos.

A ordem interna era imprescindível, mas não suficiente. Receoso das ambições inglesas e também alemãs na América do Sul, Nabuco sustenta o imperativo de uma aliança com os Estados Unidos que imunizasse o território brasileiro frente a novas apropriações europeias. Propugna, de Washington, uma leitura própria da famosa Doutrina Monroe: erige um interesse dos Estados Unidos no resguardo do hemisfério, isolando as Américas da geopolítica, em fundamento da segurança nacional brasileira.

O barão do Rio Branco, chanceler e herdeiro direto pelo pai – o visconde do mesmo nome – da tradição diplomática saquarema associada ao visconde do Uruguai, não dá carta branca ao monroísmo do velho amigo nomeado embaixador. Sopesa-o, antes, com o legado sul-americanista e com as novas perspectivas abertas pela estreia do país no palco multilateral com a Conferência da Haia. Imersa nessa dinâmica de Washington ao Rio e à Haia, a concepção de aliança divisada por Nabuco procura afirmar o hemisfério como campo do Brasil por três aspectos.

O hemisfério ocidental afigura-se para Nabuco, desde o livro *Balmaceda*, de 1895, como uma alternativa às insuficiências da América do Sul, e mesmo da categoria mais recente de América Latina. Se o Império lograra se ordenar no campo sul-americano, pensa o monarquista, o mesmo não podia ocorrer com a República, que, como república, não escaparia da tendência de suas vizinhas à violência política. O exemplo hemisférico das instituições liberais norte-americanas tornava-se capital para uma ordem estável em um Brasil republicano.

Reapreciado o problema desde Washington dez anos depois, o hemisfério adquire outro aspecto ainda mais decisivo. Além da força do exemplo, os Estados Unidos oferecem, pela Doutrina Monroe, um bem público à região: interditam apropriações territoriais por grandes potências extracontinentais. Nabuco sustenta, daí, que só a aliança bilateral pode assegurar a independência brasileira. A ordem hemisférica ampla, baseada na interdição monroísta, tornava-se, naquele momento, capital para a ordem soberana de um Brasil continental.

O sustentáculo desse ordenamento amplo é, para Nabuco, o poder naval norte-americano. Considera que, à diferença da Inglaterra, que fundara um Atlântico uno no século XIX, o monroísmo projeta agora uma linha de isolamento hemisférico que cinde o oceano Atlântico e nega a intromissão de esquadras europeias em sua longitude ocidental. Enuncia-se, com isso, um preceito crucial na atuação de Nabuco, expresso, por exemplo, ao discordar da reação de Rio Branco ao incidente em que uma canhoneira alemã desrespeita a jurisdição brasileira em Santa Catarina. É este: o aliado que se beneficia da proteção da linha hemisférica deve, ao que provê segurança, a contrapartida do alinhamento; aquiescência à sua conduta externa.

O corolário é uma dicotomia formulada por Nabuco com apego moralista à virtude da consistência. As nações latino-americanas que rechaçam a proteção dos Estados Unidos padecem de desamparo estratégico, abrindo-se à reabsorção na tutela colonial europeia ou mesmo à ação inopinada do país hegemônico. Já às alinhadas abrem-se as perspectivas da segurança e até da projeção. A própria América do Sul volta às cogitações, pois Nabuco atua para que, nela, o Brasil exercesse primazia no interesse do hemisfério.

O hemisfério ocidental refere-se, por último, a um tipo de ordenamento concreto que repele fórmulas jurídicas de organização do convívio entre os Estados. Isso leva Nabuco a uma divergência com a postura adotada por Rui Barbosa na Conferência da Haia, em 1907, quando este, com o aval de Rio Branco, defende a igualdade soberana das nações. Nabuco pondera que esse princípio contraria diferenças naturais de poder entre os países e adverte que o Brasil não deveria aderir a normas de direito internacional que, desconhecendo a linha de isolamento hemisférica, exporiam o Brasil a riscos.

O embaixador nota a certa altura, no entanto, que a dinâmica multilateral não se caracteriza apenas, e talvez sequer principalmente, por coalizões de países fracos, mas também por diretórios em que as grandes potências concertam os seus interesses. Enquanto o Brasil parece poder ser admitido a esse grupo, Nabuco acalenta a ideia. Tira, dela, uma visão antidoutrinária similar à de Rio Branco, em que o Brasil pode fazer do multilateralismo uma forma de asserção de poder, buscando no reconhecimento do *status* de potência fora do hemisfério uma fonte extracontinental de grandeza. Desaparecida a possibilidade, descarta o assunto e volta a um enérgico bilateralismo.

O terceiro capítulo reconstrói o momento em que, à margem da sedimentação da política monroísta de aliança hemisférica na esteira da Segunda Guerra Mundial, exprime-se uma vontade de projeção ultramarina brasileira. Aproxima-se, para isso, à figura de um pensador atuante em foros multilaterais do pós-guerra e à categoria que logra difundir desses foros até o interior da diplomacia de seu país: Gilberto Freyre (1900-1987) e a concepção de *liderança tropical*.

Conhecido pelo livro de 1933 que nasceu clássico na interpretação de seu país, *Casa-grande & senzala*, Freyre alcança, nas décadas seguintes, certa audiência internacional. Avesso a posições acadêmicas fixas e autoidentificado como escritor e conferencista, serve-se do renome adquirido com sua obra de apologia à miscigenação brasileira para propor, da Europa à América hispânica e aos Estados Unidos, uma peculiar visão colonialista para a ordem internacional a se construir após a Segunda Guerra.

A tese reverbera e o autor é convidado a colaborações ocasionais com as comunidades de especialistas que, nas Nações Unidas, em Nova York, e na Unesco, agência especializada para educação, cultura e ciência, em Paris, formulam as agendas de enfrentamento de problemas mundiais que subsidiam, como conhecimento científico, as decisões dos Estados membros dessas organizações internacionais.

A atividade de Freyre dá-se contra o pano de fundo de um Itamaraty fundamentalmente dedicado à ordem hemisférica. Dos anos 1940 a fins dos anos 1950, vive-se o "sonho de um sistema interamericano promotor de paz e prosperidade sob a benevolente liderança dos Estados Unidos", que terá, na expectativa do governo Juscelino Kubitschek de um programa desenvolvimentista pan-americano, a sua "mais alta expressão".[17]

A categoria de trópico, central à reflexão de Freyre desde *Casa-grande & senzala*, supõe um recorte geográfico muito distinto ao de hemisfério ocidental. O autor pensa em termos das latitudes quentes do planeta, às quais atribui singularidades histórico-sociológicas, que por sua vez o conduzem à ideia de grandes unidades étnicas e culturais intercontinentais. Essas unidades seriam os impérios; aquelas singularidades seriam um potencial dos povos tropicais a formarem sociedades fraternas quando colocados sob a tutela dita virtuosa de colonizadores maleáveis, matéria de alegada excelência dos portugueses.

O cerne da visão freyriana é, com o Brasil, converter o trópico, historicamente colonizado, em centro geopolítico. A formação colonial do país, biológica e culturalmente híbrida, é elevada ao *status* de ideal antropocêntrico que poderia ajudar a restabelecer a harmonia da ordem mundial após a violência dos nacionalismos e imperialismos etnocêntricos em peleja na Segunda Guerra, eles mesmos ainda latentes e ameaçando (para o Freyre dos anos 1940 e 1950) a África e a Ásia com uma onda de descolonização.

Marcado pelo que chama bicontinentalidade entre América Latina e África, o Brasil parecia-lhe dever reconhecer a vertente marítima de sua formação e de seu destino e aceitar responsabilidades de líder do trópico. Nada mais inibidor dessa projeção extracontinental tão ansiada por Freyre, já se vê, do que a autolimitação da política externa ao hemisfério ocidental. Buscando explorar brechas no cânone monroísta, fixado de Joaquim Nabuco a Oswaldo Aranha, o escritor de ressonância multilateral afirma dois aspectos centrais de sua concepção sobre o trópico como campo do Brasil.

O trópico refere-se, de saída, à exemplaridade do que Freyre sustenta ser a experiência sociológica fraterna gestada no Brasil: democratização social e étnica, depois chamada democracia racial, ambivalentemente enunciadas entre ideal e realidade e sempre em modo comparativo com outros países. Na Unesco de 1950, a tese foi antes inspiradora que controversa: estabelece-se, com apoio oficial brasileiro, um programa de estudos do

[17] Ricupero, *A diplomacia na construção do Brasil*, p. 414.

convívio racial no Brasil, apresentado como caso excepcional das virtudes da miscigenação étnica e cultural (os resultados da pesquisa viriam a destoar das expectativas).

O exemplo irradiado pelo Brasil marcaria o caminho a seguir na regeneração de sociedades fraturadas pelo segregacionismo etnocêntrico. É o que avalia, em 1954, uma comissão da Assembleia Geral das Nações Unidas que, encarregada de formular respostas ao *apartheid* na África do Sul, solicita a Freyre um parecer sobre o aporte brasileiro à eliminação de tensões raciais. De Paris a Nova York, essa ideia de exemplaridade vai se decantando como lugar comum no discurso multilateral do Brasil nos anos 1950.

Além do exemplo em si, haveria o mérito da obra que melhor o compreendera, *Casa-grande & senzala*. Max Horkheimer vê nesse livro, em reunião com Freyre na Unesco em 1948, o tipo de ciência social iluminista de onde se devia tirar orientações para o enfrentamento, por aquela entidade, dos determinismos pseudocientíficos à raiz de duas tensões: as nacionalistas, entre grandes potências, e as emancipacionistas, no mundo colonial.

Em 1949, nomeado representante do Brasil em uma sessão da Assembleia Geral, Freyre condena a Unicef, agência das Nações Unidas para a infância, justamente por desatender às evidências científicas e às urgências do mundo tropical, deixando-se capturar por prioridades das grandes potências. Atento à pertinência da América Latina como formato político no jogo multilateral, afirma posição de princípio e negocia com a delegada dos Estados Unidos, Eleanor Roosevelt, uma forma de mitigar o problema.

O trópico refere-se, na sequência, a uma responsabilidade concreta pela proteção das sociedades sob tutela na África e na Ásia tidas por formadas à moda do Brasil: as colônias portuguesas. Esse trópico moldado pelo que Freyre julga ser a vocação lusitana à confraternização, o espaço lusotropical, estaria particularmente ameaçado por movimentos independentistas. Estes negariam similitudes geradas pela mestiçagem no império intercontinental luso e pregariam singularidades raciais em chave soberanista. Especialmente agora que se construía Brasília, o governo não poderia dar as costas ao destino marítimo do país e ao fardo de defender um império que seria um prolongamento do Brasil em outros continentes.

O país não fornece a Lisboa, é certo, o respaldo econômico e naval desejado por Freyre. Mas dá todo o apoio multilateral a partir de 1956, quando Portugal ingressa nas Nações Unidas e se torna alvo do anticolonialismo afro-asiático. A diplomacia profissional do Brasil logo estrutura, na Assembleia Geral, uma defesa de índole freyriana da compatibilidade entre as possessões ultramarinas portuguesas e a Carta das Nações Unidas. Fazendo-se líder em um tema extracontinental sensível para a comunidade portuguesa no Brasil, o governo Kubitschek incorpora a gramática do internacionalismo imperial freyriano à voz da diplomacia multilateral do país e se arrisca, ao menos multilateralmente, fora do hemisfério ocidental.

O quarto capítulo reconstitui o momento em que a diplomacia, já às voltas com o governo Kennedy pelos problemas da revolução cubana, reivindica um interesse extracontinental frontalmente oposto ao lusotropicalismo e apoia a independência de Angola. Aproxima-se, desta feita, ao chefe da delegação junto às Nações Unidas e à categoria com que busca reorientar a política externa dos anos 1960: Afonso Arinos de Melo Franco (1905-1990) e a concepção de *independência no hemisfério austral*.

Aparentado com Joaquim Nabuco e filho de Afrânio de Melo Franco, representante permanente do Brasil na Liga das Nações e depois chanceler de Getúlio Vargas, Afonso Arinos é dado a enaltecer o seu legado familiar. Deputado e depois senador pela União Democrática Nacional nas décadas de 1940 e 1950, ocupa-se constantemente de assuntos exteriores. Eleito Jânio Quadros, torna-se chanceler e põe em marcha uma política externa que busca substituir o preceito monroísta pelo da autonomia. É com a renúncia do presidente e a posse de João Goulart que é nomeado para as Nações Unidas.

Se a malograda iniciativa pan-americana de Juscelino Kubitschek é a expressão maior do ideal hemisférico em nossa história diplomática, é também "a prova do [seu] esgotamento".[18] A Política Externa Independente, de Quadros e Arinos e depois Goulart e San Tiago Dantas, parte dessa constatação em demanda de novos horizontes. Avaliando que as necessidades de uma democracia de massas em vias de industrialização impunham novas formas políticas tanto quanto novos mercados, orienta-se por uma

[18] Ricupero, *A diplomacia na construção do Brasil*, p. 414.

atualização da agenda diplomática, tolhida pelo afastamento quanto ao bloco socialista e ao mundo em desenvolvimento.

Não se trata mais de ensaiar aberturas à margem da longitude, mas de delinear uma política brasileira de latitude. O que um nome eminente da escola geopolítica chamava nos anos 1930 de "Brasil Longitudinal" deve reimaginar-se,[19] junto ao seu entorno, em outras coordenadas. Ora, o país projetado na latitude era, com efeito, toda a obra de Gilberto Freyre; Arinos acolhe-a com um misto de admiração e repulsa.

Repulsa pelo programa lusotropical, inclusive por relativizar a democracia política em prol de sua suposta congênere racial; admiração pela interpretação geral afirmativa das qualidades civilizacionais do trópico. Tradicionalmente entendido como campo aberto à expansão imperial europeia, e mesmo necessitado dela, o trópico adquire com Freyre, como notado, o potencial de se tornar uma posição cêntrica.

Mas há ambivalências da concepção de Freyre, que a um tempo considera o trópico brasileiro como nacionalmente exemplar e o trópico luso como imperialmente explorável pelo Brasil. Isso impõe a Arinos a busca de uma categoria espacial mais nitidamente contraposta ao influxo colonialista. É aí que encontra – e lança nas Nações Unidas de 1961 com duradoura repercussão – sua concepção de Sul político do mundo. Situado como hemisfério sul, o campo brasileiro tem dois aspectos salientes.

A concepção de hemisfério sul remete, em primeiro lugar, a certo entorno continental brasileiro. Imaginado na latitude, esse entorno será, para Arinos, a América Latina, que traça uma fronteira étnica, histórica ou cultural frente à América anglo-saxã. Nada impede, a rigor, que seja a América do Sul, traçando-se a fronteira pela geografia, que é aliás o que já vinha propondo, desde 1958, Hélio Jaguaribe, pensador isebiano cuja teorização do nacional-desenvolvimentismo, não sendo seguida em cada detalhe pela nova diplomacia do país, é um arcabouço importante de todo o programa da Política Externa Independente.

Arinos, porém, está atuando em um ambiente onde o formato latino-americano parece ter maior pertinência. Em fins de 1961, a crise cubana está em discussão nas Nações Unidas antes da célebre reunião interamericana de Punta del Este. E a categoria de América Latina é, para Arinos, um meio

---

[19] Travassos, *Projeção continental do Brasil*, p. 146.

de afirmar que o problema de Cuba é "regional" para o Brasil, que por essa razão rejeita a incorporação da ilha à esfera de influência de quaisquer das superpotências. Exatamente por julgar que o caso não se esgota nem pela ação hemisférica, nem pela satelitização soviética, é que a diplomacia brasileira defende um estatuto de neutralização da ilha revolucionária.

Se o conceito de continente se reveste nessa crise de dois sentidos politicamente divergentes, o de hemisfério ocidental e o de América Latina, é claro que o conceito correlato do que seja o âmbito extracontinental deve atravessar também um momento de instabilidade. Isso é tornado ainda mais premente pela necessidade de reatar relações com a União Soviética e de adotar uma linha anticolonialista consistente diante da descolonização na África e na Ásia.

Essa abertura ao mundo suscita, por parte de San Tiago Dantas, a diretriz do universalismo, a vontade de diálogo e engajamento sem restrições apriorísticas. E suscita em Arinos a concepção de hemisfério sul como remetendo, em segundo lugar e decisivamente, a certo entorno extracontinental brasileiro composto pelo Atlântico Sul e a África Ocidental. A ênfase geográfica de Arinos, em comparação com a abordagem mais genérica de San Tiago, reflete bem o problema concreto que o ocupa em Nova York.

O caso que dá foco à sua reflexão é o debate da insurreição angolana de 1961 nas Nações Unidas. Consideradas as aludidas sensibilidades internas do tema do colonialismo português, o Brasil não podia votar a favor da independência de Angola alegando simples coerência de princípios anticoloniais. Para arcar com os pesados custos de alterar a linha colonialista dos anos imediatamente anteriores, era preciso formular o discurso de um interesse extracontinental fundamentado no particularismo histórico brasileiro.

Arinos estrutura-o vinculando as duas margens do Atlântico Sul com base nas proximidades do perfil étnico, da situação geográfica e das economias dos dois países, tudo no quadro de uma responsabilidade especial do Brasil com Angola. Aqui, a retomada de velhos laços transoceânicos se processa na forma inovadora de um potencial contato direto Sul-Sul, isto é, entre duas nações dignas da autodeterminação e que deviam dispensar o esquema triangular, lusotropical, com o domínio da potência colonialista.

Angola condensa e inaugura um novo discurso extracontinental que excede o caso particular. Ao colocar em relevo uma vontade de incidir em âmbito externo ao continente, a concepção de hemisfério sul lança uma reivindicação de maritimidade na política externa: não um interesse relativo ao litoral, às águas territoriais ou a determinados processos no mar; mas uma reivindicação sobre o oceano e a orla ocidental do continente vizinho como entorno de segurança do Brasil.

Isso não significa que a Política Externa Independente quisesse limitar o país a esse entorno. Combinado à vocação universalista da diplomacia postulada por San Tiago, o hemisfério sul concebido por Arinos como campo brasileiro descortina à política externa um âmbito mais além do entorno latino-americano, sul-atlântico e africano: o Sul político do mundo. É nele que essa concepção de política externa apontará à progressiva diversificação das relações do Brasil como horizonte da independência nacional.

***

Cada uma dessas concepções de ordem regional e de interesse extracontinental supõe o seu próprio horizonte. É característico dos conceitos, na verdade, terem tanto uma dimensão descritiva quanto uma dimensão antecipatória. Essa segunda qualidade os torna "diagnósticos com intenções prognósticas".[20] E, como antecipações de cenários futuros, os conceitos estabelecem horizontes políticos e sociais que orientam a ação rumo à mudança estrutural e tornam essa mudança visível e passível de avaliação.[21]

As concepções de ordem e interesse são entendidas aqui como instrumentos do trabalho diplomático, não como interpretações estáticas, justamente na medida em que comportam a intenção imediatamente operativa de conduzir a determinados horizontes espaciais. Vistas assim as coisas, o que se faz à frente é uma história diplomática entrelaçada à história intelectual.

Uma consequência disso é o ritmo lento dos processos em exame. O que está em causa, do ponto de vista do conjunto, é o movimento das concepções, mais que esta ou aquela série de ações e eventos particulares.[22] A maior lentidão comparativa da transformação conceitual explica o porquê de não haver, aqui, a preocupação de cobrir uma cronologia contínua. Abordam-se períodos dispersos para se enfocarem momentos significativos.

Importa, assim, compreender o surgimento de uma concepção relevante em um determinado momento e como ela altera os dados anteriores

---

[20] Koselleck, "Mudança linguística e história de eventos", p. 44.

[21] Ver Richter, *The History of Political and Social Concepts*.

[22] Ver Assis, *Plural Pasts*.

da problemática espacial. A categoria de autor é, por isso, um aspecto a destacar nas concepções de espaço. Como registra a literatura especializada, é através dessa categoria que os termos de uma tradição intelectual são "retomados, desafiados ou subvertidos".[23]

Todo esse arsenal retórico se manifesta nesta história. Retomando de algum modo a tradição luso-brasileira, a concepção do visconde do Uruguai é desafiada pela de Nabuco, por sua vez desafiada pela de Freyre, subvertida pela de Arinos, que além disso retoma em parte a do visconde. No próprio momento histórico vivido por cada um desses autores há todo um campo intelectual contemporâneo frente ao qual se posicionam, isto é, frente ao qual os seus textos fazem algo,[24] valendo-se do discurso prévio para modelar os seus diagnósticos.

Da formulação do diagnóstico de um autor à repercussão do prognóstico contido em sua concepção vai a distância da polêmica: a disputa em torno ao estabelecimento de um novo horizonte, no nosso caso, geopolítico. San Tiago Dantas nota com propriedade, no auge da Política Externa Independente, que "uma política externa é tanto mais controvertida quanto mais ela se encontra próxima da sua fase de formulação".[25]

Essa controvérsia não se resume a um jogo mais ou menos erudito em que um autor ou uma autora recobra, contesta ou desvirtua o argumento anterior de outrem. É próprio dos conceitos se vincularem a alguma "situação concreta" e se dirigirem a algum "antagonismo concreto".[26] Essas situações e antagonismos dão as balizas para compreendermos as intenções prognósticas de que as concepções são portadoras, e, por conseguinte, a escala da polêmica que suscitam.

Nesse sentido, entende-se aqui uma concepção pelas suas características de *antecipação*, a carga de prognóstico que avança, e de *concretude*, a tangibilidade das situações e antagonismos a que reage. É nessa dupla chave que as concepções de espaço brasileiro são mobilizadas pela diplomacia com vistas a estruturar um horizonte de expectativa na região e fora dela sobre a atuação do país.

---

[23] Skinner, *Visions of Politics*, v. 1, p. 125.

[24] Skinner, *Reason and Rhetoric in the Philosophy of Hobbes*.

[25] Dantas, "Política exterior do Brasil – 1962", p. 256.

[26] Schmitt, *El concepto de lo político*, p. 63.

"E horizonte", observa María Zambrano, "é continuidade".[27] Cada concepção projeta e valoriza a sua própria continuidade, inclusive porque, como registramos antes, a continuidade costuma ser um trunfo político nas relações diplomáticas entre os Estados. O raciocínio é especialmente pertinente no Brasil, onde "a valorização política da continuidade se justifica [...] porque a marca essencial de nossa presença no mundo é a diplomacia".[28]

Pode chegar o tempo, entretanto, em que a continuidade se percebe a si mesma como imutabilidade. Eleva-se, então, a identidade: a identidade internacional do Brasil. Desde esse ponto de vista, há uma ênfase consciente na "coerência profunda" da história diplomática.[29] Já em tempos talvez menos ditosos para a vida intelectual, a reflexão sobre o tema destaca, ao contrário, a mutabilidade de orientações e estratégias ao longo da trajetória diplomática.[30]

A identidade, "aquilo que permanece igual a si mesmo", sendo um conceito "anti-histórico",[31] não tem maior serventia na abordagem aqui proposta. Sem buscar a ênfase oposta, forjando uma incoerência profunda, o que se pretende é apreender mais livremente o movimento das concepções de espaço, que, por responderem a circunstâncias históricas oscilantes, caberiam mal no figurino de uma identidade fixa.

Os conceitos amplos de ordem regional e interesse extracontinental não têm um sentido predeterminado ou unívoco. Admitem camadas sobrepostas, e às vezes contrapostas, de significado: acumulam-se neles os *sedimentos* de cada concepção concreta, para lembrar uma palavra justa de Reinhart Koselleck.

Ao tratarmos do conceito de ordem regional, fazemos um corte historiográfico que revela a estratificação das noções saquarema de América do Sul e monroísta de hemisfério ocidental; igualmente, no conceito de interesse extracontinental descobrimos justapostas as noções colonialista de trópico e anticolonialista de hemisfério sul. (Afora outras tantas, nos dois casos, que não se historiam aqui).

---

27 Zambrano, *Escritos sobre Ortega*, p. 162.

28 Fonseca Júnior, "Política externa brasileira", p. 18.

29 Lafer, *A identidade internacional do Brasil e a política externa brasileira*, p. 14.

30 Ver Soares de Lima, "Aspiração internacional e política externa".

31 Cabral de Mello *apud* Schwarcz, *Leituras críticas sobre Evaldo Cabral de Mello*, p. 160.

Onde a variedade cessa e vige uma quase completa rigidez nesta história é ao se considerar o "espectro social" de uso desses conceitos.[32] Só no fim da década de 1910, por exemplo, a diplomacia passa a admitir a presença feminina, que se mantém entre baixa e, depois, praticamente nula com as restrições impostas nas gestões de Afrânio de Melo Franco e Oswaldo Aranha no Itamaraty dos anos 1930. A proibição de ingresso das mulheres só é revertida na década de 1950.[33]

Em 1956, já perto do fim do período em análise nestas páginas, a primeira diplomata ascende a embaixadora, o topo da carreira. Em regra, porém, a contribuição das mulheres é objeto de apagamento.[34] Ao longo do livro, o ambiente social em que se processa a formulação conceitual e a prática diplomática na capital e nos postos no exterior resulta predominantemente masculino e branco.

Tudo tão palpável que um dos autores examinados, Gilberto Freyre, escreve em 1946 sobre a atmosfera paternalista que o barão do Rio Branco infunde no Itamaraty. "Sua presença", diz, "era a de um patriarca", administrando a repartição como "chefe de família imensa que não se descuidava de detalhe nenhum a respeito de sua mansão", verdadeira "casa-grande"; afora, agrega, um "eugenismo" dedicado a só admitir para representantes do Brasil no estrangeiro "homens brancos, finos, bem apessoados".[35]

O espectro *patriarcal* da diplomacia no conjunto do período em análise enclausura esta história, portanto, ao redor de uns poucos homens, amizades e famílias. O futuro reservará capítulos mais plurais e arejados; no que segue, todavia, há pouca permeabilidade a concepções de mundo vindas de fora de determinado círculo social.

A diplomacia, zelada como assunto de Estado a ser manejado por uma pequena elite de iniciados, guarda-se dentro de uma "arca das tradições".[36] Essa expressão, usada por Nabuco para o Conselho de Estado, bem valeria para o herdeiro institucional desse órgão na República, o Itamaraty, não por acaso estruturado com senso de conservantismo,

---

[32] Palti, *La "Nueva historia intelectual"*, v. II, p. 41.

[33] Quintella, "Apresentação".

[34] Ver, a propósito, Balbino, *Diplomata – substantivo comum de dois gêneros*.

[35] Freyre, *Pessoas, coisas & animais*, p. 144, p. 146 e p. 141.

[36] Nabuco, *Um estadista do Império*, t. I, p. 58.

inclusive de continuidade familiar,[37] durante a longa gestão do barão do Rio Branco.

Indicadas as características, as camadas e o espectro dos conceitos que orientam esta história diplomática, é preciso referir ainda seu foco: o espaço. Quem escreva uma história voltada à problemática espacial coloca-se em um terreno relativamente menos frequentado da disciplina. "Diante da escolha formal entre espaço e tempo", diz um entendedor, "a maioria acachapante dos historiadores optou pela dominância do tempo".[38]

São consideráveis as razões aduzidas contra o predomínio da duração temporal sobre a situação espacial na compreensão histórica. Não é preciso reencenar, porém, o debate a respeito da conveniência de uma "espacialização da percepção histórica".[39] Valeria apenas lembrar, na linha da "geo-história" francesa que põe espaço e tempo "em mestiçagem",[40] que "a diversidade das trajetórias históricas das sociedades humanas compreende-se em grande parte segundo a sua posição: tanto em relação às outras sociedades como em um ponto particular da superfície terrestre".[41]

Na própria historiografia alemã, o rechaço ao pensamento geopolítico nazista convive com um retorno ao espaço no que guarda de heuristicamente profícuo. Vendo, nele, uma condição e um objeto da história, Koselleck ressalta como o cálculo político precisa levar em conta fatos brutos da geografia. Dá como exemplo a questão da definição diplomática dos limites de um continente, problema, a seu ver, ainda mais histórico que geográfico. Nessa imbricação, diz, "a 'geopolítica' retém sua importância indiscutível".[42]

O que se faz nos capítulos à frente é, pode-se dizer, uma história das concepções sobre o espaço brasileiro defendidas pela diplomacia do país. A variação das concepções sobre o campo brasileiro significou, em certo sentido, a variação da própria posição do país. Um Brasil do hemisfério

---

[37] Ver PATRIOTA DE MOURA, "Herança e metamorfose".

[38] KOSELLECK, "Space and history", p. 26.

[39] SCHLÖGEL, *En el espacio leemos el tiempo*, p. 54 e *passim*.

[40] LEMOINE, *Fernand Braudel, ambition et inquiétude d'un historien*, p. 175.

[41] GRATALOUP, *Geohistoria*, p. 425.

[42] KOSELLECK, "Space and History", p. 274n. Para o fundo rankeano desse entendimento de Koselleck, ver BUARQUE DE HOLANDA, "O atual e o inatual na obra de Leopold von Ranke". Para uma aproximação crítica às categorias da geopolítica nazista, ver NEUMANN, *Behemoth*.

ocidental ou um Brasil lusotropical, por exemplo, gera implicações muito distintas no mundo real, seja em alcance estratégico, seja nos recursos que pretende acessar.

Não precisamos ir muito longe para encontrar a espacialização da percepção histórica aconselhada na literatura, pois essa é uma das qualidades que assinalam a sensibilidade histórica de um Capistrano de Abreu ou de um Oliveira Lima.[43] Mas é preciso constatar que o senso espacial não leva, por si só, a uma leitura geopolítica do passado; pode, na realidade, desaguar no oposto disso.

É o que se passa com Sérgio Buarque de Holanda: imprimindo à sua obra um forte cunho geográfico, expresso no interesse pela conquista do *heartland* sul-americano pelos bandeirantes, nega taxativamente a pertinência de injunções geopolíticas (provindas da metrópole) na formação brasileira.[44] Ocorre que sua reflexão mais ampla dá, paradoxalmente, um importante exemplo no sentido contrário.

Sérgio Buarque de Holanda mostra, em *Visão do paraíso*, como as mentalidades podem pôr povos em marcha através do espaço em patente desacordo com as evidências geográficas perante os olhos daqueles que se deslocam para novas terras. É o caso, por exemplo, da crença renitente entre os portugueses, até o Seiscentos, de que o Brasil teria aspectos insulares, o que os teria condicionado a um tipo de colonização desatento à escala continental do país.

Um historiador da mesma época, o mexicano Edmundo O'Gorman, mostrou coisa similar em *A invenção da América*, obra também culminante na historiografia latino-americana. Distingue, aí, entre a invenção geográfica e histórica de um continente: a primeira refere-se, no limite, à crescente precisão do retrato cartográfico; já a segunda remete ao problema ainda mais complicado de como a cultura se apropria de um continente.

O que esses autores chamam de "visão" ou "invenção" ensina-nos que o reconhecimento de uma dada realidade espacial sofre um condicionamento complexo, e historicamente mutável, pela imaginação de quem vê.[45] Pode-se falar, é óbvio, em erros na percepção de uma realidade geográfica, mas será preciso admitir que esses erros podem se tornar

---

[43] Ver, respectivamente, Wehling, *A invenção da História*; e Cabral de Mello, "Depois do *D. João VI*".

[44] Ver Buarque de Holanda, *Capítulos de expansão paulista*.

[45] Feldman, "*La invención de América* y *Visión del paraíso*: un acercamiento".

produtivos; em um espaço que se produz tanto pela conformação social quanto pela natureza,[46] melhor se faria falando em imaginação espacial.

Por isso a variação das concepções de espaço pode encetar, de alguma maneira, uma variação de posições reais. Talvez Gilberto Freyre constitua o caso mais chamativo, dentre os estudados, de um esforço por alargar os marcos do real por meio da reimaginação de um espaço continental como bicontinental, tudo com vistas a repercussões políticas tangíveis.

Esse modo de valorizar a imaginação espacial na diplomacia não é estranho, aliás, ao legado português da política externa brasileira. Vão nessa direção as conclusões de um estudo sobre o uso diplomático da cartografia setecentista como fator, e não só reflexo, da construção continental do Brasil: os mapas podem inventar territórios, e esse, justamente, é um título de glória da diplomacia lusitana.[47] Há nisso uma acepção forte de como a diplomacia pode gerar, ou modelar, processos em outras esferas, ademais de refleti-los.

De igual maneira, esta história diplomática admite entre as concepções, de um lado, e o espaço, de outro, uma relação produtiva na linha da *invenção* histórica o'gormiana ou da *visão* dinâmica buarquiana. Invenção ou visão, politicamente orientada, de campos regionais e ultramarinos. É como veremos a diplomacia de 1850 inventar a continentalidade brasileira e a diplomacia de 1961 reinventar a extracontinentalidade do país.

Esses dois marcos, não por coincidência, abrem e fecham esta história. Seria tentador discernir aí um sentido histórico – da territorialidade à maritimidade. Já vimos que o caso é um pouco mais complexo do que isso, mais passível de inconstâncias. Mas são marcos que nos permitem pensar uma série cronológica diferente, talvez original, para a história diplomática.

Deve a história diplomática pensar o Brasil na geopolítica? Pode ela não o pensar na geopolítica? Daniel Cosío Villegas diz certa feita que nada gera tanta resistência entre países "desvalidos" como ter que "reconhecer os fatos, os conceitos, mesmo as palavras que assinalam a sua debilidade".[48]

Dá-se algo assim, porventura, com a resistência a pensar a geopolítica; ou ao menos a pensá-la a partir de uma herança de grandeza, e não de fraqueza. Notando que o Brasil herdou de Portugal uma "diplomacia da

[46] Gomes, *História e historiadores*.

[47] Furtado, *Oráculos da geografia iluminista*.

[48] Cosío Villegas, *Ensayos y notas*, v. 2, p. 198.

fraqueza", Ricupero sustenta que adviria desse legado, além das (inegáveis) vantagens de um serviço diplomático voltado ao conhecimento de causa, certa preferência brasileira pelo chamado "poder brando".[49]

Esse conceito, surgido em praça estrangeira em complementação a outro, o de "poder robusto", aporta ao Brasil solitário, desacompanhado de seu par de nascença. Perdidas as nuanças geradas pela dualidade de origem,[50] o conceito de poder brando alcança no trópico uma vida individual rica e variada, atendendo a fins aparentemente edificantes; mas não, creio, aos fins da história, que pede categorias mais intimamente entrelaçadas à sua tessitura. Por isso, ponho inteiramente de parte esse enquadramento conceitual, bem como a tendência, a ele associada, de fazer sobressair os elementos de brandura na história do convívio internacional do país.

Sem discordar de que Portugal fez um uso notável dos recursos diplomáticos que tinha à mão, à luz de sua presença geopoliticamente insular no mundo, formularia uma questão distinta: indagaria até que ponto se pode entrever a superação daquele legado lusitano na história diplomática de um país calçado em uma presença geopolítica continental. Para usar um termo mais próximo da gramática conceitual de nossas fontes: até que ponto se pode entrever, na trajetória internacional do país, uma *diplomacia de grandeza*.

O que se pretende nestas páginas é uma reconstrução do passado, não em função de certo presente, mas da riqueza de imaginação espacial do país por sua diplomacia. O que fica dito bastará como cautela de que nossa abordagem é histórica; procura evitar a "política retrospectiva" fomentada pelas urgências de turno.[51] O foco está, mais precisamente, em uma sedimentação histórica: a estratificação de concepções que – na ambivalência entre isolar o país da geopolítica ou projetá-lo nela – vão em todo caso ampliando o raio da ação diplomática brasileira no mundo.

---

[49] Ricupero, *A diplomacia na construção do Brasil*, p. 37. Para a pretensão, daí derivada, de que o Brasil poderia "ser potência de maneira distinta da tradicional", ver, por exemplo, Lafer, "'Soft Power' e Joseph Nye", p. 4.

[50] Ver Gray, *Hard Power and Soft Power*.

[51] Oakeshott, "The Activity of Being an Historian", p. 181.

América do Sul: grandeza

... hay muy pocas naciones que tengan una política exterior propiamente dicha. Si por política exterior se entiende un sistema calculado de alianzas; si por política exterior se entiende dirigir la actividad nacional en sus relaciones con las potencias extranjeras hacia un fin glorioso; si por política exterior se entiende tener un conocimiento profundo de los intereses extranjeros que nos son contrarios, un conocimiento profundo de los que nos son afines, esa política, señores, no existe hoy día en el globo; no la tienen sino tres naciones, una en América, dos en Europa.

Donoso Cortés,
Discurso sobre relaciones de España con otras potencias

A importância do visconde do Uruguai em nossa história diplomática consiste em que, parafraseando Mackinder, com ele o Estado brasileiro reconhece os grandes limites geográficos de sua existência. Paulino José Soares de Souza era o primeiro a saber que as fronteiras ainda tardariam muito a ser inteiramente delineadas; considerava-as questão subsidiária frente ao problema primordial da segurança no entorno do país.

De seus escritos como ministro dos Negócios Estrangeiros e conselheiro de Estado depreende-se que esse problema, colocado tanto pelas potências navais quanto pelos vizinhos em terra, só se equacionaria pela conformação, na América Meridional, de uma ordem favorável aos interesses de segurança do Segundo Reinado. É nessa escala sul-americana que concebe os pontos cardeais da existência geoestratégica do Brasil.

Nestas páginas gostaria de examinar como a noção de América Meridional emerge, na obra do visconde do Uruguai, de três demarcações fundamentais no espaço: do continente sul-americano como um conjunto próprio de Estados, mais além do Prata e sua dinâmica; desse continente como âmbito distinto às demais Américas, mais aquém do hemisfério ocidental e sua atração; e do Atlântico como oceano a que se renuncia, em uma desmaritimização da agenda exterior.

Dessas demarcações resulta uma certa ideia de América Meridional cujos traços são a *grandeza continental* do Brasil, respaldada por uma política de preservação do *status quo* das nacionalidades da região; a *heterogeneidade de regimes políticos e sociais*, respaldada por parâmetros de convivência e ingerência; e o *rechaço à intromissão extrarregional*, respaldado, dentro do possível, pelo controle do acesso externo à navegação fluvial. O capítulo discutirá essas três vertentes da ideia sul-americana.

Alguns esclarecimentos preliminares antes de nos aproximarmos ao personagem e nos indagarmos sobre o seu aporte. Paulino José Soares de Souza, um dos chefes do partido conservador do Segundo Reinado, foi titular das pastas da Justiça, em 1840 e de 1841 a 1843, e dos Negócios Estrangeiros, de junho de 1843 a fevereiro de 1844 e, novamente, de outubro de 1849 a setembro de 1853. Deputado e mais tarde senador, compôs o Conselho de Estado, e especificamente a seção de Negócios Estrangeiros, de 1853 até 1866, ausentando-se durante missão à França de 1855 a 1856. Em 1854 é feito visconde, designação que, por facilidade, uso ao longo do texto sem distinção de época.

A componente diplomática de sua obra fragmenta-se, entre outros, em instruções a postos no exterior, discursos parlamentares, relatórios ministeriais, pareceres da seção do Conselho de Estado e mesmo reflexões do livro *Ensaio sobre o direito administrativo*; mas, como já se notou,[1] esses excertos podem ser reconstruídos em sua unidade. É o meu procedimento, ao abordar transversalmente a produção do autor com vistas a evidenciar os elementos de sua noção sul-americana.

Um ponto de partida para compreendermos a sua contribuição é o dito de Oliveira Lima segundo o qual o Brasil teve "um Império que não podia dar-se ao luxo de ser imperialista".[2] Genérica na conferência em que

---

[1] Lynch, "Visconde do Uruguai".

[2] Lima, *Aspectos da história e da cultura do Brasil*, p. 89.

foi pronunciada, a frase cabe à perfeição ao visconde do Uruguai, pois é com ele que o legado expansionista luso-brasileiro dá lugar a uma política orientada pelo *status quo* na América Meridional.

Como disse, essa é uma política orientada à grandeza – e portanto à potência – continental. Atento a debilidades do Brasil no mar e no sertão, o visconde confere a essa política um sentido defensivo, de proteção do território imenso e de minimização das interferências estrangeiras em seu entorno; mas o horizonte de futuro de sua política é indubitável: insulado do mundo, o país teria meios de desenvolver o seu poderio.

A historiografia nem sempre discerniu adequadamente essa escala sul-americana, e menos ainda o aporte, nela, do visconde. Uma autêntica fixação platina por parte dos historiadores erigiu o Prata em espaço do qual se tira a verdadeira medida da atuação externa do Brasil. É no Prata que o próprio Oliveira Lima vê o ideal de "supremacia" brasileira ativo mesmo quando o país já não se pode fazer potência conquistadora;[3] no Prata que Sérgio Buarque de Holanda encontra a comprovação de que o Brasil, nessa debilidade de que falara Oliveira Lima, porta-se como um "gigante cheio de bonomia superior para com todas as nações do mundo".[4]

Tratar o Prata como campo de prova do excedente ou da escassez de poderio estatal ao longo do passado nacional é um viés previsível em uma historiografia voltada ao dado político-militar, como é caso da história diplomática; a repercussão desse viés até *Raízes do Brasil*, um clássico da interpretação nacional lido até nossos dias mas pouco associado aos temas exteriores, mostra como o privilégio platino foi influente na história diplomática e além.

Não por acaso, o Prata foi-se tornando o âmbito em que a história diplomática emprega conceitos com mais desenvoltura, relegando os processos em outros pontos do entorno territorial brasileiro a uma abordagem mais narrativa. Oliveira Lima é um exemplo paradigmático dessa atitude, que reserva ao Prata a glória de conceitos candentes como a luta por preponderância ou as agruras do equilíbrio de poder e trata a história

---

[3] Lima, *Aspectos da história e da cultura do Brasil*, p. 78. Ver também Lima, *Um século nas relações internacionais do Brasil*; e Rego, *Oliveira Lima*.

[4] Buarque de Holanda, *Raízes do Brasil*, p. 143, que cita um trecho de Lima, *Aspectos da história e da cultura do Brasil*, p. 78.

de outros assuntos, como as fronteiras nas Guianas, de modo mais secamente descritivo.

Sente-se um eco disso quando discussões mais modernas discernem, no Prata, uma tendência à cooperação e até à integração.[5] O verbete sobre o visconde do Uruguai no *Dicionário do Brasil imperial* aponta assim sua contribuição diplomática: "no Prata".[6]

Não é preciso negar a óbvia prioridade do Prata no período para sugerir que a saturação conceitual da historiografia nesse ponto está em descompasso com o que uma leitura dos papéis do visconde do Uruguai desde a história intelectual pode revelar.[7]

Parto aqui de uma interpelação das categorias em jogo entre os atores do processo diplomático, não só aquelas empregadas pelo visconde como as usadas por seus interlocutores, afins e adversos, para buscar compreender dois aspectos: o ambiente conceitual em que se moveu o visconde e como ele procurou fixar, em meio à controvérsia e por meio dela, a América Meridional como horizonte de expectativa dos atores à volta do Brasil.

Daí a importância, para o estudo que proponho aqui, de Alberto Guerreiro Ramos, que, em uma conferência de 1957 sobre o tema da segurança nacional, apontou o visconde do Uruguai como o responsável por desenhar, no Brasil, uma política continental com sentido especificamente sul-americano.[8] Sem desconhecer a premência do Prata para o visconde, o grande sociólogo baiano reconheceu a centralidade, em sua obra, da categoria geográfica sul-americana. Meu propósito no que segue é explorar e desenvolver essa ideia.

É costume atribuir-se ao barão do Rio Branco, quando chanceler, a autoria do programa de política externa que centrou a América Meridional

---

[5] Doratioto, *O Brasil no Rio da Prata*.

[6] Grinberg, "Paulino José Soares de Souza (Visconde do Uruguai)".

[7] Para uma visão da multiplicidade de escopos e temas na bibliografia especializada de décadas mais recentes, ver Ferreira, "O Segundo Reinado (1840-1889)". O sentido de rigidez dos esquemas conceituais aplicados à história diplomática brasileira é destacado em Antunes de Oliveira e Pavan Lopes, "A Argentina e a independência do Brasil". Uma reconsideração recente do papel do Prata na história regional é apresentada por Soares, "A região-mundo platina no século XIX".

[8] Ramos, *Ideologias e segurança nacional*.

como espaço prioritário do Brasil.[9] Situar o visconde do Uruguai como ponto de partida da tradição sul-americanista da diplomacia brasileira tem a consequência imediata de fazer recuar em meio século, do início do XX para meados do XIX, o momento em que a categoria geográfica de América Meridional se torna diplomaticamente operativa.

O barão, patrono da diplomacia brasileira, prolonga, em vez de fundar, essa tradição. Familiarizado, através de seu pai, o visconde do Rio Branco, com o legado do visconde do Uruguai, foi com razão chamado de "saquarema no Itamaraty",[10] sendo aliás o último dessa linhagem política.

À altura da gestão do barão – quando o ministério acaba de ser renomeado de Negócios Estrangeiros para Relações Exteriores e de ser instalado no Palácio do Itamaraty, nome pelo qual apenas começa a ser conhecido[11] – essa tradição não dispunha da corroboração institucional com que a conhecemos hoje.

Joaquim Nabuco, colega de geração e depois de profissão de Rio Branco, e como ele filho de um dos maiores estadistas do Segundo Reinado, em 1895 já apregoa a categoria de hemisfério ocidental como básica na inserção internacional do Brasil republicano, que para ele devia superar o pendor sul-americano da monarquia.[12] Esse exemplo basta para mostrar que, para o barão, remontar à tradição sul-americana lançada pelo visconde do Uruguai é um ato de refundação, imerso na controvérsia política de seu tempo.

Recompor a linha política que passa pelas gestões de seu pai nos Negócios Estrangeiros e chega à gestão do visconde do Uruguai meio século antes – lembrada como marco zero na história da repartição[13] – foi, para o barão, enunciar a unidade daquela tradição, mais tarde cultuada como dado histórico. Foi, também, procurar legitimar uma noção de grandeza nacional eivada de algum passadismo na Primeira República.

É sugestivo que Euclides da Cunha, em sua época de colaborador do barão, saia a público para defender que a América do Sul fora um

---

[9] Ver Lafer, *A identidade internacional do Brasil e a política externa brasileira.*

[10] Lynch, "Um saquarema no Itamaraty".

[11] Ver Barroso, *História do Palácio Itamaraty.*

[12] Nabuco, *Balmaceda.*

[13] Ver Paranhos Júnior, "Ao visconde de Cabo Frio (16 ago. 1903)", p. 111-112.

"remanso isolador" do Brasil rompido justamente pela República,[14] cuja turbulenta década inicial inclui uma intervenção naval da maior potência hemisférica.[15]

É preciso, assim, entender os contextos peculiares de cada momento em que se afirma o valor estratégico da América Meridional: com o visconde do Uruguai, primeiro, e com o barão do Rio Branco, pela segunda vez.[16]

Paranhos Júnior dirige a pasta das Relações Exteriores em uma era de fastígio liberal, anterior à Grande Guerra e propensa às fórmulas jurídicas,[17] além disso marcada pelo maior peso, na República, do pan-americanismo. Não à toa o marco de sua trajetória profissional são as vitórias em litígios territoriais resolvidos por arbitramento, um deles por laudo do presidente Grover Cleveland. Recuperar a tradição de grandeza continental exige, do barão do Rio Branco, traduzi-la para a linguagem de seu tempo, que proclama a primazia do direito e também a importância da categoria do hemisfério ocidental.

Já Soares de Souza é titular dos Negócios Estrangeiros ainda na esteira do Congresso de Viena, em que o liberalismo anda junto à exuberante assertividade naval da Inglaterra.[18] A marca de sua gestão é uma aliança militar que derruba o governador de Buenos Aires. Diferentemente do barão, em cujo vocabulário impregna-se o idealismo da época, o visconde, ressabiado com o direito internacional, exprime-se invariavelmente em termos frios de poder.

Justamente por isso é significativo que, conhecedor das vulnerabilidades do Brasil, o visconde do Uruguai fale obstinadamente em América Meridional, sem concessões ao elemento hemisférico, mesmo se qualificadas por cautelosas reservas ao estilo do barão do Rio Branco em seus argumentos de imprensa.[19] Apesar dos males do presente, era a sós na

---

[14] Cunha, *Contrastes e confrontos*, p. 235.

[15] Ver, a propósito, Nabuco, *A intervenção estrangeira durante a Revolta*.

[16] As biografias de referência do visconde e do barão são, respectivamente, Souza, *A vida do visconde do Uruguai*, e Santos, *Juca Paranhos, o Barão do Rio Branco*.

[17] Koskenniemi, *The Gentle Civilizer of Nations*.

[18] Semmel, *Liberalism & Naval Strategy*.

[19] Ver, como exemplos de argumentos nessa linha, Paranhos Júnior, "Brasil e Argentina (26 set. 1908)", p. 518; e Paranhos Júnior, "O Brasil nos conflitos americanos (17 dez. 1909)", p. 529. Ver, ainda, Santos, *A América do Sul no discurso diplomático brasileiro*.

América Meridional que, para o visconde, o Brasil podia assegurar um futuro real de potência.

Nas Américas, pela mesma época do visconde do Uruguai, a categoria de América Latina surge como uma resposta crítica à pressão do poderio anglo-saxão em terra e em mar, cuja epítome foram as grandes perdas territoriais do México na guerra com o seu vizinho norte-americano de 1846 a 1848.[20]

A resposta da principal voz do conservadorismo brasileiro em matéria de relações exteriores foi outra: redobrar a aposta sul-americana.

Assim, em meados do século XIX, as visões de ordem mundial da Inglaterra, baseada no mar aberto, e dos Estados Unidos, baseada no espaço hemisférico com a Doutrina Monroe,[21] geram reações distintas nas inteligências hispano-americana e brasileira: enquanto um José María Torres Caicedo conjuga elementos históricos e culturais na formulação da nova categoria de América Latina, originada na experiência da fragmentação e da debilidade,[22] o visconde do Uruguai insiste no elemento geográfico da categoria mais antiga de América Meridional, que aponta ao horizonte da unidade e da potência.

A antiguidade dessa categoria é evidenciada na história cartográfica. No início do século XVII, no mais tardar, já se discerne o traçado global do continente sul-americano.[23] Como se sabe, houve variações expressivas no entendimento do que fosse a América Meridional, inclusive por concepções e designações alternativas, hoje esquecidas.[24] O certo, de qualquer forma, é que essa categoria ganha força no contexto do deslocamento dos

---

[20] Para a história detalhada do surgimento da categoria de América Latina do primeiro terço ao meado do século XIX, ver Ardao, *Génesis de la idea y el nombre de América Latina*. Uma aproximação histórica do ponto de vista da diplomacia brasileira consta de Faria e Cepik, "Brasil y América Latina".

[21] Ver, respectivamente, Kennedy, *The Rise and Fall of British Naval Mastery*; e Sexton, *The Monroe Doctrine*.

[22] Santí, "Latinoamericanismo". Ver, adicionalmente: Altamirano, *La invención de Nuestra América*; Elliott, "El dominio atlántico de John H. Elliott"; Paradiso, *El ideal unificador en América Latina*; Ribeiro, *¿América Latina existe?*; Tenorio-Trillo, *Latin America*; Yankelevich e Bernaldo de Quirós, *Políticas de nacionalidad en América Latina*.

[23] Ver Cortesão e Teixeira da Mota, *Portvgaliae Monvmenta Cartographica*, v. III, p. 53-60.

[24] Ver, por exemplo, Doré, *Cartografia da promessa*.

interesses do império marítimo português, a partir do Seiscentos, da Índia ao Brasil, de um mundo "oriental e índico" a outro "ocidental e atlântico".[25]

Na metade do Setecentos, exatamente em 1750, o Tratado de Madri já anuncia, logo no preâmbulo, que o seu objeto é a fronteira entre os domínios de Espanha e Portugal "na América Meridional".[26] Um par de anos antes, em um dos preparativos para esse grande acordo entre os dois reinos, a diplomacia portuguesa subsidia a preparação em Paris, pelo geógrafo Jean-Baptiste Bourguignon D'Anville, da *Carta da América Meridional*, primeiro mapa em que o Brasil aparece nitidamente com o perfil continental que o caracteriza, a forma triangular do território a exceder vastamente a obsoleta linha de Tordesilhas.[27]

A coincidência no tempo entre, de um lado, o mapa de D'Anville, que dá a ver a continentalidade do Brasil no espaço sul-americano, e, de outro, o Tratado de Madri, que sacramenta essa continentalidade ao procurar fixar as fronteiras sul-americanas, sugere que, em meados do século XVIII, cartografia e diplomacia já convergiam sobre a categoria de América Meridional.

Júnia Ferreira Furtado aponta, nessa confluência, a consolidação do projeto de reorganização do império português, com o Brasil e suas minas de ouro assumindo centralidade não só frente às possessões asiáticas como até mesmo frente à metrópole.[28] A transplantação do Estado para o Rio de Janeiro em 1808 dará o selo propriamente luso-brasileiro à visão expansionista que mira o sertão mas também ambiciona territórios hispânicos e franceses adjacentes à América portuguesa, como os atuais Uruguai e Guiana Francesa.

Nada disso deve fazer pensar em uma evolução puramente linear rumo à política externa do Segundo Reinado, e particularmente à do período de 1840 a 1860, quando o visconde do Uruguai emprega a noção

---

[25] As referências são, respectivamente, Doré, "O deslocamento de interesses da Índia para o Brasil durante a União Ibérica"; e, citado entre aspas, Cortesão, *História do Brasil nos velhos mapas*, t. II, p. 19-20.

[26] Trecho reproduzido em Cortesão, *Alexandre de Gusmão & o Tratado de Madrid*, t. II, p. 361.

[27] Furtado, *O mapa que inventou o Brasil.*

[28] Furtado, *L'Amérique Méridionale*; ver também, para o período pombalino, Kantor, "Novas expressões da soberania portuguesa na América do Sul".

de América Meridional. Há que destacar o fato de, cem anos depois do Tratado de Madri, em 1850, a Inglaterra impor o fim do tráfico transatlântico de escravizados que por séculos ligara as costas africanas ao Brasil.

Desmontada a estreita articulação econômica das duas margens do oceano, baseada na deportação maciça de mão de obra cativa, fratura-se o Atlântico Sul como espaço de formação colonial sob tutela portuguesa e de aspirações históricas pelo império luso-brasileiro.[29] A partir daí, o que se vinha buscando manter como um mar meridional fechado em si mesmo se dissolve no oceano mais amplo sob controle inglês.[30] É no ato mesmo de admitir a perda da vertente marítima do Estado centrado no Rio de Janeiro que o Segundo Reinado adota sua política sul-americana.

Quando Portugal operava com a categoria de América Meridional em 1750, fazia-o em um quadro bem diverso: o de um império multicontinental interligado pelo mar, cujo centro de gravidade ia se trasladando de um ponto a outro do globo, de uma praça oriental a uma província ocidental.

É ilustrativo que, nas negociações do Tratado de Madri, diante da alegação espanhola de que Portugal havia violado a raia de Tordesilhas na América do Sul ao expandir seus domínios rumo ao sertão, a diplomacia de Lisboa replicasse que, nas Filipinas, a raia também havia sido violada, desta feita pela Espanha. Daí o argumento lusitano de que se devia acertar a uma compensação (literalmente) global entre os dois reinos, o que de fato vem a orientar o Tratado de Madri.[31]

Esse raciocínio planetário por longitudes, que divide o globo em hemisférios hispânico e lusitano, ligando os continentes e mares de cada metade em um todo pelo menos teoricamente passível de ordenação imperial, é precisamente o que já se tornou de todo impossível cem anos depois. Enquanto para Portugal, em 1750, "a questão não dizia respeito apenas à América",[32] para a diplomacia brasileira de meados do século XIX a questão diz respeito, forçosa e exclusivamente, à América.

Há um estreitamento da longitude, em que o campo de ação do Brasil fica integralmente situado na porção terrestre do hemisfério ocidental. Mas, ao mesmo tempo, há, no visconde do Uruguai, uma qualificação da

---

[29] Ver Alencastro, *O trato dos viventes*; e Cabral de Mello, *Um imenso Portugal*.

[30] Elliott, *El Atlántico español y el Atlántico luso*.

[31] Cortesão, *Alexandre de Gusmão & o Tratado de Madrid*, t. II.

[32] Furtado, *Oráculos da geografia iluminista*, p. 332.

longitude pela latitude, com o campo do Brasil se tornando o continente austral daquele hemisfério: América, e especificamente América do Sul.

É óbvio o peso do legado diplomático português em que se move o visconde do Uruguai. O Tratado de Madri e o principal acordo posterior que o modifica, o Tratado de Santo Ildefonso, de 1777, último concluído entre as metrópoles antes do ciclo de independências latino-americanas (e no contexto do qual a Espanha ainda insiste na pertinência do meridiano de Tordesilhas),[33] fornecem os parâmetros básicos da problemática fronteiriça herdada pela diplomacia brasileira.

Mas o espaço sul-americano e o cálculo diplomático em torno dele já não podem ser concebidos da mesma forma. Daí que, tendo sua historicidade própria filtrada criticamente pela diplomacia brasileira do Oitocentos, a categoria geográfica da América Meridional suscita agora um ideal de unidade e potência continentais em grande medida novo.

É aqui que emerge a noção saquarema de ordem regional. Formulada na chave característica do partido conservador do Segundo Reinado, que Christian Lynch mostrou ser o circunstancialismo como preceito do interesse nacional, resulta do empenho de formação de um programa de política externa fortemente adaptado às peculiaridades brasileiras.

Essas considerações são indispensáveis para situar a historicidade do problema diplomático à frente. Às vezes nota-se, na análise de política externa, certa ligeireza histórica – contrapartida habitual da sobrecarga teórica – na indagação pelas fontes da conduta internacional brasileira. É o caso, por exemplo, de quem registra a "crença de que o Brasil tinha um interesse inerente em fomentar o regionalismo na América do Sul" mas dispensa qualquer compreensão da força inercial dessa mesma crença, o que seria desnecessário segundo os mandamentos do *analytic toolkit* do dia.[34]

O conceito de região é polissêmico: pode apontar ao espaço sul-americano, ao latino-americano ou ao hemisférico, entre outros. Não é este o momento de fazer a genealogia desses conceitos e de seu entrelaçamento, no discurso diplomático nacional, da segunda metade do século XIX aos dias de hoje.

---

[33] Almeida, "O *Mapa Geográfico de América Meridional*, de Juan de la Cruz Cano y Olmedilla".

[34] Cf. Spektor, "Strategies of Rising Brazil", p. 21.

Mas pareceria cabível sugerir muito preliminarmente que, ao longo do XX, o prestígio da noção de América Meridional vai arrefecendo e o contraste decisivo vai se tornando aquele entre as categorias de hemisfério ocidental e de América Latina,[35] até o ressurgimento da América do Sul – nessa nomenclatura modernizada em tom anglo-saxão – como categoria operativa na virada para o XXI.[36]

Falando apenas das últimas décadas, e da prática diplomática concreta, é digno de nota que a doutrina de Saraiva Guerreiro sobre a falta de excedentes de poder do país situe o Brasil a partir da categoria de América Latina, não da categoria de América do Sul:[37] do espaço de debilidade e não do espaço de potência.

Mais recentemente, já no século XXI, quando ressurge a categoria sul-americana, abordagens em outros pontos contrastantes confluem na premissa da América do Sul como espaço geoestratégico do Brasil.[38] Adeptas, umas, e críticas, outras, das teses de Ramiro Elysio Saraiva Guerreiro, essas abordagens coincidem no entendimento de que a doutrina da falta de excedentes de poder não tem validade quando se trata de matéria sul-americana.

O fato sugere que a velha noção de América Meridional torna a ser empregada no mesmo intuito de apontar para um horizonte de potência continental brasileira. Esta pode contrastar ou se complementar, com intensidade variável, com outras categorias geográficas. O fato é que a América do Sul ressurge como noção muito deliberada de região, e, assim, como um critério forte de diferenciação entre o regional e o extrarregional.

Aproximarmo-nos ao uso diplomático concreto dessa concepção em meados do século XIX como alternativa ao legado expansionista

---

[35] Ver Rojas, *La historia como arma.*

[36] Ver, para a diferença entre a voz "meridional", originada no léxico natural-astronômico greco-latino, e a voz "sul", originada no léxico físico-matemático que ascende com a "entronização da moderna talassocracia britânica", Ardao, "Naturaleza y cultura en los puntos cardinales", p. 67 e *passim*. Devo a Wallace Alves o acesso a esse texto.

[37] Guerreiro, "Conferência na Escola Superior de Guerra". Ver, também, Guerreiro, "Discursos do Ministro de Estado das Relações Exteriores, Ramiro Saraiva Guerreiro, e do Presidente da Comissão de Relações Exteriores da Câmara dos Deputados, Deputado Diogo Nomura".

[38] Amorim, *A grande estratégia do Brasil*; Lafer, *Relações internacionais, política externa e diplomacia brasileira.*

luso-brasileiro e a noções geográficas provenientes de outras latitudes é uma forma de compreendermos o empenho por forjar uma ordem espacial centrada no Brasil, enunciada usando-se conceitos de historicidade própria e inspirada em um agudo sentido de localização. Isso sugere que o conceito de América não foi sempre ou necessariamente, no Oitocentos brasileiro, uma "referência continental muito genérica";[39] especificou-se em sentido meridional, ou austral, com a obra diplomática do visconde.

Discutível em muitos aspectos, a reflexão do visconde segue merecendo uma abordagem mais atenta, como notou José Murilo de Carvalho.[40] Em todo caso, o estudo a que procedemos diz menos respeito à compreensão de seu pensamento, como tal, do que à formação de um conceito próprio e autocentrado de espaço brasileiro. Como autor, o visconde poderia, sem dúvida, ser identificado como fundador de uma linhagem continental do pensamento brasileiro. Mas é como operador de uma concepção diplomática que nos importa mais diretamente; pois, nesse quesito, foi o patrono do *interesse inerente do Brasil pela América Meridional.*

***

Em novembro de 1865, José Antônio Pimenta Bueno, marquês de São Vicente, com sua autoridade de antigo ministro plenipotenciário do Brasil no Paraguai, assina um parecer da seção de Negócios Estrangeiros do Conselho de Estado com fortes críticas ao Tratado da Tríplice Aliança. O texto do relator é endossado pelo visconde do Uruguai, também membro da seção, que, abalado de saúde, estará morto em julho do ano seguinte.

A objeção central do saquarema São Vicente ao tratado negociado pelo gabinete luzia, ou liberal, é que, em um de seus artigos, admitia a hipótese de transferência de territórios ao fim da guerra. E o "pensamento tradicional" do Brasil era conter – em vez de acomodar – a Confederação Argentina no que se consideravam os seus planos de anexação do Paraguai e do Uruguai, planos que arriscavam investir Buenos Aires de uma "preponderância decidida" nessa "parte da América do Sul", a bacia do Prata.[41]

Mas essa não fora sempre, nem sequer, a tradição do campo saquarema. Pouco mais de duas décadas antes, em julho de 1844, Bernardo

---

[39] Feres Júnior, "O conceito de América", p. 27.

[40] Carvalho, "Introdução".

[41] Brasil, *O Conselho de Estado e a política externa do Império*, v. 6, p. 233.

Pereira de Vasconcelos, nome tutelar do Regresso conservador e mentor do futuro visconde do Uruguai, diverge, no mesmo Conselho de Estado, dos estadistas que, em suas palavras, "estremecem" pela hipotética anexação do Uruguai pela Argentina e pela "perda do equilíbrio [Brasil-Argentina] que resultará de tal incorporação".[42]

O visconde do Uruguai é, contudo, um dos que estremece com essa ameaça ao equilíbrio, tendo-a por maior perigo externo a espreitar o Império. Não é demais pensar que a tradição a que alude São Vicente em 1865 se forma justamente pela porfia do visconde, no Ministério dos Negócios Estrangeiros e no Conselho de Estado, por conter a Argentina.

Vazada na gramática europeia da balança de poder, a linguagem do visconde contém recorrentes menções ao tema do descompasso de poder relativo, ligado à conjectura de um acréscimo decisivo, e para ele indevido, dos recursos militares e econômicos de Buenos Aires pela incorporação ou pelo controle de uma ou mais partes do antigo Vice-Reinado do Prata. A palavra-chave com que trata essa questão é engrandecimento.

O engrandecimento remete a um salto de poder relativo capaz de pôr em risco a integridade e a própria soberania dos territórios vizinhos. Em instrução à legação imperial em Assunção, em julho de 1851, o visconde do Uruguai postula um vínculo entre a segurança de Brasil, Paraguai e Uruguai e o grau de poder que o general Justo José Urquiza, àquela altura governador da província de Entre Ríos, viesse a ter quando derrubasse Juan Manuel de Rosas e se tornasse o líder da Confederação Argentina (o que de fato vem a ocorrer em março de 1852): "É do interesse de todos os três que ele não se engrandeça além do que é justo e compatível com a independência e integridade de seus territórios".[43]

Conquanto esse raciocínio venha no estilo bastante direto e concreto usado pelo visconde, caberia discernir aí o eco de um autor seiscentista que lia e às vezes citava, Samuel Pufendorf, para quem os interesses de uma potência incluíam uma componente relacional, ligada à "condição, força ou debilidade das nações vizinhas; pois conforme estas variam, o interesse também deve variar".[44]

---

[42] Brasil, *O Conselho de Estado e a política externa do Império*, v. 1, p. 242.

[43] Souza, "Documentos expedidos pela Secretaria de Estado", p. 97.

[44] Pufendorf, *An Introduction to the History of the Principal Kingdoms and States of Europe*, p. 8.

Nesse sentido, há, para o visconde do Uruguai, um nexo essencial entre o interesse brasileiro e a medida e o exercício do poder argentino; o interesse brasileiro aponta a um estado de repouso da política regional, com a neutralização de ambições revisionistas.[45] O revisionismo será entendido, em maior ou menor grau, como uma perturbação desse estado intrinsecamente desejável; como já veremos, Rosas será sua encarnação máxima.

Uma providência básica dessa política de *status quo* é explicitar o ideal de introversão do Brasil, que na prática equivale a explicitar a superação do expansionismo luso-brasileiro. Este, de D. João VI a D. Pedro I, não só buscou a anexação do Uruguai como operou nos marcos de um espaço transoceânico mais amplo que associava a política a se adotar no Brasil a considerações relativas à Europa e a outras terras sob controle imperial no hemisfério sul, da África à Ásia, todos eles continentes com elos do império marítimo lusitano.

Desde logo, portanto, é o elemento de transoceanismo e de um enquadramento longitudinal que abarca vastas áreas dos continentes austrais que sai da equação. Veremos isso adiante, na discussão sobre maritimidade.

Em seguida, e de interesse imediato aqui, é o elemento do expansionismo terrestre luso-brasileiro na América do Sul que sai de cena. A nostalgia desse expansionismo, expressa em um saudosismo da província Cisplatina, seguia viva no início do reinado de D. Pedro II, manifestando-se, no Conselho de Estado da década de 1840, nas opiniões de um Honório Hermeto Carneiro Leão, um Caetano Maria Lopes Gama e até um Vasconcelos, embora já não nas do ex-regente Pedro Araújo Lima.[46]

---

[45] Tomo a ideia do equilíbrio de poder como estado de "repouso comum" das reflexões do também seiscentista Fénélon em seu célebre tratado para a educação dos reis (Fénélon, *Directions pour la conscience d'un roi, ou examen de conscience sur les devoirs de la royauté, par Fénélon*, p. 94), obra de referência corrente no Brasil do início do século XIX (ver Lynch, *Fundações do pensamento político brasileiro*). Observe-se, a propósito, que um país comparativamente maior propor uma visão de *status quo* do equilíbrio de poder soa raro na tradição realista, segundo a qual são as potências menores que, em geral, defendem essa linha (Gulick, *Europe's Classical Balance of Power*, parte 1). A peculiaridade passa, naturalmente, pelo fato de que a noção de equilíbrio sul-americano discutida aqui remete tanto às relações do Brasil com as potências navais quanto com os vizinhos de terra.

[46] Ver Brasil, *O Conselho de Estado e a política externa do Império*, v. 1, p. 209-260.

Falando em 1851 ao Senado, o visconde do Uruguai se distingue daquela corrente ao reconhecer na independência do Estado Oriental uruguaio uma "concepção política de bastante alcance", rejeitar a "ambição de conquistas" e afirmar categoricamente a condição brasileira de potência satisfeita: "Contentamo-nos com a imensidade do nosso território, com os recursos e riquezas naturais que Deus lhe deu, e que só esperam a ação da indústria para fazer a nossa felicidade".[47]

Outra providência é ligar em causa comum os interessados em resistir a tentativas de engrandecimento. Segundo o preâmbulo de um projeto de tratado Brasil-Paraguai oferecido em julho de 1850 ao chefe de Estado do país vizinho, Carlos Antonio López, "a paz e tranquilidade do Sul da América Meridional [...] somente pode ser assegurada pela conservação do *status quo* das nacionalidades que a ocupam".[48]

Essa ligação entre os interessados ocorre essencialmente por costuras bilaterais: nenhuma iniciativa brasileira de reuniões conjuntas (por assim dizer minilaterais) entre os interessados é necessária. A aliança articula-se individualmente, um por um, em cada relação do Brasil, e não em um bloco. Isso não significa que o Brasil deva rejeitar convites a eventuais reuniões regionais, até para evitar "ódios" e um isolamento ostensivo,[49] mas a atitude básica é estar "a sós" com cada vizinho, "e com eles podemos nós".[50]

O equilíbrio adquire, na obra do visconde do Uruguai, a acepção precisa de um congelamento, não de uma correção, do quadro existente e das assimetrias que envolva. Adquire, também, um determinado alcance geográfico. Mais de um fator imporá, a esse equilíbrio, uma escala sul-americana e não somente platina. O primeiro fator, e mais urgente, é a ambição revisionista imputada a Juan Manuel de Rosas.

Já em dezembro de 1843, escrevendo ao ministro imperial no Chile, o visconde do Uruguai o instruía a fazer ver ao governo local ser "do maior interesse de todas as potências da América Meridional embaraçar e opor-se ao engrandecimento do poder de Rosas".[51] Como se sabe, porém, é só em

---

47 Senado Federal, *Anais do Senado do Império do Brasil, 8ª Legislatura: Sessões de Maio de 1851*, p. 332 e p. 334.

48 Souza, "Documentos expedidos pela Secretaria de Estado", p. 56.

49 Brasil, *O Conselho de Estado e a política externa do Império*, v. 6, p. 135.

50 Brasil, *O Conselho de Estado e a política externa do Império*, v. 4, p. 90.

51 Souza, "Instruções (1843-1846)", p. 94-95.

sua segunda gestão que o visconde rompe a política de neutralidade platina, que o Império havia adotado após o fim da guerra com a Argentina em torno do Uruguai, e monta a aliança contra Rosas.

O sentido especificamente sul-americano da contenção da Confederação Argentina se deve à própria natureza da ameaça rosista. Na Câmara, em 1852, o chanceler indica que Rosas buscava fomentar uma "coalizão" de vizinhos do Brasil que advogasse a linha do Tratado de Santo Ildefonso, de 1777, o que criaria, a expensas de boa parte do território sul-rio-grandense, um "colosso" argentino adjacente ao país, além de potencialmente gerar outras perdas territoriais a oeste e a norte.[52]

Só uma eventual incorporação do Paraguai pela Argentina traria trinta mil novos soldados ao exército de Rosas, força "funestíssima nas mãos de homens acostumados à guerra, que não cuidam senão dela".[53] O visconde julgava que, anexado o Paraguai, uma tal força militar haveria de ser subsequentemente lançada sobre o Rio Grande do Sul, no intuito de levar a efeito a exigência do retorno às fronteiras desfavoráveis de 1777.[54]

Como o governador de Buenos Aires atua toda a América Meridional em sua causa revisionista, é nessa escala que o Império deve responder. Proteger o *status quo* é indispensável para o "equilíbrio entre os Estados da América Meridional".[55] Rosas representa, para o visconde do Uruguai, a falência do entendimento; está-se, com ele, em presença da política como inimizade.

Daí a afirmação lapidar: "Rosas é nosso inimigo natural e necessário".[56] Diante da extraordinária ameaça representada pelo engrandecimento argentino, a guerra afigura-se uma medida incontornável para "não desatar, mas cortar essas dificuldades".[57] E como nem um exército, nem uma esquadra, faziam-se "de improviso", era preciso "cuidar deles

[52] Souza, *Três discursos do Illmo. e Exmo. Sr. Paulino José Soares de Souza, Ministro dos Negócios Estrangeiros*, p. 81.

[53] Souza, "Documentos expedidos pela Secretaria de Estado", p. 38.

[54] Ver, para as fronteiras de Santo Ildefonso, Goes Filho, *Navegantes, bandeirantes, diplomatas*, mapa 9.

[55] Souza, "Documentos Montevidéu (jan. 1852-out. 1853) e Buenos Aires (maio 1852-set. 1853)", p. 92.

[56] Souza, "Documentos expedidos pela Secretaria de Estado", p. 37.

[57] Souza, *Relatório da Repartição dos Negócios Estrangeiros, apresentado à Assembleia Geral Legislativa na primeira sessão da nona legislatura pelo respectivo ministro e secretário de Estado Paulino José Soares de Souza*, p. 10.

com tempo"; isto é que era "proceder com verdadeira economia" em tema militar, pondera no Senado em maio de 1851.[58]

Por outro lado, a guerra é vista como medida excepcional, fruto do nível da ameaça posta pela ambicionada restituição do traçado de 1777, e não medida corriqueira, dado que o país melhor faria em se ocupar de seus desafios internos. "Não é possível estar sempre de arma ao ombro", afirma no mesmo discurso ao Senado; era preciso desembaraçar-se de questões existenciais para "cuidar e aplicar os nossos recursos aos melhoramentos internos que o país reclama".[59]

No relatório ministerial de 1852, o visconde do Uruguai deixa entrever que a única dinâmica admissível no equilíbrio regional é a de poder absoluto, ou seja, aquela em que todos os países se engrandecem e as disparidades relativas são mantidas. Nota que a ação concertada contra Rosas fora necessária para auxiliar o "povo argentino" a estabelecer, com os países aliados, relações de "boa vizinhança, de que tanto necessitam para seu progresso e engrandecimento recíproco.[60]

O segundo fator que impõe uma dimensão sul-americana ao equilíbrio vislumbrado pelo visconde é a escassez de recursos do Brasil para guardar suas extensíssimas, e em larga medida indefinidas, fronteiras a oeste e a norte. A nota dominante é o receio pelo engrandecimento dos demais países vizinhos no bojo de uma autoinfligida retração da presença brasileira.

Aqui, sim, sente-se a influência do senador Vasconcelos no pensamento do ministro Soares de Souza, pois provinha do velho líder regressista a

---

[58] Senado Federal, *Anais do Senado do Império do Brasil, 8ª Legislatura: Sessões de Maio de 1851*, p. 334.

[59] Senado Federal, *Anais do Senado do Império do Brasil, 8ª Legislatura: Sessões de Maio de 1851*, p. 334. Daí que a lógica do equilíbrio de poder não objetive, para o visconde, provocar a guerra, mas evitá-la, distinção esclarecida, teoricamente, por Wight, "The Balance of Power".

[60] Souza, *Relatório da Repartição dos Negócios Estrangeiros, apresentado à Assembleia Geral Legislativa na quarta sessão da oitava legislatura pelo respectivo ministro e secretário de Estado Paulino José Soares de Souza*, p. xxv. Para a reação do visconde quando a perspectiva de acentuado engrandecimento relativo recai sobre outros países do entorno – reação similar ("na paz cumpre preparar para a guerra") mas ainda assim algo desconcertada –, ver Senado Federal, *Anais do Senado do Império do Brasil, 10ª Legislatura: Sessões de Maio a Setembro de 1857*, p. 228. Os dilemas da política do equilíbrio durante e após suas passagens pelos Negócios Estrangeiros são avaliados em Aubert, "A pax armada no entreguerras do Rio da Prata"; e em Barrio, *O Império do Brasil e a política de intervenção no Rio da Prata.*

expectativa de que o fim do tráfico de cativos africanos por pressão naval inglesa importaria em um sério revés para a economia nacional.[61] O discípulo tirava, disso, a conclusão de que o Império perderia seus já parcos recursos para manter e fundar núcleos populacionais nas fronteiras.

A expressão mais acabada desse receio consta do relatório ministerial de 1853, já considerado, a meu ver com razão, prova da tônica defensiva da visão do visconde do Uruguai sobre fronteiras.[62] Em 1853, como ministro, sua preocupação é sobretudo com a Bolívia e o Peru. Em 1854, como conselheiro de Estado, demonstra igual pessimismo falando das fronteiras com as guianas francesa e inglesa.

Cabe citá-lo por extenso em 1853:

> A experiência tem mostrado que a população dos Estados vizinhos com áreas muito menores que a do Império, e principalmente a dos centrais, tende a alargar-se sobre as nossas fronteiras, ao passo que a nossa população, antigamente atraída para esses pontos pela indústria das minas, e a isso levada pelo sistema da nossa antiga metrópole, tende hoje a aproximar-se do litoral. Assim é que não somente não se tem formado novos estabelecimentos nas nossas fronteiras, mas parte dos antigos tem sido abandonada, ou se acha em decadência.[63]

A resposta nesses casos não era a guerra, mas uma política fronteiriça inteligente e flexível: o *uti possidetis* era proveitoso em muitos casos, inclusive a oeste;[64] a doutrina das fronteiras naturais, em outros, sobretudo a norte.[65] A vantagem de empregar qualquer dessas regras estava em estabelecer critérios para o entendimento sobre as demarcações ou, ao

---

[61] Ver Brasil, *O Conselho de Estado e a política externa do Império*, v. 1, p. 384.

[62] Santos, "Duarte da Ponte Ribeiro"; para uma discussão mais ampla do princípio do *uti possidetis*, enquadrado a partir de uma perspectiva expansionista já ausente da reflexão do visconde do Uruguai, ver Goes Filho, *As fronteiras do Brasil.*

[63] Souza, *Relatório da Repartição dos Negócios Estrangeiros, apresentado à Assembleia Geral Legislativa na primeira sessão da nona legislatura pelo respectivo ministro e secretário de Estado Paulino José Soares de Souza*, p. 10; ver também Brasil, *O Conselho de Estado e a política externa do Império*, v. 4, p. 252 e p. 261.

[64] Souza, *Três discursos do Illmo. e Exmo. Sr. Paulino José Soares de Souza, Ministro dos Negócios Estrangeiros*, p. 81.

[65] Brasil, *O Conselho de Estado e a política externa do Império*, v. 4, p. 317.

menos, para dirimir conflitos, evitando o recurso às armas: "é melhor ter algumas regras para resolver, do que viver na ausência de todo o direito".[66]

Essa flexibilidade ou adaptabilidade em matéria de princípios para negociações fronteiriças – de resto condizente com o Tratado de Madri, ele próprio assentado tanto em fronteiras naturais como no *uti possidetis*[67] – remete a um preceito mais amplo, o circunstancialismo típico dos saquaremas.

Vasconcelos já sentenciara no Conselho de Estado, sobre um assunto qualquer, que "o Governo Imperial deve adotar o princípio ou princípios que mais quadrarem [com] as suas atuais circunstâncias. Seu interesse só deve prescrever-lhe a norma do seu procedimento".[68]

Em uma das últimas consultas que relata no Conselho, em 1864, quando as tensões no Prata já estão em sua trágica montante, o visconde do Uruguai repete a teoria: as "circunstâncias do presente" não podiam ser perdidas de vista a bem do "valor das questões em absoluto".[69] Essa abertura às contingências, ao inesperado, traduz uma aspiração ou "habilidade de se adaptar às necessidades conforme exigisse a razão de Estado".[70]

A percepção aguda das circunstâncias é vital para quem, na linha de Pufendorf, entendia não se poder formar um juízo sólido sobre o interesse nacional sem atenção às flutuações de poder de terceiros países. Daí que a vigilância diplomática sobre as intenções e os processos nesses países – sobretudo no caso de um Rosas, que prima por ocultar suas intenções[71] – pareça-lhe crucial para a segurança do Império, o que não pode deixar de relativizar a introversão, antes apregoada, em assuntos internos.

---

[66] Souza, *Três discursos do Illmo. e Exmo. Sr. Paulino José Soares de Souza, Ministro dos Negócios Estrangeiros*, p. 82; ver também Brasil, *O Conselho de Estado e a política externa do Império...*, v. 4, p. 248.

[67] Ver Goes Filho, *Navegantes, bandeirantes, diplomatas*, cap. 9.

[68] Brasil, *O Conselho de Estado e a política externa do Império*, v. 1, p. 393; a segunda frase tem o sentido de que "apenas" o seu interesse deve prescrever a norma de sua conduta.

[69] Brasil, *O Conselho de Estado e a política externa do Império*, v. 6, p. 132.

[70] Lynch, *Fundações do pensamento político brasileiro*, p. 529.

[71] Na opinião do cônsul da Sardenha em Buenos Aires ao tempo de Rosas: "um governo como o do general Rosas não quer testemunhas". D'Hermillon *apud* Donghi, "Rosismo y restauración europea en los informes del cónsul sardo en Buenos Aires – 1835-1848", p. 253.

Assim reflete o mais longevo ministro dos Negócios Estrangeiros da monarquia sobre esse sentido de vigília da ação diplomática:

> Em diplomacia, somente quem, colocado no centro, possui o fio dos negócios; quem os acompanha passo a passo; quem enxerga a posição por todos os lados; quem está senhor de todos os segredos; quem bebe todas as informações oficiais, confidenciais e particulares; quem tem olheiros e todos os meios para averiguar este ou aquele ponto; quem tem à sua disposição os arquivos (condição em que não está um simples conselheiro de Estado) é que pode formar um juízo, ao menos humanamente, seguro.[72]

As discussões até aqui confluem na noção de *grandeza continental.* Com ela, gostaria de frisar o sentido estático do equilíbrio que o visconde do Uruguai concebe na América Meridional. Uma política de *status quo*, bilateralista, calcada na vigilância, no entendimento e, excepcionalmente, na guerra, favorece o congelamento das diferenças de poder relativo e só legitima o engrandecimento recíproco; por outra, busca fixar, contra o pano de fundo sul-americano, a imensidade brasileira. Mas se a grandeza chama a introversão nacional, o imperativo de vigilância sobre as potências vizinhas mantém a candência da pauta externa.

***

Em junho de 1853, a cautela do ministro Soares de Souza frente à conturbação da política argentina pós-Rosas suscita a um opositor do gabinete saquarema, Dom Manuel de Assis Mascarenhas, a crítica de que o Império devia intervir militarmente no país vizinho. Segundo Mascarenhas, o Império devia copiar a doutrina dos "interesses essenciais" formulada em 1823 pelo ministro do exterior da França, François-Auguste-René, visconde de Chateaubriand, como justificativa da restauração de Fernando VII ao trono espanhol por intervenção militar francesa.

A interpelação dá ensejo ao que será uma das mais detidas exposições, por parte do visconde do Uruguai, dos termos em que julga possível a convivência entre distintas formas de governo e sociedade na América Meridional. Com o circunstancialismo que lhe é peculiar, sua abordagem

---

72 Brasil, *O Conselho de Estado e a política externa do Império*, v. 6, p. 132.

privilegia a compreensão e a legitimação da singularidade de cada país em sua respectiva trajetória histórica política e social, o que inclui, no Brasil, a defesa da ordem monárquica e escravocrata.

Fazer da forma de governo causa bastante para a intervenção militar parece-lhe, à largada, sério equívoco. Como já vimos, para esse chefe do partido conservador a compreensão do interesse liga-se ao cálculo de poder, não a preferências de ideologia política: a circunstâncias relativas, não a dados absolutos. Rejeita, por isso, a vinculação forçosa do interesse nacional à promoção de determinados regimes políticos no exterior, cerne da doutrina Chateaubriand brandida, no Senado, por Mascarenhas.

Diz em peroração pouco conhecida:

> Ora, sendo interesse essencial de um governo que não prevaleça no governo de um país vizinho um princípio contrário e hostil à organização do nosso, é evidente que [...] não há intervenção que se não possa justificar [...] Senhores, como senador e como ministro, declaro-me, pronuncio-me, altamente contra semelhantes doutrinas. Deus nos livre de proceder assim! Os direitos das nações soberanas e independentes são iguais, e se nós temos o direito de ir promover o estabelecimento de monarquias naquelas repúblicas, elas terão o direito de vir promover o estabelecimento de repúblicas nesta monarquia. Deus nos preserve de tão funestas doutrinas! [...] Sr. presidente, não há talvez nações que levem mais longe a susceptibilidade do espírito de nacionalidade e de independência do que as repúblicas nossas vizinhas. Respeitemos as suas instituições, para que respeitem as nossas. As nações podem viver em perfeita paz e harmonia apesar da diversidade das formas de seus governos, uma vez que reciprocamente respeitem os seus direitos. Declaro, portanto, alto e bom som, que o governo imperial está muito longe de querer ingerir-se nas formas governativas de seus vizinhos, e que pelo contrário tem sempre recomendado a seus agentes que se abstenham de qualquer ingerência em semelhantes assuntos.[73]

Não há, com efeito, dissonância entre o que o senador proclama e o que o ministro ordena. Nas instruções de março de 1851 para a missão

---

[73] Senado Federal, *Anais do Senado do Império do Brasil, 9ª Legislatura: Sessões de Maio a Julho de 1853*, p. 257, p. 259 e p. 260.

especial de Duarte da Ponte Ribeiro nas repúblicas do Pacífico, por exemplo, lê-se uma reiteração da ideia de que a monarquia e as repúblicas podiam coexistir sem maior problema: "Posto que a forma do governo do Brasil seja monárquica, ele respeita as outras e entende que cada nação deve ser governada como quiser e por quem quiser".[74]

Em junho de 1852, falando à Câmara, esclarece rejeitar a associação entre o Brasil e agremiações políticas de terceiros países: "os partidos são instáveis; os seus interesses mudam; mal iria, pois, aquele governo que fosse associar a sua política exterior à sorte e ao vaivém dos partidos".[75] Em 1853, rejeita também tratar da organização nacional ou do desmembramento territorial argentinos. O Brasil "não pode, não lhe convém", e os resultados disso "seriam escritos em areia".[76]

O convívio sul-americano não se concebe, entretanto, puramente do ponto de vista dos regimes políticos, sendo preciso considerá-lo pelo ângulo conexo de suas variadas ordens sociais. Falar em singularidades históricas da sociedade brasileira, no meado do século XIX, é falar em escravidão, questão que emerge, concretamente, nas negociações sobre tratados de extradição entre o Império e a vizinhança.

"O governo de Vossa Majestade Imperial já tem apalpado os espinhos de que se acha ele [o assunto da extradição] eriçado",[77] observa em 1863. O tom do comentário faz pensar que, mesmo no recesso do Conselho de Estado, o visconde do Uruguai não se desvia muito do lastimável silêncio constrangido que, como anota José Murilo de Carvalho, é a sua marca em se tratando da escravidão.[78]

Constrangido ou não, seu aporte ao escravagismo é decidido, como ao insistir, em 1857, que se pressionasse Paris a aceitar a devolução de escravizados fugidos à Guiana:

---

[74] Souza, "Missão especial à América Meridional", p. 18.

[75] Souza, *Três discursos do Illmo. e Exmo. Sr. Paulino José Soares de Souza, Ministro dos Negócios Estrangeiros*, p. 86.

[76] Souza, "Documentos Montevidéu (jan. 1852-out. 1853) e Buenos Aires (maio 1852-set. 1853)", p. 78-79. Ver as ambivalências, seguidas de conclusão no mesmo sentido, em Souza, "Documentos expedidos pela Secretaria de Estado", p. 43-44, p. 69 e p. 98.

[77] Brasil, *O Conselho de Estado e a política externa do Império*, v. 6, p. 87.

[78] Ver as indicações de Carvalho, "Introdução". Outra abordagem do tema pode ser consultada em Mattos, "O lavrador e o construtor".

> A Seção [de Negócios Estrangeiros do Conselho de Estado] duvida de que governo algum europeu se preste hoje a restituir escravos. Tal é o progresso que tem feito há tempos a esta parte as ideias humanitárias e a cruzada contra a escravidão. Reputa-se odiosa, tem-se pejo de contrair a obrigação de entregar um homem como propriedade de outro. Entretanto infelizmente existe a escravidão no Brasil. É uma das nossas instituições sociais da maior importância, à qual impossível é deixar de atender e muito. A facilidade da fuga dos nossos escravos das províncias fronteiras para os países limítrofes, e a impossibilidade de os reaver põe essa propriedade em continuado perigo, e muito pode contribuir para insubordinar a escravatura contra os senhores.[79]

As preocupações exibidas pelo visconde do Uruguai com a agenda de convivência entre distintos regimes políticos e sociais na América Meridional são, também elas, atravessadas por uma tônica algo defensiva. Preocupa-se que os vizinhos republicanizem a monarquia, preocupa-se que erodam a ordem escravocrata, e tira disso um argumento pelo respeito aos direitos de soberania de parte a parte; isto é, uma visão de reciprocidade.

O circunstancialismo dita uma lógica de convivência; mas dita também, para o visconde, uma lógica de ingerência, que lhe parece igualmente indispensável para a conservação da ordem sul-americana. Já vimos, antes, que a ameaça de um salto de poder relativo é, para ele, caso de inimizade e guerra para derrubar o governante com ambições revisionistas. Porém, a lógica de ingerência não responde só ao cálculo imediato de poder.

À raiz da ameaça posta pelo salto de poder relativo está a ambição revisionista, e, à raiz desta, o que o visconde do Uruguai vê como a dinâmica sociológica da política sul-americana. São conhecidos os preceitos de sua sociologia política, sistematizados na obra de maturidade, o *Ensaio sobre o direito administrativo*, e já fragmentários em seus escritos de governo.[80]

A dinâmica de todo o mundo católico e latino afigura-se-lhe essencialmente diversa daquela vigente no mundo protestante e germânico. O legado do direito romano é, segundo o autor do *Ensaio*, a razão de uma propensão da civilização latina à uniformidade. Colocado em contato com

---

[79] Brasil, *O Conselho de Estado e a política externa do Império*, v. 4, p. 498.

[80] Carvalho, "Introdução"; Coser, "Estado"; Lynch, "Visconde do Uruguai".

outro traço característico, o personalismo, o amor aos sistemas políticos abstratos torna a política campo aberto ao radicalismo.

Para o visconde do Uruguai, o equilíbrio entre liberdade e autoridade é o problema político primordial. Na Europa, os povos nórdicos, por sua educação e seus hábitos, lograriam formas saudáveis desse equilíbrio através do autogoverno exercido já no nível das comunidades locais. Entre os povos meridionais daquele continente, onde reina a baixa institucionalidade e a propensão ao facciosismo e à violência – à radicalização –, o antagonismo entre liberdade e autoridade deforma-se em um jogo entre anarquia e tirania.

Essa diferença de cultura política entre norte e sul da Europa repete-se na América:

> Essas duas grandes diferenças, essas duas grandes divisões reproduziram-se na América descoberta a povoada pela Europa. A América Meridional é, como a Europa Meridional, latina e católica. A América do Norte é anglo-saxônica e protestante. Essas duas imensas diferenças explicam a das instituições, leis e costumes.[81]

---

[81] Souza, *Ensaio sobre o direito administrativo pelo visconde do Uruguai*, t. II, p. 271. Nesse trecho, o visconde do Uruguai praticamente plagia um excerto da introdução das *Lettres sur l'Amérique du Nord*, de Michel Chevalier, livro que constava de sua biblioteca na edição original de 1836 e é citado com a devida referência em outros pontos do *Ensaio sobre o direito administrativo*. Diz Chevalier: "*Les deux rameaux, latin et germain, se sont reproduits dans le Nouveau Monde. L'Amérique du Sud est, comme l'Europe méridionale, catholique et latine. L'Amérique du Nord appartiant à une population protestante et anglo-saxone*". Chevalier, *Lettres sur l'Amérique du Nord*, t. I, p. 10. O interesse desse assunto é maior que uma má prática do visconde, pois é significativo que, citando com frequência Chevalier em seu livro, não o cite justamente nesse ponto de seu raciocínio. Fixemos a parte crucial do plágio, ou quase plágio: em 1836, Chevalier fala em América do Sul "católica e latina", enquanto o visconde falará, em 1862, em América Meridional "latina e católica". Ora, Chevalier é tido como o primeiro autor – e justamente por esse trecho das *Lettres sur l'Amérique du Nord* – a ter associado explicitamente a categoria geográfica da América do Sul à ideia de latinidade, constituindo, assim, o antecedente imediato da formulação de José María Torres Caicedo, em 1856, sobre o espaço étnica, histórica e culturalmente mais amplo de "América latina" (ainda sem a objetivação do substantivo pela letra maiúscula; ver Ardao, *Génesis de la idea y el nombre de América Latina*, caps. 2 e 3). Tendo não só lido, como citado e até certo ponto endossado Chevalier (no *Ensaio sobre o direito administrativo*) nessa ideia que só na década de 1860 começa a se difundir de um

Da França ao México, da América Meridional à Itália, as sociedades latinas pareciam-lhe incapazes de sair por suas próprias forças do ciclo fatal entre desordem e caudilhismo. Careceriam da tutela por um Estado centralizado que desse forma ao interesse geral.

âmbito latino da América – mais comumente referida como "hispânica", "espanhola" ou "portuguesa", além de "Meridional" –, o visconde do Uruguai insiste, contudo, no emprego da categoria geográfica de América Meridional. Tendo passado pelo exato entroncamento em que da ideia de América Meridional surgiria a ideia de América Latina (e não tenho elementos para saber se conheceu a obra de Torres Caicedo), o visconde se atém à categoria mais antiga e de alguma forma mais restritiva. A antiguidade da categoria sul-americana era evidente para o visconde, no mínimo, por seu manejo constante e direto como ministro e como conselheiro de Estado de mapas oitocentistas e setecentistas sobre o Brasil que davam a imagem cartográfica da – e às vezes tinham já como título – "América Meridional". Seus pareceres no Conselho de Estado sobre fronteiras nas Guianas ilustram adequadamente esse aspecto (ver Brasil, *O Conselho de Estado e a política externa do Império*, v. 4, p. 175-322). Respaldado em certa tradição cartográfica ao falar em América Meridional, o visconde do Uruguai podia ter razões geopolíticas para não levar muito longe o seu endosso do raciocínio de Chevalier. Se a latinidade da América Meridional servia, para o visconde, a um propósito de diferenciação frente ao caráter saxônico da América Setentrional, abria um flanco, por outro lado, para o expansionismo francês no continente sul-americano, que não podia merecer o aplauso de Soares de Souza. Dizia Chevalier, na mesma introdução de seu livro: "[...] *la France me semble appelée à exercer un bienveillant et fécond patronage sur les peuples de l'Amérique du Sud, qui sont encore hors d'état de se suffire à eux-mêmes*" (Chevalier, *Lettres sur l'Amérique du Nord*, p. 13). O potencial uso geopolítico de um raciocínio dessa natureza já tinha contornos bem delineados durante o segundo período do visconde do Uruguai à frente dos Negócios Estrangeiros. Sabe-se que Benjamin Poucel, um francês insatisfeito com a marcha vacilante da intervenção anglo-francesa no Prata – justamente a intervenção extrarregional que o visconde buscaria substituir por uma aliança regional contra Rosas – publicou em 1849, em Paris, um panfleto reivindicando um protetorado francês sobre a América do Sul. A base intelectual última da proposta residia nas *Lettres de l'Amérique du Nord*, de Chevalier, expressamente citadas por Poucel. No opúsculo, intitulado *Études des intérêts reciproques de l'Europe et de l'Amérique: la France et l'Amérique du Sud*, Poucel fala na França como devendo favorecer, na América, "*la raza latina de la cual es protectora nata contra la doble invasión de la raza anglo-sajona por el norte y por el sur*", sustentando que uma "*unión más estrecha debería confundir los intereses franceses y el interés de la América del Sur*" (*apud* Ardao, *Génesis de la idea y el nombre de América Latina*, p. 57-58). Os despachos do visconde do Uruguai a Montevidéu e Buenos Aires no período de 1849 a 1853 mostram que sua resistência à ação diplomática e militar francesa no Prata não era menor que à interferência inglesa (que veremos na próxima seção). Mas isso não o faz invocar uma lógica hemisférica ou monroísta: mantém-se

A duras penas, sustenta, o Brasil erguera o dique da autoridade centralizada contra a desordem produzida pelas ambições localistas e facciosas que corrompiam a liberdade que insidiosamente proclamavam ser a sua causa. As rebeliões liberais de 1842 em Minas Gerais e São Paulo, diz o visconde em fevereiro do ano seguinte na Câmara, quando ainda é ministro da Justiça, deviam-se às "cabeças vulcanizadas que há em todos os países, desorientadas pelos sonhos da demagogia em delírio".[82]

A singularidade brasileira teria sido, com o Regresso, robustecer a autoridade sem aniquilar a liberdade (o argumento do visconde omite inteiramente a privação de liberdade dos escravizados, tidos como habitantes mas não cidadãos do país).[83] Ter-se-ia conseguido, desse modo, canalizar nas instituições a luta política e submeter o facciosismo ao interesse geral, o que não ocorreria na vizinhança: "cada mudança política traz completa mudança administrativa, e o arbítrio revolucionário não encontra empecilho algum. Tais são as repúblicas hispano-americanas.[84]

No pensamento do visconde do Uruguai, o espaço culturalmente propenso ao caudilhismo expande-se sem fronteiras do sertão do Brasil

---

firme no uso da categoria sul-americana. Nesse sentido, Chevalier não é um autor que influencia o visconde, mas um autor por ele usado para fins específicos, distinção cuja pertinência vem sendo ressaltada na literatura especializada (ver Entín, *Rousseau en Iberoamérica*). Importa notar que, no início da década de 1860, quando o visconde está publicando o seu *Ensaio* e citando as *Lettres de l'Amérique du Nord*, Chevalier já se alçara a um dos principais ideólogos do panlatinismo que levaria o Segundo Império francês à sua famosa e malograda expedição norte-americana, dirigida a instalar Maximiliano de Habsburgo-Lorena como imperador do México (ver Phelan, "Pan-latinism, French Intervention in Mexico (1861-1867) and the Genesis of the Idea of Latin America"). Cabe notar, sobre o uso da noção de latinidade, que José Maria da Silva Paranhos, nas *Cartas do amigo ausente*, já usa, como veremos, a ideia de raças "latina" e "anglo-saxônica" nas Américas em 1851, ou seja, antes do *Ensaio* do visconde do Uruguai, mas depois das *Lettres* de Chevalier, autor que conhecia e citava. Seu filho, o barão do Rio Branco, fará, na virada para o século XX, um uso incipiente do termo "América Latina", noção que parece ser, para ele, quase intercambiável com a de América do Sul. Ver Paranhos Júnior, *Obras do barão do Rio Branco*, v. IX, *passim*.

82 Câmara dos Deputados, *Anais do parlamento brasileiro. Câmara dos Srs. Deputados, primeiro ano da quinta legislatura, primeira sessão de 1843*, p. 563.

83 Para o entrelaçamento de centralismo e escravismo no Regresso, ver Lopes dos Santos, *Irmãs do Atlântico*, cap. 8.

84 Souza, *Ensaio sobre o direito administrativo pelo visconde do Uruguai*, t. I, p. 20.

às margens do Prata.[85] Ocorre que, se a sociologia política é a mesma em toda a América Meridional, no Brasil a cultura política pudera ser abrandada pela tutela do Estado centralizado no poder moderador. O prognóstico dos saquaremas para a turbulência no entorno regional não poderia ser outro, até porque, como já opinara Bernardo Pereira de Vasconcelos,[86] a contenção do facciosismo platino é um desestímulo ao facciosismo interno.

Joaquim Nabuco, fazendo o balanço histórico do intervencionismo brasileiro no Prata em *Um estadista do Império*, atina com a analogia doméstica que informa essa visão saquarema de América do Sul. Diz que se pretendia resolver a desordem uruguaia, em especial, por um "poder moderador estrangeiro", isto é, a intervenção brasileira.[87] O caudilhismo mais próximo à fronteira exigiria o fomento, pelo Brasil, de alguma tutela centralizada: um Regresso em forma de ingerência.

Essa exigência vem de que o caudilhismo circunvizinho, quando entrado em radicalismo, facilmente se voltava contra o Brasil. Em julho de 1860, época em que preparava o *Ensaio*, o visconde afirma no Conselho de Estado tratarmos, na vizinhança, com "chefes muito transitórios, com câmaras dominadas por homens de uma raça tão ardente como a espanhola, que açulam e precisam açular paixões, e sobretudo a do antigo ciúme e aversão a nós".[88]

Rosas não era perigoso apenas por prometer um engrandecimento do poder argentino, indicava o visconde naquelas instruções de 1843 à legação em Santiago, mas também porque não podia convir sequer ao Chile, mais distante, que esse engrandecimento se desse em benefício de um líder "ambicioso, ativo e despótico".[89]

A mistura de caudilhismo e engrandecimento produz, na margem esquerda do Prata, o que o visconde considera o perigo mais palpável ao Império. O ciclo de anarquia e tirania, vulnerabilizando Montevidéu e o interior à influência dos caudilhos argentinos, fazia do Uruguai, na visão do chefe saquarema, uma plataforma da futura investida militar argentina

---

[85] Ferreira, *O Rio da Prata e a consolidação do Estado imperial.*

[86] Ver Brasil, *O Conselho de Estado e a política externa do Império*, v. 1, p. 404.

[87] Nabuco, *Um estadista do Império*, t. II, p. 157.

[88] Brasil, *O Conselho de Estado e a política externa do Império*, v. 5, p. 306-307.

[89] Souza, "Instruções (1843-1846)", p. 95.

para tomada da parte do território sul-rio-grandense alocada ao antigo Vice-Reinado do Prata pelo Tratado de Santo Ildefonso.

A guerra contra Manuel Oribe, no Uruguai, depois levada contra Rosas, em Buenos Aires, é um marco da segunda gestão do visconde nos Negócios Estrangeiros. Embasa-a a convicção, como depois diz no Conselho de Estado, de que a interferência argentina no Uruguai é a "arma mais terrível que tem ali a raça castelhana contra o Brasil".[90]

No calor da luta, em abril de 1851, o visconde já resumia o problema em uma instrução ao representante em Montevidéu, Rodrigo Silva Pontes, ao enfatizar a inconveniência de que "apareçam novos Oribes, e novos Rosas".[91] Em seu entendimento, não bastava apear Oribe e Rosas do poder, era preciso contribuir a que não surgissem caudilhos similares. Como obter garantias disso, indaga à Câmara, em 1852, senão por uma "legitima ingerência" em assuntos do país vizinho?[92]

Mais adiante, em instruções de maio de 1853 a José Maria da Silva Paranhos, novo ministro em Montevidéu, nota que não seria simples "obrigar o Governo Oriental a entrar no verdadeiro e bom caminho" da solvência financeira e dos hábitos constitucionais.[93] A intervenção impunha custos e processos "odiosos" para outro país e, crescentemente, à própria opinião pública brasileira.[94] Paranhos concorda, falando, de sua parte, em "legítima influência que cabe e convém ao Império exercer no Rio da Prata".[95]

Para o chanceler, a oposição no parlamento brasileiro à lógica da ingerência se devia a razões provincianas. Isso lhe sugere persistir, no Brasil, o mesmo facciosismo que vicejaria mais desimpedido na vizinhança. Privadamente, e já prestes a deixar o cargo, diz a Paranhos em junho de 1853: "Não pode haver política exterior com certa gente, e direi mesmo com partidos em Câmaras. Não estudam as questões, não

---

[90] Brasil, *O Conselho de Estado e a política externa do Império*, v. 6, p. 131.

[91] Souza, "Montevidéu Documentos (1849-1852)", p. 156.

[92] Souza, *Três discursos do Illmo. e Exmo. Sr. Paulino José Soares de Souza, Ministro dos Negócios Estrangeiros*, p. 81.

[93] Souza, "Documentos Montevidéu (jan. 1852-out. 1853) e Buenos Aires (maio 1852-set. 1853)", p. 115.

[94] Brasil, *O Conselho de Estado e a política externa do Império*, v. 4, p. 539.

[95] Paranhos, "Montevidéu (1853)", p. 192.

querem sair delas; olham para tudo pelo prisma de mesquinhas paixões e interesses pessoais".[96]

E na Câmara, em junho de 1852, defendendo a ingerência como política nacional:

> Senhores, há certos grandes princípios, certos grandes interesses, certos fatos consumados que é preciso respeitar, embora com eles não nos conformemos. Pertencem ao país; não são deste nem daquele partido, são de todos os partidos que constituem a nação. É preciso deixá-los intactos; é preciso não levar o furor cego de censurar a ponto tal que, com intenção de ferir os seus adversários, se vá ferir profundamente interesses e direitos permanentes do país. Há certas raias que a oposição não deve ultrapassar.[97]

O estorvo que o latente facciosismo interno põe à projeção de poder externo é palpitante no início de sua segunda gestão nos Estrangeiros. Em dezembro de 1849, quando a repressão da Revolução Praieira do ano anterior ainda impede o envio de tropas para reforçar a fronteira com o Uruguai, o dirigente conservador rejeita a pretensão dos sublevados pernambucanos de atuarem a bem do país, exclamando: "E é nesta ocasião, quando precisávamos ter uma força respeitável no Rio Grande do Sul, que estamos com perto de 4 mil homens ocupados em Pernambuco! Leve o Diabo os tais patriotas que nos obrigam a fazer tão triste figura perante o Estrangeiro!".[98]

Os parâmetros de convivência e ingerência sugerem que a obra do visconde do Uruguai é perpassada por uma noção de *heterogeneidade de regimes políticos e sociais*. Aceitar reciprocamente a diversidade de experiências políticas e sociais ao longo do entorno e reverter processos desestabilizadores para o Império monárquico e escravocrata eram meios de reforçar o congelamento do equilíbrio sul-americano. A heterogeneidade impunha uma medida de engajamento externo, ele mesmo controverso

[96] Souza, "Documentos Montevidéu (jan. 1852-out. 1853) e Buenos Aires (maio 1852-set. 1853)", p. 122.

[97] Souza, *Três discursos do Illmo. e Exmo. Sr. Paulino José Soares de Souza, Ministro dos Negócios Estrangeiros*, p. 77.

[98] Souza, "Montevidéu Documentos (1849-1852)", p. 64.

internamente, que relativizando a pretendida introversão nacional, procurava colocar a grandeza brasileira a salvo da turbulência circundante.

***

Em maio de 1862, Aureliano Cândido Tavares Bastos publica as *Cartas do solitário* procurando demonstrar, entre outras coisas, que o Brasil não é, nem pode ser, uma potência marítima: porque escasseiam capitais para o que não seja agricultura; porque a geografia litorânea sul-americana não convida ao mar; e porque o clima ameno e o solo ubérrimo tornam desnecessário ao homem fazer-se ao mar em busca de uma vida melhor. O brasileiro, em suma, "não tem o gênio marítimo".[99]

Razões de economia, geografia e caráter nacional convergem, pois, em sua crítica ao "tão preconizado poder marítimo do Brasil".[100] Os saquaremas já não governam naquele início de década de 1860, mas são alvo do autor pela inércia da política que sustentaram em matéria de proteção da

---

[99] Bastos, *Cartas do solitário*, p. 215.

[100] Bastos, *Cartas do solitário*, p. 196. Não é demais notar que Tavares Bastos escreve retomando (e corroborando) a discussão de um oficial naval dos Estados Unidos, Matthew Maury, que em 1853 publicara um livro batendo-se pela abertura do Amazonas, obra que, por sua vez, suscitou polêmica com a publicação de mais de um livro em defesa da posição restritiva do Império. Ver Maury, *The Amazon, and the Atlantic Slopes of South America*. Cabe destacar, entre essas reações, a de Pedro De Angelis, um importante bibliófilo e antigo escritor e editor em Buenos Aires a soldo de Juan Manuel de Rosas, que, com a queda deste, estabelece boas relações com o governo imperial, dedicando a D. Pedro II o livro sobre os direitos da monarquia brasileira de controlar a navegação do Amazonas. Ver De Angelis, *De la navegación del Amazonas*. De Angelis importa, ainda, porque vende sua coleção de manuscritos ao Ministério dos Negócios Estrangeiros, em tratativas conduzidas pelo visconde do Uruguai, cujos despachos à missão brasileira na Argentina entre 1851 e 1852 mostram o seu afã de constituir um arquivo documental e bibliográfico compatível com as necessidades da política externa do país, a começar pelo embasamento das negociações de fronteira. A correspondência do visconde do Uruguai com De Angelis pode ser consultada no arquivo do IHGB. Para a figura de De Angelis, ver Fradkin e Gelman, *Juan Manuel de Rosas, passim*, livro cuja indicação devo a Gabriel Entín. Exatos cem anos depois da compra, em 1951, o Itamaraty publicará o arquivo, organizado por Jaime Cortesão (ver Cortesão, *Manuscritos da Coleção De Angelis*), o que por sua vez desencadeará a polêmica de Sérgio Buarque de Holanda contra o português e suas teses geopolíticas sobre a história brasileira. Ver, a esse respeito, Feldman, *Cuatro aproximaciones a Sérgio Buarque de Holanda*.

cabotagem e, como breve veremos, de navegação do Amazonas. O amplo alcance que Tavares Bastos dá à sua discussão do problema da navegação parece-me sintomático de haver, na opinião pública daquele momento, um interesse em refletir sobre o tema da maritimidade do país.

Conhecido como crítico acerbo e obstinado do visconde do Uruguai, de fato objeto de inúmeros reparos nas *Cartas do solitário*, Tavares Bastos nesse ponto me parece fazer eco a – e maturar – um problema com que o saquarema lidara à frente dos Estrangeiros e, ainda agora, no Conselho de Estado. Conscientemente ou não, o autor das *Cartas*, com sua reflexão por assim dizer teórica sobre a impotência marítima brasileira, faz par com o que foi, na prática, uma renúncia ao oceano processada pelo visconde com sua ação diplomática.

O tema aparece de modo significativo em junho de 1863, quando o visconde dá parecer sobre uma alegação, feita em meio à Guerra Civil norte-americana por parte do governo da União, sobre combates nas águas territoriais do Império, na Bahia e em Fernando de Noronha, entre navios confederados e navios do governo de Abraham Lincoln. A União reclamava que o Império teria violado sua própria neutralidade ao não proteger navios do governo de Washington, objetos de ataque por belonaves confederadas.

Conhecedor dos doutrinadores norte-americanos de direito internacional, o visconde recorre ao mais célebre deles, Henry Wheaton, para avaliar o caso. Cita o *Elements of International Law*, desse autor, para asseverar que só em três cenários se podem exercer atos legais de guerra: "dentro do território de uma das potências beligerantes, em alto-mar ou em um território que não pertença a ninguém".[101]

Raciocina no parecer de 1863: o território dos beligerantes, no caso, fica na América do Norte; ao justificar a reação e o enfrentamento dos navios unionistas aos confederados em águas do Império, a diplomacia da União parecia supor que mares territoriais e portos brasileiros tinham condição análoga ao alto-mar ou à terra de ninguém.

Tal interpretação era-lhe inadmissível. Apoiado em Wheaton e na noção dos direitos absolutos de cada nação em suas águas territoriais,[102]

---

[101] *Apud* Brasil, *O Conselho de Estado e a política externa do Império*, v. 6, p. 70.

[102] A leitura de Wheaton à luz do interesse do Império na tese de que cada país com litoral oceânico dispusesse de plena soberania sobre suas águas territoriais já havia sido divulgada na obra referida: De Angelis, *De la navegación del Amazonas*,

recomenda que, diante das reclamações de Washington sobre seus navios terem sido atacados em território neutro brasileiro, se dificultasse uma escalada em que o governo da União passasse de alegações a cobranças indevidas de indenização.[103]

Na prática, está lidando com mais uma potência naval que (mesmo em guerra civil) pressiona o Império. O visconde observa com preocupação estar-se firmando na prática internacional a ideia de que um país neutro teria que indenizar o país beligerante cuja propriedade fosse capturada ou destruída em sua jurisdição.

Ora, argumenta, isso pressupunha que o neutro fosse forte o bastante para proteger, em suas águas territoriais, a propriedade de terceiros, como se uma guarnição das forças terrestres do Império, encastelada em Fernando de Noronha, pudesse ter evitado a refrega entre navios dos dois contendores na Guerra Civil que ali se tinham defrontado.

O visconde resume a moral da história em um diálogo imaginário entre o país neutro e as potências navais: "Sou fraco; não queremos saber disso; sedes fortes".[104]

Em 1862, apenas um ano antes da discussão desse assunto com os Estados Unidos, o Rio de Janeiro havia sido bloqueado pela esquadra inglesa no contexto da chamada Questão Christie, o que dava uma prova viva de que a vulnerabilidade às potências navais atingia a própria capital do Império.

Falando ao Conselho de Estado pleno em outubro daquele ano, 1862, o visconde notara que esse caso com a Inglaterra ameaçava reavivar "questões ardentes, que em outras épocas tanto nos afligiram",[105] isto é,

---

p. 7-44. Essa reivindicação defensiva é típica da falta, não do excedente, de poder naval.

[103] Uma reconstrução minuciosa do episódio da atuação dos navios confederados no Império e das reclamações da diplomacia da União contra o governo do Rio de Janeiro consta de Leme, *O Brasil e as Reclamações Alabama*, obra que põe em questão a ideia de que o Segundo Reinado tenha tomado partido pelo Sul na Guerra Civil. O autor avalia que, havendo no Brasil forças "simpáticas" aos confederados, "não havia uma política ativa de favorecimento de qualquer dos lados na contenda – e, se houve, ela favoreceu Washington, já que o Império estava sujeito às pressões que exercia o único governo que reconhecia na contenda, as quais contribuíram para o endurecimento das regras de admissão dos barcos beligerantes" (p. 88).

[104] Brasil, *O Conselho de Estado e a política externa do Império*, v. 6, p. 73.

[105] Brasil, *Atas do Conselho de Estado*, v. 5, p. 323.

o problema do tráfico transatlântico de escravizados, que motivara outro bloqueio da costa brasileira por belonaves inglesas em 1850 e até mesmo uma proposta de mudança da capital do Brasil para o interior.[106]

Essa percepção da bruteza do procedimento das potências do hemisfério norte é uma tônica dos escritos do visconde do Uruguai. Mas cumpre acentuar que entende a fraqueza do Império, muito particularmente, como uma fraqueza naval: a incapacidade de um mínimo assenhoreamento da parcela de oceano sob jurisdição do Estado. Se adverte, como vimos, que uma esquadra não se improvisa,[107] preconizando a virtude do poder marítimo depois negada por Tavares Bastos, sabia que esse poder era escasso.

---

[106] Foi no auge da crise com a Inglaterra sobre o tráfico que um diplomata do Império em Madri e colaborador próximo de Paulino José Soares de Souza, Francisco Adolfo de Varnhagen, publica a sua proposta de mudança da capital do Brasil para o interior (o nexo é elaborado em Wehling, "Introdução"). O futuro visconde de Porto Seguro expressa assim, em 1849, o seu temor dos bloqueios navais à capital litorânea do Império: "Na Europa, que digam Copenhagen, Lisboa, Nápoles, e a mesma Constantinopla, se é agradável sequer o simples cheiro dos morrões acesos, e se a vista de uma deliciosa baía e dos navios que entram e saem, compensa ao homem político essas crises, em que uma nação inteira sofre um vexame, que vai à história, só porque a situação da capital e o respeito que esta teve bombardeio, obrigaram o governo a capitular, como há de obrigar sempre quando haja em contra uma esquadra superior; porquanto o remédio da retirada no momento de crise daria lugar ao desembarque, e se não ao saque, pelo menos a um forte tributo como o impôs [o corsário francês] Duguay Trouin quando se assenhoreou do Rio de Janeiro [em 1711]. E nem se diga que este porto está hoje mais defendido que então: que qualquer oficial da armada sabe que a marinha de guerra tem feito tais progressos em proporção da defesa das fortalezas, que hoje não há porto do mundo que com bom vento não possa ser forçado por uma esquadra, que vá depois defronte da cidade indenizar-se das despesas que fez como bloqueio, metendo em conta gastos de botica, como se conta que fez em Lisboa [em 1831] o almirante [francês Albin] Roussin, sem haver tido ferido algum na sua esquadra vencedora da foz do Tejo. Quanto ao atual estado defensável do Rio, e à possibilidade de resistência, mais haveria que dizer; mas poupemo-nos de mencionar exemplos de triste recordação para todo bom cidadão, embora pudessem fazer argumento em nosso favor" (Varnhagen, *Memorial orgânico*, p. 115). Devo a Bruno Simões a lembrança desse trecho.

[107] O dito será repetido mais tarde por Rui Barbosa: "esquadras de guerra não se evocam de improviso". Acrescentando no mesmo livro de 1896, em seu estilo sonoro, que "o oceano impõe deveres", Rui dá provas de que a nostalgia difusa do poder marítimo, além de naval, seguia viva. Barbosa, *Cartas de Inglaterra*, p. 162 e p. 207.

Essa fraqueza desloca a linha geográfica dos incidentes entre o Império e as potências navais em direção à terra, recuando-a do mar para os portos, as bocas de rio e os próprios cursos fluviais.

Na década de 1850, que nos interessa mais de perto aqui, houve dois problemas sérios dessa natureza: com a Inglaterra, o bloqueio naval que leva ao fim do tráfico, afetando, adicionalmente, a política imperial contra Rosas no Prata; e, com os Estados Unidos, a pressão pela abertura do Amazonas à navegação internacional. O visconde do Uruguai conduz a resposta do Império ou influi sobre ela em ambos os casos.

No do tráfico, em 1850, é ministro dos Negócios Estrangeiros e põe de pé, com o ministro da Justiça Eusébio de Queirós, a lei nacional que busca inibir o comércio da África ao Brasil. Como já se observou, para ele a questão fica decidida com a implementação do *bill Aberdeen*, lei do parlamento inglês de 1845 que autorizara unilateralmente o uso da força em águas territoriais e na faixa litorânea do Brasil pela esquadra inglesa.[108]

A esquadra de Sua Majestade Britânica apreende tumbeiros, inspeciona navios mercantes, desembarca tropas que visitam instalações costeiras ligadas ao tráfico e, sobretudo, insta as autoridades locais e centrais do Império a agir, em uma pressão irresistível.

O interesse do caso pelo ponto de vista da concepção sul-americana do visconde está na maneira pela qual se demarca, no litoral brasileiro, o espaço de contestação entre a potência terrestre do Estado e a força da maior potência naval do século. Falando no Senado, em maio de 1852, o visconde repudia as ações navais ao amparo do *bill Aberdeen* com base em que incidem sobre jurisdição brasileira. A lei era unilateral, porque inglesa; e era extraterritorial, porque dispunha sobre portos e mares territoriais brasileiros.

Aí, explica, o cerne do problema. Citando as palavras do relatório ministerial de Eusébio de Queirós do ano de 1851, o visconde destaca que havia "ordens aos cruzadores britânicos para que fizessem visitas e apresamentos nos mares territoriais e portos do Brasil (como se fossem de primeira ocupação e sem dono!)".[109] Mares e portos nacionais eram

---

[108] Parron, *A política da escravidão no Império do Brasil, 1826-1865*. Devo a João Daniel Almeida a sugestão de consulta a essa obra.

[109] *Apud* Souza, *Três discursos do Illmo. e Exmo. Sr. Paulino José Soares de Souza, Ministro dos Negócios Estrangeiros*, p. 46-47.

considerados terra de ninguém pela Grã Bretanha, como também parecerá ao visconde fazer o governo de Lincoln na década seguinte.

Por muito que protestasse o governo imperial, havia que abandonar qualquer veleidade de manter o elo escravagista entre as duas margens do Atlântico Sul, que desde séculos anteriores constituía o espaço do transoceanismo luso-brasileiro. No Atlântico Sul do meado do século XIX não podia deixar de se interpor, soberana, a potência naval inglesa, garantidora do mar aberto contra tentativas de enclausuramento sul-atlântico: "Se nós fôssemos uma potência marítima, isso não aconteceria certamente; mas não o somos, e pode ser desairoso ao Brasil não ter força marítima suficiente para resistir à Inglaterra? Nesse caso desairadas estariam quase todas as nações do mundo".[110]

Nessa América Meridional desmaritimizada, há uma forçosa renúncia ao oceano adjacente e à "vertente geopolítica" luso-brasileira de predação da África, enfocada desde o século XVII na "pilhagem das populações angolanas em benefício dos escravocratas brasileiros".[111]

Advinda, agora, a resignação à hegemonia naval inglesa, só se poderia entender a navegação marítima na escala limitada da cabotagem. É, aliás, o que constata Tavares Bastos em suas *Cartas*, notando que a marinha nacional era "quase toda costeira", raras vezes empreendendo "viagem de longo curso, afora as do Rio do Prata".[112]

O *caveat* é importante. No sul do continente, onde os interesses de Londres nem sempre coincidem com os do Rio de Janeiro, o Império podia fazer-se presente não só com tropas de terra como com a chamada estação naval do Prata. Diferentemente de outros estadistas, e inclusive de um saquarema como Vasconcelos,[113] que cogitaram variados tipos de composição e atuação conjunta com a Inglaterra e a França no Prata, o visconde procurará sempre atuar nas brechas do poder inglês.

As instruções ao desembargador Silva Pontes, ministro em Montevidéu durante a guerra contra Oribe e Rosas, revelam seu senso de *timing*. Desconfiando que a Inglaterra procuraria embaraçar a concertação regional

---

[110] Senado Federal, *Anais do Senado do Império do Brasil, 8ª Legislatura, Sessões de Setembro de 1851*, p. 97.

[111] Alencastro, "Prefácio", p. 15.

[112] Bastos, *Cartas do solitário*, p. 224.

[113] Ver Brasil, *O Conselho de Estado e a política externa do Império*, v. 2, p. 305.

do Império contra Rosas, o inimigo portenho, diz em julho de 1850 ser preciso primeiro equacionar a crise do tráfico, para então atuar no Prata: as "vilanias praticadas pelos cruzeiros ingleses vieram complicar terrivelmente a nossa posição [...] é muito arder em 2 fogos".[114]

Em novembro de 1851 o quadro já é outro. Há margem para a ação, ainda que cautelosa. Enquanto o exército comandado por Luís Alves de Lima e Silva, então marquês de Caxias, avança em aliança com as tropas do entrerriano Urquiza em direção a Buenos Aires, no mar o Brasil opera a descoberto. O visconde situa o Império, aí, como força que se esgueira entre dois animais agressivos:

> Nas operações de mar aparece só a nossa bandeira, e nelas é preciso ir com tento e prudência, espreitando o Inglês, e descobrindo-nos a pouco e pouco, e obrando decisivamente somente em ocasiões decisivas, e em casos de um interesse e vantagem grande e palpável. Se de um lado está o Tigre [Rosas], de outro está o Leopardo [a Inglaterra]. Bem vê V. Exa. que se os Ingleses nos fizessem uma desfeita no mar, ou nos embaraçassem, isso nos tiraria muita força moral, e a daria a Rosas.[115]

Não se trata simplesmente de driblar a esquadra inglesa. É preciso atuar de modo a rechaçar a impertinente ingerência do secretário do exterior, *lord* Palmerston, no estuário do Prata, remoto para a Inglaterra e contíguo ao Brasil.

Depreende-se de nova instrução a Silva Pontes, em dezembro de 1851, que os assuntos da América Meridional devem ser resolvidos pelas forças da América Meridional. Não há resignação ao poder inglês em se tratando do Prata; há, sim, a necessidade de saber atuar nas brechas, no tempo certo, para evitar que o estuário caia sob controle estrangeiro. Afirma:

> O que me parece fora de dúvida é que se quer cortar o movimento contra Rosas, dar-lhe respiro, desmoralizar a aliança, até que *Lord* Palmerston se venha interpor insolentemente e dar a Lei. Dispor os negócios de modo que embaraços postos pelos Ingleses à nossa esquadra

[114] *Apud* Souza, *A vida do visconde do Uruguai*, p. 220. Cf. Souza, "Montevidéu Documentos (1849-1852)", p. 97, onde se grafa, erroneamente, "ardor".

[115] Souza, "Montevidéu Documentos (1849-1852)", p. 225.

> não prejudiquem essencialmente o resultado definitivo que temos em vista, a queda de Rosas. As forças navais Inglesas poderão embaraçar a nossa esquadra, mas não hão de embaraçar a marcha vitoriosa de Urquiza sobre Buenos Aires, quando ele já tenha além do Paraná todos os meios e recursos que lhe são necessários. Quanto a mim, *Lord* Palmerston faz pouco caso de nós; nunca pensou que assumíssemos a posição que tomamos, e conseguíssemos os resultados que temos colhido. A expulsão de Oribe do Estado Oriental, os apuros em que Rosas se vê, e os Tratados [Brasil-Uruguai] de 12 de Outubro hão de fazê-lo acordar, para embaraçar um desfecho que não seja ditado pela influência Inglesa. É preciso que ache tudo concluído.[116]

Dito isso, é importante notar que não se imagina uma incompatibilidade de fundo entre a ordem sul-americana e a ordem mundial inglesa. Derrubar Rosas e o monopólio comercial de Buenos Aires sobre a região do Prata, sustentar as independências de Uruguai e Paraguai e garantir, com isso, a abertura daquela bacia hidrográfica à navegação internacional são, para o visconde, partes de um interesse crucial para a segurança do Império, por assegurar a comunicação fluvial com Mato Grosso. Mas nada disso redunda em um objetivo contrário ao capitalismo inglês.

---

[116] Souza, "Montevidéu Documentos (1849-1852)", p. 238. É significativo que, em março de 1848, quando o visconde do Uruguai estava a ano e meio de assumir pela segunda vez a pasta dos Estrangeiros, o secretário do exterior inglês Henry Temple, *lord* Palmerston, pronunciava, no parlamento, um de seus discursos mais célebres, no qual dizia sobre a Grã Bretanha: "*We have no eternal allies and we have no perpetual friends* [...] *our interests are eternal and perpetual*" (Palmerston *apud* Morris, *Geography Is Destiny*, p. 279). Essa versatilidade ficara bem ilustrada com a reversão da política inglesa para Rosas, que sofre um bloqueio naval anglo-francês de 1845 a 1849 mas, em 1851, data das instruções citadas a Silva Pontes, já parece ao visconde do Uruguai ser apoiado por Londres no intuito de conter a influência brasileira na região. De permeio com a acusação de insolência, Soares de Souza devia nutrir certo respeito por Palmerston. O adversário propugnava exatamente o jogo frio de interesses que o visconde procurava aclimatar à política externa brasileira. Nem por isso deixaria de disputar com a Inglaterra, como se vê, a última palavra no Prata. Distinguia, nesse sentido, entre o exemplo e quem o dava, assimilando o primeiro sem se prostrar em reverência ao segundo. O visconde parece supor que, com as grandes potências, não há amizades permanentes, devendo o Brasil estar sempre em guarda para enfrentar a sua hostilidade.

É o que pondera com o plenipotenciário britânico na corte, James Hudson, em conferência de janeiro de 1852: "Procurei demonstrar-lhe que a manutenção da independência das repúblicas do Uruguai e Paraguai", diz, "convinha aos interesses comerciais da Inglaterra. Que o desenvolvimento desses dois Estados traria consigo a abertura dos rios para os ribeirinhos, e portanto consideráveis mercados para o comércio britânico".[117]

Passemos ao caso da navegação do Amazonas, de que o visconde do Uruguai começa a tratar como ministro e depois prossegue como conselheiro de Estado. As primeiras instruções de monta são remetidas à missão especial de Duarte da Ponte Ribeiro pelas repúblicas do Pacífico e ao plenipotenciário em Washington, Francisco Inácio de Carvalho Moreira, futuro barão de Penedo. O visconde formula, nelas, a seguinte dualidade: de um lado, a satelitização de países vizinhos por uma potência externa à América Meridional; de outro, a conformação de uma posição comum sul-americana.

Instrui Ponte Ribeiro, em março de 1851:

> Pelo que toca à navegação dos rios, todos os Estados que cercam o Império e que têm territórios encravados no meio da América Meridional conspiram contra o Brasil para obterem uma saída para o Atlântico. Simpatizam, por isso, e estão dispostos a auxiliar, considerando-as libertadoras, aquelas nações da Europa e os Estados Unidos, que formam planos para penetrar, pelos nossos rios, o coração da América Meridional.[118]

E a Carvalho Moreira, em julho de 1852:

> A maneira pela qual a raça anglo-saxônia vai estendendo a sua dominação na América Setentrional, a sua imensa atividade, o seu espírito aventureiro, interesseiro e dominador deve inspirar-nos a maior reserva e cautela. Para desinteressar as nações centrais da América Meridional de fazerem causa comum com os Estados Unidos, com a Inglaterra e a França, a fim de abrirem o Amazonas e o rio da Prata às suas bandeiras,

---

[117] SENADO FEDERAL, *Anais do Senado do Império do Brasil, 8ª Legislatura, Sessões de Maio de 1852*, p. 317.

[118] SOUZA, "Missão especial à América Meridional", p. 21.

> tem o Governo Imperial procurado entender-se com aquelas nações (e para isso já celebrou um tratado com o Peru), a fim de estabelecer aquela navegação entre e a favor dos ribeirinhos somente.[119]

Para caracterizar adequadamente o contexto dessas afirmações, é preciso lembrar que, no início da década de 1850, repercutia fortemente a conquista dos antigos territórios setentrionais do México, sacramentada nos tratados Guadalupe-Hidalgo de 1848.[120]

Tomemos, uma vez mais, a reflexão no próprio campo ou nas adjacências do campo político e intelectual do visconde do Uruguai. Em 1845, o senador Vasconcelos – epítome do conservadorismo oitocentista brasileiro – ainda fabulava que a ascendente pujança do Império fazia do Brasil um "rival da grande potência americana outrora colônia inglesa".[121]

Mas, em 1851, o futuro visconde do Rio Branco já adota, em um artigo de imprensa depois coligido em suas *Cartas ao amigo ausente*, um tom sombrio quanto ao futuro da América de "raça latina", que segundo ele devia se precaver da "fraqueza", sob pena de "desaparecer ante a atividade incessante da raça mais adiantada, a anglo-saxônica".[122] Paranhos menciona a anexação dos territórios mexicanos pelos Estados Unidos e as possessões inglesas da atual Honduras até as Malvinas (o que aliás ajuda a frisar como, no século XIX, a Doutrina Monroe não excluía uma tomada europeia de território americano como a das Malvinas, em 1833, índice de um Atlântico sob firme hegemonia naval inglesa).

O visconde do Uruguai não foge à regra. Em 1854, quando volta ao assunto do interesse dos Estados Unidos na navegação do Amazonas como conselheiro de Estado, fala no México como "República que cai aos pedaços" e acrescenta, sobressaltado, que a expansão provavelmente prosseguirá rumo ao sul: "Qual não será então a pressão desse colosso imenso sobre o Centro América! Ficar-nos-á vizinho e fronteiro ao Amazonas que reputa um novo Eldorado".[123]

---

[119] Souza, "Missão especial à América Meridional", p. 191.

[120] Ver Pani, *Torn Asunder*.

[121] Brasil, *O Conselho de Estado e a política externa do Império*, v. 1, p. 406.

[122] Paranhos, *Cartas ao amigo ausente*, p. 150-151.

[123] Brasil, *O Conselho de Estado e a política externa do Império*, v. 4, p. 82.

Um longo parecer de janeiro de 1854 retoma e elabora a visão expressa nos anos anteriores. Uma vez mais, o visconde impressiona-se com a aplicação, a território soberano brasileiro, de analogias marítimas legitimadoras do exercício da força. Agora se tratava da afirmação, pelo chefe da legação dos Estados Unidos no Rio, William Trousdale, de que o rio Amazonas estaria na mesma situação do alto-mar, isto é, devia ser, pelo "direito natural", acessível "ao comércio do mundo".[124]

O visconde nota que as doutrinas norte-americanas mais recentes de direito internacional, sendo favoráveis à livre navegação dos rios, não chegavam ao ponto de avalizar tal interpretação. Mas observa que, por outro lado, a imprensa dos Estados Unidos já vinha explorando essa leitura elástica das obrigações dos países ribeirinhos de grandes cursos fluviais. Não hesita em caracterizar a incipiente doutrina defendida por Trousdale como uma espécie de "comunismo internacional em favor das nações fortes".[125]

Do ponto de vista da concepção sul-americana, a demarcação espacial básica em jogo aqui, para o visconde do Uruguai, é a linha leste-oeste com que procura distinguir, no ponto mais a norte da América Meridional, o entorno do Império do âmbito expansivo dos Estados Unidos, que, por terra, parecia poder ir potencialmente além da América Central, e, por mar, parecia aproximar-se concretamente até a entrada do Amazonas e rio adentro.

Essa América Meridional interrompe a continuidade do hemisfério ocidental ao colocar-se mais aquém dele pelo insulamento político. Não há nisso, propriamente, uma inovação. Na própria mensagem do presidente James Monroe, em 1823, a noção de "hemisfério" convivia com a ideia de que a América tinha continentes, no plural: "continentes americanos".[126] A novidade no que faz o visconde está em carregar politicamente a categoria geográfica e cartográfica meridional.

Afirmar uma concepção de América Meridional tem consequências diretas na política fluvial. Exige-se, para o controle do Amazonas, a manutenção de sua clausura para as potências navais, à diferença do Prata, em que o interesse nacional admitia a abertura (embora com atenção à presença inglesa). A contradição ostensiva da política fluvial no norte e no

---

[124] Brasil, *O Conselho de Estado e a política externa do Império*, v. 4, p. 57.

[125] Brasil, *O Conselho de Estado e a política externa do Império*, v. 4, p. 57.

[126] Monroe, "The Original Monroe Doctrine, Contained in the President's Message of December 2, 1823", p. 390.

sul do Império resolvia-se,[127] para o visconde, no plano do circunstancialismo: o imperativo de controle do acesso das potências ditava diferentes atitudes em cada caso.[128]

Já vimos que, para o autor do *Ensaio sobre o direito administrativo*, há uma distinção essencial de cultura entre o norte e o sul da América. O problema da navegação do Amazonas faz com que essa distinção cultural seja avivada pelo receio político, emprestando à categoria geográfica sentido diplomaticamente operativo.

Julgando inevitável a vitória da tese de abertura do Amazonas, o visconde prescreve uma diplomacia de contenção. Esta se assenta na diferenciação entre países ribeirinhos, com os quais admitia a conclusão de tratados de navegação em troca de tratados sobre limites, e países não ribeirinhos, que procurava excluir do Amazonas. Busca nas doutrinas de Wheaton e outros, justamente porque mais modernas, elementos para assegurar que somente frotas mercantes norte-americanas e europeias, e não esquadras de guerra, acessassem o rio.

A distinção de ribeirinhos e não ribeirinhos procura enquadrar a questão pela diferença entre países sul-americanos e países externos à região, substituindo a satelitização daqueles por estes por um processo de negociações bilaterais do Brasil com cada vizinho.

Quem via essa distinção como meramente "escolástica", revelando, da parte do visconde, o "espírito vivo da tradição colonial" portuguesa de manter o Brasil (e o Amazonas e o Atlântico Sul) fechado(s) ao mundo, era Tavares Bastos. Partidário da navegação do Amazonas pelo Estados Unidos, país que exalça pelos "princípios de imparcialidade e paz de Monroe",[129] o autor das *Cartas do solitário* situa o Brasil idealmente no hemisfério ocidental, não na América Meridional. Esta, para ele, era uma clausura que a diferenciação entre ribeirinhos e não ribeirinhos só perpetuaria.

[127] Joaquim Nabuco registra em seu diário de 1892 este comentário de Carvalho Moreira (barão de Penedo), que depois de Washington seria designado plenipotenciário em Londres: "Anedota [de] Penedo. O Brasil no Prata sustentava os direitos do alto ribeirinho e no Amazonas os repelia, o que fazia um americano escritor dizer: 'O Brasil tem duas teorias: uma no Câncer, outra no Capricórnio'". Nabuco, *Diários*, v. II, p. 46.

[128] Ver Souza, "Missão especial à América Meridional", p. 191; e Brasil, *O Conselho de Estado e a política externa do Império*, v. 6, p. 284.

[129] Bastos, *Cartas do solitário*, p. 291, p. 273, p. 281.

Esse tipo de sutileza que o visconde do Uruguai busca no direito internacional orientava-se à proteção de um Brasil de escasso poderio naval, e que no entanto podia explorar margens de ação em um ordenamento continental defensivo. Sabendo, em primeira mão, como os preceitos do direito podem ser usados para legitimar abusos das potências, o visconde não descarta o uso inteligente e circunstanciado das doutrinas em favor do interesse nacional, como já se vira no caso das doutrinas de fronteira.

Cabe citá-lo por extenso uma última vez, no parecer de 1863 sobre a neutralidade:

> O que a Seção tem exposto são direitos, são doutrinas, são princípios. Ela não ignora que verdadeira eficácia só lhes dá a força. Crê, porém, que menos sofrem os fracos quando se abraçam e agarram com o Direito, seguindo-o com perseverante e enérgica firmeza, e mais quando, flutuando à mercê dos ventos, que trazem as eventualidades, sem a bússola do Direito entre dois contendores fortes, joguete de ambos, acabam esmagados por ambos.[130]

A tentativa de controle do acesso de potências navais à navegação de rios brasileiros ou adjacentes ao país, resultado do duplo movimento de renúncia ao oceano, espaço de hegemonia inglesa, e de distinção frente ao hemisfério ocidental, espaço de expansão norte-americana, aponta a um *rechaço à intromissão extrarregional* na obra do visconde do Uruguai. A interferência estrangeira, chegando essencialmente pelo mar, mas também revestida de dimensões terrestres a norte e a oeste, tinha o condão, para o visconde, de pôr a perder a concertação sul-americana para salvaguarda da grandeza continental do país. O repetido tratamento, pelas potências navais, de águas territoriais, costas e rios brasileiros pelo estatuto do alto-mar, como se fossem espaço livre para o uso da força, parecia-lhe sintomático e perigoso. Se o Império almejava introverter-se, a hegemonia propagada pelo Atlântico unificado e o expansionismo emanado da América Setentrional tornavam urgente o insulamento do conjunto da América Meridional.

***

[130] Brasil, *O Conselho de Estado e a política externa do Império*, v. 6, p. 79. Ver também Souza, "Montevidéu Documentos (1849-1852)", p. 211.

A América Meridional foi o *pivô geográfico* da política externa do visconde do Uruguai, para retornar ao vocabulário de *sir* Halford Mackinder.[131] Mas seus propósitos eram bem diversos dos que animariam o pensamento geopolítico inglês. Com a noção de América Meridional, quis, com todas as contradições do caso, introverter o Brasil frente à sua vizinhança e insular tanto o Brasil quanto o seu entorno dos perigos da política mundial.

Com sentido defensivo na vizinhança, não postulou uma preponderância assertiva do Brasil, mas uma grandeza estática, resultante de um equilíbrio entendido como *status quo* e mantido pelos sustentáculos da vigilância, do entendimento e, excepcionalmente, da guerra. O emprego da força definia-se como última medida em resguardo do *status quo*, estando viva a memória da malfadada campanha platina do Primeiro Reinado; sem descurar da dissuasão militar, o visconde via um argumento persuasivo contra o belicismo.

Procurando fixar esse equilíbrio da América Meridional como horizonte de expectativa no Brasil e em seu entorno, isto é, como princípio de ordem, pensou uma região sem regionalismo, mas sim com bilateralismo,[132] cujos altos custos se empenhou por justificar. Conservador, explorou parâmetros de convivência e ingerência para calçar a ordem interna em um entorno relativamente estável.

Aceitando a guerra como recurso de política exterior, sabia a utilidade do direito frente a fortes e mesmo a fracos. Receoso das potências navais, cujas intenções lia sem otimismo, abriu mão da projeção marítima nacional, amparada em um inviável legado transoceânico luso-brasileiro, e focou no poder possível nesse ramo, o fluvial (de que estão cheias as páginas dos conflitos platinos, a começar pela Guerra do Paraguai). Enfatizou a peculiaridade sul-americana e o poder terrestre frente a uma dinâmica hemisférica de matriz anglo-saxã que, para ele, era extrarregional.

Em seu circunstancialismo, imaginou a América Meridional como categoria não só adequada como conveniente para a realidade brasileira e do entorno do Brasil, em um exemplo daquilo que Guerreiro Ramos chamaria sua aversão à "transferência literal" de conceitos oriundos de

---

[131] Mackinder, "The Geographical Pivot of History".

[132] Retomo, nisso, a discussão de bilateralismo e multilateralismo em Fonseca Júnior, "Política externa brasileira". Devo o acesso a esse texto a Roberto Doring.

experiências sociológicas diferentes.[133] Ou seja, não adotou categorias cujo teor geográfico, histórico ou cultural tivesse proveniência hispano-americana ou anglo-americana. Só a América Meridional, como "região" brasileira, parecia-lhe atender o interesse nacional, pois resultava da filtragem crítica de uma categoria europeia pela circunstância brasileira.

De um lado, o campo da política externa brasileira em meados do Oitocentos resulta da ruptura do elo transoceânico, em um fracionamento das antigas longitudes imperiais que vinculavam os continentes americano e africano pelo espaço marítimo sul-atlântico. Esse estreitamento, apontando a uma atitude de autocontenção à terra, conduzia também à percepção da dinâmica específica do hemisfério ocidental, incipiente à época do visconde do Uruguai mas que talvez já adivinhasse como inevitável.

Daí que, por outro lado, o campo brasileiro resulta de uma circunscrição do hemisfério pelo continente meridional em que se situa o país. O hemisfério, por cuja unificação sob a Doutrina Monroe Tavares Bastos se bateu sem êxito para sua época mas com um aguerrimento que pressagiava vitórias, fratura-se por uma política de latitude: América, mas América Meridional. Outros continentes meridionais, como a África, ficam rigorosamente de fora do quadro. O elemento da latitude, isento de qualquer conotação transoceânica, meramente modula o dado básico da longitude, restrito às terras do hemisfério ocidental. Em conjunto, os dois servem de anteparo para uma diplomacia que receia potências navais vindas por mar e que se aproximariam por terra.

O visconde não quis lançar o Brasil na geopolítica, quis salvá-lo dela. Concebeu o pivô sul-americano como uma forma de isolar o país do mundo. Esse isolamento aspirava à grandeza conservada e sobretudo à potência alcançada. O Brasil, em suas palavras o Estado "mais importante da América Meridional",[134] tem nela o seu espaço natural de poder, seguro frente a ameaças (combinadas ou não) provenientes de potências navais e vizinhos de terra. Ao desvencilhar-se do expansionismo luso-brasileiro, inventa uma linhagem – mais que diplomática – continental, especificamente brasileira.

José Maria da Silva Paranhos colabora com esse projeto desde o início. Em 1851, por exemplo, defendendo na imprensa carioca a gestão de Paulino José Soares de Souza à frente dos Estrangeiros, propala a unidade

---

[133] Ramos, "Enteléquias na interpretação", p. 275.

[134] Brasil, *O Conselho de Estado e a política externa do Império*, v. 6, p. 135.

do "continente da América Meridional" e afirma o interesse intrínseco do Brasil pelo equilíbrio da "balança" de poder sul-americana.[135]

Em 1875, já feito visconde do Rio Branco e primeiro-ministro da monarquia, a política de seu gabinete para a região é louvada, em jornal da corte, por seu filho José Maria da Silva Paranhos Júnior, escrevendo sob pseudônimo. Era época de tensões com a Argentina em torno do Paraguai, e o futuro barão do Rio Branco critica quem advoga a guerra. Mas ressalva que, na "América Meridional", a "supremacia compete toda, inteirinha, ao Brasil".[136]

A passagem não importa tanto pelo emprego do conceito de "supremacia" – mais polêmico que a "balança" lembrada pelo pai e mesmo que a fórmula de país "mais importante" usada pelo visconde do Uruguai – quanto por revelar como segue atuante, após a Guerra do Paraguai, o imaginário fixado muitas décadas antes: o de campo sul-americano e, nele, de grandeza brasileira.

Trinta anos mais tarde, já chanceler o barão do Rio Branco, os seus papéis privados sobre a política regional mostram como Paranhos Júnior foi um continuador e atualizador dessa tradição telúrica e sul-americanista saquarema.

É significativo que, em instrução reservada de 1908 a Nabuco, embaixador em Washington, o barão sustente a necessidade de evitar, ainda que por parte de potência extrarregional amiga, o "erro" de pretender "intervir, mesmo com o seu conselho, em assunto que só interessa [à] política sul-americana".[137] Na América do Sul, esclarece ainda, é "direito nosso operar [...] sem ter que pedir licença ou dar explicações" a uma potência estrangeira como os Estados Unidos.[138]

Mas, ao mesmo tempo que retoma a linha mestra da política sul-americanista do visconde do Uruguai, o barão dá sinais de que a América Meridional, sendo o espaço geoestratégico fundamental do Brasil, já não basta à projeção do país, da qual deve se tornar plataforma. Precisamente porque deixou ambições expansionistas no passado remoto, colonial, vive

---

[135] Paranhos, *Cartas ao amigo ausente*, p. 140 e p. 452.

[136] Paranhos Júnior, "Crônica (1º maio 1875)", p. 306.

[137] Coleção Barão do Rio Branco. Expedidos. Minuta de telegrama a Joaquim Nabuco, Embaixador do Brasil em Washington, em 5 de janeiro de 1908. AHI.

[138] Coleção Barão do Rio Branco. Expedidos. Minuta de telegrama a Joaquim Nabuco, Embaixador do Brasil em Washington, em 10 de janeiro de 1908. AHI.

em paz com os vizinhos e tem as fronteiras definidas é que pode – e deve, no mundo mais globalizado do início do século XX – olhar para fora e atuar em um raio mais amplo.

Em artigo de imprensa também de 1908, em que discorre sobre os desafios do século XX já sob impacto da estreia do Brasil no multilateralismo, na conferência da Haia do ano anterior, Paranhos Júnior faz um balanço da política regional brasileira na segunda metade do século XIX dizendo:

> Nós vivemos fora da realidade da política internacional de hoje, em plena ilusão a que o passado nos habituou. Longo tempo a América do Sul esteve entregue a si mesma, fez e desfez nacionalidade, ergueu e matou a liberdade, armou e extinguiu despotismo, estabeleceu preponderâncias e supremacias, perfeitamente independente em matéria internacional. Foi por essa época que o Brasil, chamado pelos partidos políticos em luta, interveio no Prata; entrou naquelas terras para dirimir, pelas armas e pela diplomacia, desavenças sanguinárias no período difícil da gestação dos Estados; foi agente de paz e de liberdade, e à sombra da aliança com o Brasil realizou Mitre o seu grande feito político, que é a unidade nacional da República argentina. Quando se acabou a sua missão histórica no Prata, o Brasil deixou ali nações organizadas, e o nosso território não foi aumentado pela fácil incorporação de províncias desgovernadas. Estávamos expurgados para sempre do tenebroso espírito de conquista. Há muito a nossa intervenção no Prata está terminada. O Brasil nada mais tem que fazer na vida interna das nações vizinhas. Está certo de que a liberdade e a independência internacional não sofrerão ali um desequilíbrio violento. O seu interesse político está em outra parte. É para um ciclo maior que ele é atraído. Desinteressando-se das rivalidades estéreis dos países sul-americanos, entretendo com esses Estados uma cordial simpatia, o Brasil entrou resolutamente na esfera das grandes amizades internacionais, a que tem direito pela aspiração de sua cultura, pelo prestígio de sua grandeza territorial e pela força de sua população.[139]

A narrativa histórica é de inspiração saquarema. Mas o horizonte global que anuncia já seria, para o visconde do Uruguai, inapreensível. Fixado o pivô, o país começava a cogitar o seu giro em direção ao mundo.

---

[139] Paranhos Júnior, "Brasil e Argentina (26 set. 1908)", p. 519.

Hemisfério ocidental: aliança

Não lhe tiro com isto o mérito; por maior que seja a necessidade, não é menor a virtude. Também eu fiz a minha diplomacia com amor.

Machado de Assis,
Memorial de Aires

A fase diplomática de Joaquim Nabuco é avaliada, fundamentalmente, pelo que disse e fez nos Estados Unidos. Sua atuação prévia como advogado brasileiro no litígio territorial com a Inglaterra sobre o Pirara atrai pouco interesse e teve um mau desenlace, em 1904, na sentença arbitral do rei da Itália. Em um episódio de grande destaque da gestão Rio Branco no Itamaraty, a Conferência de Paz de 1907, na Holanda, sua participação foi periférica, tendo a escolha do governo Afonso Pena para delegado brasileiro afinal recaído em Rui Barbosa, em detrimento de seu nome.

A derrota em Roma e a preterição na Haia, coloridas por certo tom de decadência no outono da vida de Nabuco, tornam suas reflexões nesses momentos menos chamativas à pesquisa do que o papel de relevo à frente da embaixada em Washington, a primeira do país no exterior. A relação com os Estados Unidos ficou, assim, como parâmetro básico para a compreensão de seu legado no campo da política externa, reforçado pelo fato de o próprio Nabuco ter minimizado publicamente, nos seus últimos anos de vida, o multilateralismo como vertente de ação diplomática.

Ocorre que Nabuco não se reduzia a uma agenda bilateralista: seus papéis privados, em que discorreu livremente sobre o significado daqueles dois episódios europeus, guardam uma reflexão mais abrangente sobre a ordem mundial. Sua correspondência pessoal e seus diários são atravessados por uma perspectiva crítica aos grandes princípios em jogo para o Brasil em Roma e na Haia, respectivamente o da ocupação efetiva do território e o da igualdade soberana entre as nações.

Em Roma, a questão anglo-brasileira resolvera-se com o rei italiano tirando, do Congresso de Berlim de 1884-1885, o princípio da ocupação efetiva como critério de soberania. Nabuco procurou contrarrestar o uso desse precedente, veículo para apropriações territoriais europeias no Novo Mundo, pela ideia monroísta do hemisfério ocidental como uma linha de autoisolamento. Na Haia, essa mesma ideia monroísta, que supunha um forte matiz do direito internacional pela geografia, o preveniu contra a afirmação jurídico-parlamentar da igualdade soberana das nações. Nos dois casos, a crítica a princípios multilaterais aparece como uma contrapartida de seu programa de bilateralismo e ordenamento regional monroísta.

E essa contrapartida crítica não era tudo. Nabuco revelou boa dose de ambivalência diante do que, por brevidade, eu designaria por multilateralismo, expressão em que englobo desde as consequências de um congresso do qual o Brasil não participou, o de Berlim para a partilha da África, até a política brasileira na primeira grande conferência a que o país compareceu, a da Haia de 1907.

Em seus diários e cartas, o autor também encontrava aspectos positivos no ordenamento europeu tornado dolorosamente tangível para o Brasil em Roma e no ordenamento abstrato ambicionado na Haia: do primeiro, tira a compreensão do direito internacional como instrumento das grandes potências; no segundo, vislumbra a possibilidade de que o Brasil se valesse da dinâmica multilateral para ingressar no círculo diretor da política mundial.

Essas lições e perspectivas aduzidas de Roma à Haia atenuam o alcance de suas críticas ao multilateralismo e dão complexidade à sua noção de ordem mundial, tendo grande interesse para a história diplomática do período em que atuou o primeiro embaixador brasileiro e para o estudo da obra tardia de Nabuco. Embora costumem ser tidas por molduras da tela principal que, indubitavelmente, foi Washington, Roma e a Haia podem ser repensadas como painéis laterais no tríptico da fase final do pernambucano.

Meu interesse nestas páginas é explorar como Nabuco, em sua última década, situou o Brasil na ordem mundial que via surgir do jogo daquelas dimensões bilateral e multilateral. Parto, para isso, da consulta não só a diários e cartas como a telegramas, declarações públicas e conferências do autor no período de 1899 a 1909. A apresentação está dividida em três vertentes.

Em primeiro lugar, exponho a reação de Nabuco ao laudo do rei da Itália como uma aplicação indevida do princípio da ocupação efetiva que representava uma ameaça existencial à maioria do território brasileiro. A defesa, para um Nabuco imbuído da grandeza continental pátria, será inicialmente encontrada na necessidade de ordem interna, dados os escassos recursos abertos aos países fracos pelo direito internacional.

Em segundo lugar, exponho a argumentação de Nabuco sobre a proteção dos Estados Unidos ao hemisfério ocidental contra novas apropriações territoriais europeias como um interesse nacional brasileiro. Aqui, o imperativo de ordem expande-se para a escala hemisférica, o que torna a aliança com Washington a única política externa condizente com a independência nacional.

Em terceiro lugar, mostro sua avaliação do pleito pela igualdade soberana na Haia como um desvio em relação ao monroísmo e uma tentativa contraproducente de abstrair-se da ordem concreta da política mundial. A dinâmica multilateral podia, contudo, abrir alguma margem para que o Brasil influísse nos destinos dessa mesma ordem, pelo que Nabuco cogitará de uma projeção brasileira mais ampla que a hemisférica.

O enquadramento que proponho se distingue, em maior e menor grau, dos principais pontos de vista que vêm disputando entre si, nas últimas décadas, a palavra final sobre a etapa diplomática de Nabuco: um classista, outro realista.

O primeiro, ainda de senso comum sobre o assunto, apresenta Nabuco como o elitista que, passados os anos de surpreendente radicalismo no movimento abolicionista, volta atavicamente ao conservadorismo, inicialmente pelo saudosismo monárquico, depois pelo idealismo pan-americano. Nessa ótica, influentemente exposta por Antonio Candido,[1] o aristocrático embaixador em Washington seria o instrumento, mais ou menos alienado, da subordinação de seu país a um imperialismo estrangeiro.

---

[1] Candido, "Radicalismos".

O segundo ponto de vista, de corte dissidente, rejeita o tratamento de Nabuco em termos de ideologia política e admite que suas reflexões diplomáticas pertençam ao ideário do realismo político. Desse ângulo, bem expresso por Rubens Ricupero,[2] o autor conceberia o sistema de Estados a partir da centralidade do conceito de poder e a relação especial com os Estados Unidos como a diplomacia possível, nada idealista, de um país débil.

Reconheço, nesse último ponto de vista, uma bem-vinda reformulação dos termos do debate. Não há razão para pressupor que, com todos os seus atavismos, o Nabuco tardio seja meramente um alienado.[3] Mas, se é necessário revisitar sua obra sem a fixação de enquadrá-la no espectro ideológico progressismo-conservadorismo, como costuma fazer a disciplina do pensamento político e social, tampouco me parece suficiente pautá-la pela dicotomia idealismo-realismo, como se vê ocorrer na área de estudos do pensamento diplomático.

A divergência entre as duas escolas de interpretação da diplomacia de Nabuco – idealismo degenerado em ideologia conservadora *versus* idealismo esvaziado a bem de realismo político – indica, a meu ver, uma limitação nos critérios de abordagem do autor. Não está em meus propósitos negar as doses de conservadorismo e de realismo em seu pensamento, mas, sim, adotar outro enfoque, em que seu conservadorismo e seu realismo se enraízem em um espaço particular, e em um estilo particular. Creio que Nabuco pode ser relido com proveito a partir desta indagação diversa: como imaginou o lugar do Brasil no mundo?

Com essa pergunta, gostaria de situar nosso autor na intersecção do pensamento político e social com o pensamento diplomático, ponto em que sua problemática primordial não pode ser reduzida nem às suas preferências ideológicas na vida nacional nem à sua estratégia preferida de política externa, ainda que englobe ambas as considerações.

Nessa intersecção – em que se vem cartografando toda uma área de pensamento internacional brasileiro[4] –, a problemática fundamental da

---

[2] Ricupero, "Um doce crepúsculo".

[3] Ver, a propósito, Freyre, *Joaquim Nabuco*.

[4] Lopes, "Existe um pensamento internacional brasileiro?"; Lynch, "Cartografia do pensamento político brasileiro"; Sousa, "Pensamento político e política externa no Brasil imperial".

obra tardia de Joaquim Nabuco seria de orientação espacial. O cerne da questão estaria na disjuntiva entre um Brasil votado à grandeza territorial ou entregue à projeção ultramarina, isto é, a salvo em seu isolamento ou imerso na geopolítica.

Nabuco defendeu uma aliança Brasil-Estados Unidos e moveu-se em um campo de valores eurocêntrico: o pensamento diplomático ocupa-se do primeiro aspecto, o pensamento político e social detém-se no segundo. Mas o traço de união entre os temas do alinhamento e do eurocentrismo é a sua noção de hemisfério ocidental, o que sugere a pertinência de uma abordagem que, dessa intersecção disciplinar na qual se inscreve o pensamento internacional brasileiro, estude Nabuco a partir de uma indagação espacial.

Meu intuito é, um pouco à maneira do contextualismo linguístico,[5] indagar o que Nabuco *fazia* ao pleitear um "hemisfério neutro" como campo do Brasil, em vez de limitar-me a uma descrição estática de sua doutrina monroísta. Indago, em paralelo, como o fazia: presa de ambivalências importantes, às quais dá livre curso em privado, seu estilo de argumentação tem, de outra parte, os laivos de um moralismo, em que uma vontade de consistência dita dicotomias rigorosas e, a partir delas, prescreve alinhamentos absolutos.

Aqui o estudo de seus escritos sobre Roma e a Haia adquire toda a sua relevância, pois o hemisfério ocidental era para ele uma forma de neutralizar ordenamentos internacionais pautados seja pela primazia político-jurídica europeia, seja por princípios abstratos que desconhecessem a especificidade americana. O elo entre hemisfério e ordenamento mais amplo não é desconhecido pela literatura especializada,[6] mas pode ser desenvolvido em maior extensão, enfatizando-se a unidade temática subjacente às reações de Nabuco a Roma e à Haia.

Enaltecimento do monroísmo e crítica ao multilateralismo responderiam, nele, a uma mesma aspiração – peculiar em seu lugar e seu tempo – de que o Brasil integrasse uma ordem internacional com fundamento espacial concreto. Mas, se imaginou um Brasil eurocêntrico e estrategicamente isolado no hemisfério ocidental, Nabuco também aspirou

---

[5] Skinner, "Meaning and Understanding in the History of Ideas".

[6] Costa, *Nabuco e a política exterior do Brasil*; Ricupero, "Joaquim Nabuco e as fronteiras do Brasil"; Pereira, "Idealismo continental e pragmatismo nacional na diplomacia de Joaquim Nabuco".

fugazmente a que, assegurada a sua grandeza continental, e justamente por meio dela, o país se afirmasse no palco das grandes potências. É tomando essa disjuntiva entre isolamento e geopolítica como parâmetro básico de análise que passo a discutir o trabalho diplomático de Nabuco.

***

O vício do laudo arbitral de Vittorio Emanuele foi, para Nabuco, a concepção anacrônica, não a parcialidade política. As cartas que escreveu nos dias seguintes a 14 de junho de 1904, data da leitura da sentença no Quirinal, são vazadas na mesma perplexidade: o árbitro decidira um litígio territorial em que se opunham títulos que remontavam ao começo do século XVIII a partir de um princípio adotado no fim do século XIX em uma conferência de que o Brasil não participara.[7]

O rei, dizia, "não pôde achar o fio nesse labirinto de contestações recíprocas [...] Julgou enfim como em 1720, mas com as ideias do Congresso de Berlim. No fundo declarou '*terra nullius*' e dividiu entre os demandantes".[8] A transposição do princípio da ocupação efetiva, consagrado pela conferência de 1884-1885 sobre a partilha da costa da África,[9] para o laudo de 1904 acerca de um diferendo no interior da América do Sul representava, para Nabuco, uma ameaça existencial do ordenamento político-jurídico europeu para o Brasil.

Note-se que o próprio barão do Rio Branco publica anonimamente, no *Jornal do Commercio* de 18 de junho, artigo que ecoa a preocupação de Nabuco: "A sentença vai marcar uma data na história do direito internacional. Pela primeira vez são agora aplicados na América os novos princípios do direito africano sobre territórios não efetivamente ocupados".[10]

O desassossego com a perspectiva de que o território brasileiro se convertesse em campo aberto à apropriação imperialista acompanhou Nabuco desde o começo de sua missão. Em carta de agosto de 1900 a Rio

---

[7] Para os memoriais do autor sobre os títulos brasileiros ao Pirara, de que não é o caso de tratar aqui, ver Nabuco, *O direito do Brasil*.

[8] Nabuco, *Cartas a amigos II*, p. 175.

[9] Ver Menck, *A questão do Rio Pirara (1829-1904)*, p. 411-412.

[10] "Telegramas – Londres", [s.p.]. Recortes de jornais do Rio de Janeiro, junho de 1904, t. I. AHI.

Branco, então ministro plenipotenciário em Berlim, nota que o "mal-estar" do caso da Guiana estava na "ideia de expansão colonial" que o cercava.[11] Em dezembro de 1902, também de Londres, onde fora residir para preparar a defesa brasileira, observa a Tobias Monteiro que, nos jornais ingleses, "Discute-se a partilha da América do Sul como se fosse a África. O Brasil, parecem supor que já pertence à esfera alemã".[12]

Ao incorporar o princípio da ocupação efetiva emanado do Congresso de Berlim, o laudo arbitral do rei da Itália potencialmente punha em jogo não só uma faixa da fronteira norte, agora perdida, mas a maior parte do território nacional. Pelo critério de direito internacional de que partira a decisão de Vittorio Emanuele, diz Nabuco em julho de 1904, "era natural que [...] o território lhe parecesse não ter dono. Se lhe sujeitássemos a nossa soberania sobre 2/3 do Brasil ele diria que não temos direito algum".[13]

Fresca a memória das mãos trêmulas com que assinou o recibo da sentença desastrosa,[14] parecia-lhe inteiramente plausível que o princípio em questão servisse de pretexto "se ambições estrangeiras se levantassem de repente no [rio] Amazonas, no [rio] Paraguai e em todos os nossos sertões desconhecidos, ou desocupados".[15]

O laudo arbitral em Roma mostrava que a ocupação efetiva transcendera o artigo 35 da ata final do Congresso de Berlim e se generalizara como princípio "dos novos escritores de direito internacional",[16] caso de um professor de Nápoles que assessorara Vittorio Emanuele na preparação da sentença.

Controlar de fato o território brasileiro era uma necessidade imperiosa, pondera Nabuco ao presidente Rodrigues Alves em outubro de 1904, porque o direito internacional não resguardava adequadamente a integridade ao país.

Ao dividir em dois um território a cuja totalidade o Brasil reivindicava ter direito, o laudo não deixara de lhe atribuir uma porção de terra,

---

[11] Nabuco, *Cartas a amigos II*, p. 81.

[12] Nabuco, *Cartas a amigos II*, p. 140.

[13] Nabuco, *Cartas a amigos II*, p. 169.

[14] Nabuco, *Diários*, p. 310n.

[15] Nabuco, *Cartas a amigos II*, p. 173.

[16] Nabuco, *Cartas a amigos II*, p. 178.

hoje parte de Roraima.[17] Mas mesmo essa porção não se podia dizer que estivesse garantida: "Hoje tenho muito interesse na exploração desse trecho [amazônico], mesmo porque apesar da sentença, como dos tratados, se não ocuparmos nossas fronteiras nos expomos a perder o território. O princípio triunfante é o da ocupação efetiva, e os tratados, ou sentenças, não obrigam a terceiros [países]".[18]

Em esboço sem data exata, mas já posterior à sentença, Nabuco sublinha os perigos da proximidade do norte do Brasil a territórios de grandes potências: "a raia precisa ser ocupada, sobretudo se o vizinho é nação poderosa".[19]

Reconhecendo o imperativo da ocupação efetiva, Nabuco entrelaça-o à noção de ordem interna. Mais que de controle de suas vastidões territoriais, o país carecia de estabilidade doméstica e credibilidade internacional para dissuadir potências expansionistas.

Na carta a Rodrigues Alves, escrita de Londres ainda no rescaldo de Roma (e já designado por Rio Branco a Washington), a ordem era tida por fundamento do crédito financeiro das repúblicas sul-americanas, mas também de sua "existência independente" e "integridade territorial": "A existência de nações sem lei é cada vez mais considerada uma anomalia, e por isso tudo que respeita à manutenção da ordem, ao espírito e instinto natural da ordem é para os nossos países questão vital, por ora de crédito somente e de solvabilidade, em breve tempo porém de intervenção e de tutela".[20]

Ao avaliar que a ordem interna era a defesa possível contra a reimposição da tutela colonial na América Latina, Nabuco deixava mais ou menos explícita sua descrença no direito internacional como instrumento dos países fracos. No diário de março de 1900, apesar de – ou porque – imerso nos trabalhos do arbitramento contra o incontrastável império britânico, anota:

> o que mais nos fere a vista hoje, o direito do mais forte afirmando-se por toda parte, deu-se sempre, em todos os tempos. O que há é que

[17] Ver Goes Filho, *Navegantes, bandeirantes, diplomatas*, mapa 13.

[18] Nabuco, *Cartas a amigos II*, p. 178.

[19] Nabuco, Esboço de carta, [s.d.], 1904, [s.p.]. Correspondência Ativa de Joaquim Nabuco, 22 doc., a4g1, 1904, 438. Fundaj.

[20] Nabuco, *Cartas a amigos II*, p. 179.

> hoje não se tem mais a ilusão, a crença ilusória na generosidade humana, que assinalou outras épocas mais crédulas; hoje [percebemos bem a] pequena chance do fraco tendo só o direito por si.[21]

Em janeiro de 1904, chega ao ponto de manifestar sua adesão àquela lógica de intervencionismo europeu: "Digo ao Graça [Aranha] meu desejo um dia de escrever um pequeno tratado sobre o direito que a civilização tem de intervir em Estados que perderam a característica de nações organizadas e tornaram-se praticamente hordas de bandidos organizados".[22]

O trecho faz pensar em um discurso de 1888 em que o autor reconhecia uma "lei do predomínio europeu",[23] formulação claríssima de seu antigo pendor eurocêntrico, classicamente expresso, depois, nas conhecidas considerações de *Minha formação* sobre a "atração do mundo". Por um instante, Nabuco flerta com um eurocentrismo na geopolítica, e não só na cultura, como fazia em seus escritos de corte mais literário.

Dificilmente se poderia dizer, portanto, que Nabuco subitamente se descobre, em 14 de junho de 1904, na ilusão de que o direito internacional pudesse ou devesse funcionar para proteger os fracos. O que parece ocorrer é que, diante do laudo em Roma e da evidência da aplicação indiscriminada do princípio da ocupação efetiva em detrimento da soberania brasileira, o autor a um tempo repensa seu endosso ao intervencionismo europeu e se torna ainda mais desconfiado do direito internacional como fonte de segurança nacional.

Começa a ver com maiores reservas o direito da força, sem por isso passar a crer na força do direito. Não escreverá o tratado apologético do intervencionismo europeu; seu foco se deslocará para outra tese: a de que a proteção possível contra a tutela virá da ordem interna.

Essa ordem, decerto, não deixava de ser eurocêntrica nos valores – e racista, como se lê nas considerações de Nabuco sobre o papel da imigração branca para o país[24] –, mas não podia mais buscar o seu respaldo no ordenamento político e jurídico europeu. A orientação básica deste era, como Roma deixara claro, a apropriação territorial. Aceitá-la passivamente

---

[21] Nabuco, *Diários*, p. 181.

[22] Nabuco, *Diários*, p. 294.

[23] Nabuco, *Escritos e discursos literários*, p. 42.

[24] Ver Nabuco, *Cartas a amigos II*, p. 128 e p. 223.

seria abdicar da longa obra da unidade nacional, edificada pela monarquia e recém-narrada em grande estilo em seu livro *Um estadista do Império*, lançado em três volumes entre 1897 e 1899.

Era preciso defender resolutamente o território nacional, melhor legado e maior fonte de grandeza futura do Brasil. Nabuco havia escrito, em 1901, que a época era de grandes dificuldades para as nações fracas, mas que estas "não se devem julgar assim tão abandonadas da sorte se souberem conservar a vontade de existir, mesmo quando abafadas e manietadas pela conquista".[25]

Para esse Nabuco tardio, a vontade de existir exprimia-se no "ideal de pátria", que era um ideal de "pátria territorial".[26] No momento em que decide servir à República como advogado no litígio anglo-brasileiro, o autor professa nitidamente esse ideal. Dizia nada saber fazer "sem o concurso de minha própria convicção e sem entusiasmo".[27]

Em abril de 1899, ano em que conclui a publicação de *Um estadista do Império* e aceita a incumbência diplomática que lhe oferece o presidente Campos Sales, explica que a reivindicação de território brasileiro era "uma questão de caráter todo nacional", da qual só declinaria faltando à "tradição do passado que há anos procuro recolher e cultivar",[28] referência ao grande painel histórico que compusera do Segundo Reinado e seu unitarismo.

Como revela a formulação na carta de outubro de 1904 a Rodrigues Alves, de que (só) agora se interessava pela exploração do interior, Nabuco vai se imbuindo, na virada do século, de uma profunda preocupação territorialista. Em conferência em Yale, em maio de 1908, chegaria a indagar – revelando inédita centralidade do sertão em seu modo de imaginar espacialmente o país –: "Não é este o verdadeiro espírito de nacionalidade, o espírito continental?".[29]

A ordem era, à luz de Roma, a "questão vital" acicatada pela ameaça ao território, aspiração última da "vontade de existir" por parte de uma nação. Mas se, por um lado, fechada ao mundo a ordem interna não

---

[25] Nabuco, *Diários*, p. 218.

[26] Nabuco, *Cartas a amigos II*, p. 16.

[27] Nabuco, *Cartas a amigos II*, p. 301.

[28] Nabuco, *Cartas a amigos II*, p. 19.

[29] Nabuco, "O sentimento da nacionalidade na história do Brasil", p. 436.

poderia inspirar-se nos (para Nabuco) sempre desejáveis valores eurocêntricos; por outro, ancorada no ordenamento político e jurídico europeu não poderia ser ordem, pois ficaria indefesa diante do espectro imperialista da apropriação territorial.

A ordem nacional tinha que ter, assim, um fundamento mais amplo que o Brasil e menos abrangente que o arcabouço político-jurídico europeu. Em *Balmaceda*, de 1895, Nabuco já afirmara que a "solução" do problema nacional latino-americano devia ser procurada "dentro mesmo de cada um dos nossos países", mas com o amparo de uma "liga liberal do continente".[30] Essa última expressão tinha sentidos precisos.

Com a República, diz, o Brasil deixara de se ocupar apenas das "coisas sul-americanas" para ingressar em um "sistema político mais vasto", o "continente".[31] Se o Império, insulado na América Meridional, pudera se ordenar a si próprio pelo poder moderador, a República só poderia recompor o bom governo apoiando-se em uma ordem estruturada em maior escala:[32] o hemisfério ocidental.

A esse raciocínio junta-se uma reserva absoluta sua à América do Sul, que ficará patente no início da década seguinte. A América do Sul, para Nabuco, padece do mal sociológico da baixa institucionalidade e se tornou rigorosamente incapaz de escapar dele sozinha. Vivia em uma "torpe embriaguez de sangue, tirania e corrupção".[33] O "remoinho sul-americano",[34] diz em carta de 1902 ao barão do Rio Branco, forma um quadro de violência política renitente que torna insuficiente e perigoso, para o Brasil, a limitação ao espaço austral.

O Nabuco da década de 1890 ainda não é, decerto, o monroísta convicto que passa à história. Em 1893, tem boas palavras para o livro antimonroísta de Eduardo Prado.[35] Em 1896, revisitando o levante da Armada três anos antes, sustenta que a ajuda solicitada pelo governo do Rio de Janeiro a potências navais para resolver o caso suscitara um "perigo estrangeiro, tornado palpitante pela abdicação temporária do

---

[30] Nabuco, *Balmaceda*, p. 215.

[31] Nabuco, *Balmaceda*, p. 211.

[32] Ver Lynch, "O Império é que era a República".

[33] Nabuco, *Cartas a amigos II*, p. 188.

[34] Nabuco, *Cartas a amigos II*, p. 121.

[35] Ver Nabuco, *Diários*, p. 88. O livro de Eduardo Prado é *A ilusão americana*.

princípio de soberania (intervenção da esquadra estrangeira, apelos repetidos à proteção norte-americana)".[36] Ainda via a dinâmica hemisférica com reservas, identificando no desfecho da Revolta a "sombra do protetorado".[37]

Em 1899, no último volume de *Um estadista do Império*, dá uma importante indicação sobre o tema da ordem que já o vinha preocupando desde pelo menos a instalação da República.

Nabuco aponta que a política por excelência do Brasil tinha que dizer respeito à conservação da integridade territorial, pois esta era a condição de realização de sua futura grandeza: "a política exterior é a política por excelência, sobretudo para as nações quase de futuro, como o Brasil, senhoras de um imenso território que tem de ficar, por gerações, desocupado".[38]

A política externa era uma chave da ordem nacional – e, conforme se aproxima o fim da década, vai admitindo ambiguamente que, na República, essa ordem teria que ser hemisférica.

Entre *Balmaceda* e *Um estadista do Império*, estavam dadas as condições para uma noção de "continente" em que confluíam os sentidos de sertão íntegro e hemisfério uno. A visão do autor sobre a natureza do aporte dos Estados Unidos ainda não tinha, como se vê, terminado de assentar, faltando aceitar inteiramente que, do elo com a América Setentrional, advinha um influxo favorável ao país. O ponto em que terminava a reflexão de Nabuco na década de 1890, categoricamente oposto ao que lhe parecia a desordem própria do âmbito sul-americano e até latino-americano, marcava a largada de sua visão monroísta na década seguinte.

***

A política externa apregoada por Nabuco a partir da virada para o século XX tirava sua força do fato de que, muito mais que uma opção circunscrita à diplomacia, a associação aos Estados Unidos seria um imperativo para a ordem nacional. Antes de ser lustrosamente apresentado pelo novo embaixador em Washington às suas audiências diplomáticas, políticas e universitárias como uma concertação ampla

---

[36] Nabuco, *A intervenção estrangeira durante a Revolta*, p. 129.

[37] Nabuco, *A intervenção estrangeira durante a Revolta*, p. 114.

[38] Nabuco, *Um estadista do Império*, t. III, p. 207.

de inspiração idealista,[39] o monroísmo foi pensado como um interesse estritamente nacional.

"O Pan-americanismo de Nabuco", ensina um dos maiores conhecedores de sua obra, "é basicamente a resposta às suas preocupações sobre a segurança internacional do Brasil".[40] O peso da razão nacional e a inanição do ideal coletivo ficam claros em uma entrevista concedida por Nabuco ao *Chicago Tribune* poucos meses após assumir o novo posto.

Fala, aí, na Doutrina Monroe como um "interdito possessório" à Europa no hemisfério ocidental,[41] mas sobre o "ideal americano" não passa de uma superficialidade brilhante: "Há palavras realmente prenhes de todas as bênçãos humanas, como a caixa de Pandora, mas você não deve jamais abri-la para mostrar o que contém. Um ideal é sempre algo remoto que você não pode atingir".[42]

O entendimento de que a política hemisférica dos Estados Unidos dissuadia incursões expansionistas europeias no Novo Mundo é claramente expresso por Nabuco desde julho de 1901, altura em que já se declara o "maior monroísta" do serviço exterior brasileiro.[43]

Mais tarde, na fase de Washington, virão novas considerações sobre o assunto. Para o Nabuco historiador, a conservação da integridade territorial brasileira no período monárquico fora resultado de muito trabalho, de um alto desígnio da tenaz diplomacia imperial. Para o Nabuco diplomata, aparentemente esquecido do que escrevera em *Um estadista do Império*, a manutenção da integridade reduz-se a uma ocorrência quase fortuita, a um "milagre", em contraste com a ação enérgica requerida da República para lograr o mesmo resultado na nova realidade mundial.

Escreve, em carta de julho de 1907:

> Para mim, tanto quanto posso apreciar o rumo das coisas no nosso Continente e no mundo, a nossa política externa não tem alternativa. Tem sido um milagre histórico a conservação do imenso todo chamado Brasil. Até hoje isso foi, em grande parte, obra da fortuna,

---

[39] Ver, por exemplo, Nabuco, *Camões e assuntos americanos*, *passim*.

[40] Cabral de Mello, "Diplomacia: 1899-1910", p. 153.

[41] Nabuco, "Latin Republics Now Independent", p. 7.

[42] Nabuco, "Latin Republics Now Independent", p. 7.

[43] Ver Nabuco, *Diários*, p. 231.

mas dora em diante será preciso que a ajudemos com outras forças além das nossas, pois hoje os solitários vivem somente por condescendência e amanhã, *voe soli!* [...] Não vejo nenhuma outra intuição da qual dependa tanto a conservação do nosso grande todo nacional.[44]

A força externa indispensável para a ordem interna era, muito especificamente, o poderio naval estadunidense, que cindia o Atlântico pela linha hemisférica e, a um tempo, unificava os distintos continentes do hemisfério ocidental em um único, e uno, "Continente".

O diário de dezembro de 1905 é especialmente significativo por envolver o caso da canhoneira *Panther*, em que um navio da marinha de guerra alemã faz um desembarque não autorizado para capturar um desertor no litoral de Santa Catarina. O prepotente ato naval, ocorrendo na região sul, renova as antigas apreensões de Nabuco quanto às pretensões teutônicas àquela área citadas nos jornais londrinos.

No episódio da *Panther*, discorda do barão do Rio Branco por julgar que o chanceler leva o Brasil a enfrentar sozinho a Alemanha, sem contar com o amparo dos Estados Unidos ou sem dar o devido crédito ao efeito da dissuasão naval norte-americana.

O barão, de sua parte, enquadra o caso a partir de precedentes da diplomacia do Império frente a outra potência naval, a Inglaterra, na chamada Questão Christie.[45] Entende, a partir dessa base, caber um tratamento bilateral da situação, seja na direção da ruptura, que contempla ao se dizer pronto para mandar a Marinha afundar a *Panther*,[46] seja na da composição, que afinal prevalece. Destaca, ao fim, os "laços de amizade" entre Brasil e Alemanha, notando contente, diante das explicações exigidas e dadas por Berlim, que o *Reich*, "sendo forte e poderoso", "não regateia satisfações aos menos fortes".[47]

Nabuco se coloca em dupla posição: a de que a fraqueza desaconselha o enfrentamento e mesmo o entendimento a sós com a Alemanha;

---

[44] Nabuco, *Cartas a amigos II*, p. 277- 278.

[45] Ver Paranhos Júnior, "O caso da Panther (11 jan. 1906)"; Paranhos Júnior, "A satisfação diplomática (12 jan. 1906)".

[46] Ver Ricupero, *A diplomacia na construção do Brasil*, p. 319.

[47] Paranhos Júnior, "A solução diplomática no caso da Panther (13 jan. 1906)", p. 501 e p. 502.

e de que o monroísmo aconselha um convite a – e reconhecimento da necessidade de – papel mais ativo dos Estados Unidos:

> Para nós a escolha está entre o Monroísmo e a recolonização europeia. O equilíbrio dos dois mundos não permite mais a existência de nações isoladas dele e tirando benefícios dele. Hoje a proteção impõe deveres às nações que a recebem, e a única proteção da América é o *sea-power* que só os Estados Unidos têm nela. Monroísmo é assim a afirmação da independência e integridade nacional pelo único sistema que as pode garantir. Quero inteligência que pareça aliança tácita. Agora mesmo o Brasil procede com a Alemanha como a França não ousaria. Em que se fia? Sem o *sea-power*, um bloqueio alemão do Rio e Santos nos faria *stew in our own juice*, que nesse caso seria suco de café (muito caro). Gozar de uma vantagem como o Monroísmo sem o reconhecer é mesquinhez e hipocrisia.[48]

Como fica aparente, a patrulha oceânica da linha hemisférica – algo que a esquadra estadunidense só começara a ter capacidade de fazer no fim do século XIX[49] – produziria, senão "bênçãos humanas", ao menos um bem público para todas as nações americanas. Nesse sentido, Joaquim Nabuco antecipa de muito o argumento de Carl Schmitt, nos anos 1940, sobre a Doutrina Monroe como uma linha americana de defesa, ou de "autoisolamento",[50] contra os ordenamentos europeus voltados à apropriação territorial no Novo Mundo, do Tratado de Tordesilhas ao Congresso de Berlim.

---

[48] Nabuco, *Diários*, p. 346-347. Para o Nabuco de 1896, que publica *A intervenção estrangeira durante a Revolta* estarrecido com o conflito de componentes internacionais em plena Baía de Guanabara, o almirante nova-iorquino Andrew Benham, comandante da força-tarefa naval de seu país, "não tinha o espírito desprevenido" e impunha uma "atitude hostil dos Estados Unidos" (Nabuco, *A intervenção estrangeira durante a Revolta*, p. 84). A reflexão do diário de 1905 a propósito do caso *Panther* pode-se dizer que completa a superação daquela posição crítica da década anterior quanto ao "*sea-power*" norte-americano, afirmando o caráter benigno do espaço hemisférico em contraste com os desafios oriundos do âmbito extra-hemisférico.

[49] Ver Hendrix, *Theodore Roosevelt's Naval Diplomacy*.

[50] Schmitt, "Cambio de estructura del derecho internacional", p. 124.

Autoisolamento, palavra do pensador alemão, é, em todo caso, o termo exato para definir o significado das afirmações de Nabuco sobre a América como "vasta zona neutra de paz",[51] como diz no discurso de entrega de credenciais a Theodore Roosevelt em maio de 1905, ou como "Hemisfério Neutro",[52] na fórmula sucinta para a conferência na Universidade de Wisconsin em junho de 1909.

Enunciar um "hemisfério neutro" era corroborar a cisão, com valor estratégico concreto, entre o novo e o velho mundos. E, diferentemente de Schmitt, para quem nessa virada de século o Atlântico ainda está sob o signo britânico da liberdade dos mares, Nabuco já vislumbra a linha hemisférica dividindo o oceano, o que é mais que só resguardar os litorais americanos, pois supõe que marinhas hostis estarão efetivamente isoladas, e não apenas logo atrás do horizonte praiano.

A linha de autoisolamento tinha um sentido muito prático para Nabuco. O foco do embaixador era a relação bilateral com os Estados Unidos como caução da integridade territorial brasileira, o Atlântico cindido garantindo a grandeza continental do país. A segurança hemisférica era secundária à vista da segurança nacional pelo hemisfério.

Sem mencionar Hobbes,[53] Nabuco quase o parafraseia, ao postular que a proteção impõe a obediência. Afirmar a independência brasileira era não só aliar-se como alinhar-se – na acepção forte do termo – aos Estados Unidos, pôr-se ao abrigo de sua raia hemisférica.

Nessa aliança, que permitia ao Brasil "dormir tranquilamente com a porta destrancada enquanto vocês [os Estados Unidos] passam a noite em vigília",[54] estava a "obrigação nacional por excelência do futuro",[55] pela qual, superada a turbulência da década de 1890, o Brasil recobraria sua grandeza continental adentrando o que não era menos que uma "nova era nacional".[56]

O bilateralismo tinha, pois, fundamento em uma causa muito específica: a segurança internacional; ou "seguridade", como a havia abordado o autor de *Um estadista do Império*, lembrando palavras de seu pai:

---

[51] Nabuco, *Joaquim Nabuco, embaixador*, v. II, p. 32.

[52] Nabuco, "A parte da América na civilização", p. 450.

[53] Ver Hobbes, *Leviathan*, p. 147.

[54] Nabuco, "Latin Republics Now Independent", p. 7.

[55] Nabuco, *Cartas a amigos II*, p. 292.

[56] Nabuco, *Cartas a amigos II*, p. 239.

"a segurança é relativamente à atualidade, é material; a seguridade é do futuro, é moral, é a ausência de receios".[57]

Nesse ponto surge, para Nabuco, a grande encruzilhada da política externa brasileira, posta entre o monroísmo como ordenamento regional (que reverteria diretamente para o interesse brasileiro) e o total desamparo geopolítico. Os "deveres" oriundos da adesão à linha hemisférica não admitiriam e tornariam contraproducentes a exploração de quaisquer alternativas, fosse no Velho Mundo, fosse em outros formatos do Novo, como o latino-americano ou o sul-americano, como já vimos fonte de desordem.

Em carta de dezembro de 1905 a Rio Branco, afirma Nabuco: "Nunca, em minha opinião, um brasileiro teve tanta responsabilidade nos destinos do nosso país como você ante os dois caminhos que se lhe deparam: o americano e o outro, a que não sei como chamar, se de latino-americano, se de independente, se de solitário".[58]

A "vontade de existir" agora devia processar-se, ao menos para o Brasil, pela aliança informal: "como podem nações indefesas contar somente consigo?".[59] Em janeiro de 1908, diante dos rumores de uma aliança com Argentina e Chile, escreve a Rio Branco repisando que seria uma "infelicidade" a celebração de "qualquer aliança sul-americana" e avisando que entregaria o seu cargo "se nossa política externa passar por essa transformação de mudar o seu eixo de segurança dos Estados Unidos para o Rio da Prata".[60]

Pode-se tomar a medida desse exclusivismo bilateralista lembrando que, em dezembro seguinte, Rio Branco devolveria o comentário a Nabuco no tom de quem reprova uma ingenuidade: "Quando se falou em aliança argentina, você disse-me que não devíamos querer outra aliança senão a dos Estados Unidos. Essa e a chilena são as duas que desejaríamos ter, mas a americana só existe nas bonitas palavras que temos ouvido a Roosevelt e a Root",[61] diz referindo-se ao presidente e ao secretário de Estado norte-americanos.

---

[57] Nabuco de Araújo *apud* Nabuco, *Um estadista do Império*, t. III, p. 574n.

[58] Nabuco, *Cartas a amigos II*, p. 238.

[59] Nabuco, *Cartas a amigos II*, p. 305.

[60] Nabuco, *Cartas a amigos II*, p. 301.

[61] Paranhos Júnior, "Série telegráfica a Washington", p. 126.

Escrevendo sob pseudônimo na imprensa carioca, o barão teria o cuidado de distinguir, em dezembro de 1909, entre amizade e alinhamento com os Estados Unidos. O Brasil, ponderava em *O Paiz*, não abdicava, "nas mãos da grande nação, do direito de pensar e de proceder com a lealdade que é a força essencial da nossa amizade".[62] E mais: "Não entendemos, porém, de amizade incondicional, especialmente para com os fortes".[63] Havia mesmo, para o barão, margem para insistir em uma concertação da América do Sul, uma "diretriz de concórdia eficaz e leal amizade entre todas as nações sul-americanas".[64]

Já em 1907, na conferência da Haia, após repetidas divergências com a delegação dos Estados Unidos, Rui Barbosa tinha descartado rumores de hostilidade brasileira de forma similar, indagando se "não era, acaso, velho e conhecido hábito nosso esta independência"; conclui, sobre as boas relações com Washington: "sempre nos pareceu a nós que, para nos elevarmos à altura de uma nobre amizade, havíamos de começar merecendo-a pela estima de nós mesmos".[65]

Essa firmeza de Rio Branco e Rui Barbosa para discordar onde houvesse uma divergência de interesses concretos, sem por isso temer pôr em risco uma relação de amizade, não ocorria a Nabuco. Nesse ponto silenciam suas ambivalências. Calçado na rigorosa adesão às premissas de seu próprio esquema conceitual, o embaixador pernambucano aproxima-se mais à atitude moralista que erige a consistência em "virtude suprema".[66]

Dada a dicotomia básica que postula – aliança-desamparo –, os destinos das nações ditas solitárias tinham que ser muito diversos daqueles das nações ditas protegidas. Para as solitárias no hemisfério, o risco não era apenas a reabsorção na tutela europeia. Nabuco faz repetidas colocações sobre o perigo eventualmente representado pelos próprios Estados Unidos.

---

[62] Paranhos Júnior, "O Brasil nos conflitos americanos (17 dez. 1909)", p. 532.

[63] Paranhos Júnior, "O Brasil nos conflitos americanos (17 dez. 1909)", p. 533.

[64] Paranhos Júnior, "O Brasil nos conflitos americanos (17 dez. 1909)", p. 529.

[65] Barbosa, "O novo tribunal de arbitramento", p. 185.

[66] Morgenthau, *In Defense of the National Interest*, p. 26. A vontade de sistema como modalidade de moralismo é observada por De Mourgues, *Two French Moralists*. Cabe recordar que, nesses anos finais de sua vida, Nabuco publicará em francês, no estilo da literatura moralista, um livro de máximas, o pouco conhecido *Pensées détachées et souvenirs*. Ver Nabuco, *Pensamentos soltos*.

Fiquemos com esta, apontada em comentário a Rio Branco na carta de janeiro de 1908, sobre os efeitos (agora considerados deletérios) do livro *A ilusão americana*, de Eduardo Prado: "Se esse fosse o evangelho do nosso patriotismo, estávamos *doomed.* Se o povo americano se convencesse de que lhe desejamos mal, nossa integridade não valeria muito. Como poderíamos defender Fernando de Noronha melhor do que [a] Colômbia a[o] Panamá? E a ação desse país, quando ressentido, [...] é ciclônica".[67]

Note-se que esse tema não se restringia a papéis privados: na conferência escrita para Wisconsin, por exemplo, há a observação de que "por enquanto não se pode dizer que a Paz seja para vós artigo de fé de caráter permanente".[68]

Já para as nações protegidas, por isto mesmo que alinhadas, os benefícios iam da prosperidade interna à projeção externa. Está claro que a ordem interna tinha sentido civilizacional eurocêntrico, pois o monroísmo excluía as potências europeias do solo americano ao mesmo tempo que embutia a pretensão moral de estabelecer uma Europa mais genuína na região.[69] Não à toa Nabuco salientará como maior aporte de Rui Barbosa na Haia, como veremos, sua "alta cultura", isto é, sua filiação cultural europeia, ainda quando se batendo contra as grandes potências ocidentais.

A outra dimensão do alinhamento monroísta era a primazia sul-americana, entendida como fruto de uma possível delegação estratégica dos Estados Unidos. Em telegrama de dezembro de 1905, Nabuco especula que o gesto da elevação recíproca das legações no Rio de Janeiro e em Washington a embaixadas "sugeriu decerto ao presidente Roosevelt a primeira ideia de apoiar-se no Brasil na América do Sul".[70]

Mais que uma busca de prestígio, preocupava Nabuco a perspectiva de que se consolidasse no entorno brasileiro a tese do arbitramento obrigatório. Suas óbvias reservas a esse mecanismo, além de sua propensão a pensar a realidade internacional em termos de poder, sugeriam-lhe outra

---

67 Nabuco, *Cartas a amigos II*, p. 300. Ver também Nabuco, *Diários*, p. 409.

68 Nabuco, "A parte da América na civilização", p. 450.

69 Ver Schmitt, "Cambio de estructura del derecho internacional".

70 Nabuco, *Joaquim Nabuco, embaixador*, v. I, p. 90. Ver também *Joaquim Nabuco, embaixador*, v. II, p. 136.

forma de ordenar a região. A "lei" de todo o hemisfério devia ser a "vontade das suas maiores nações".[71]

A tônica da política do hemisfério ocidental era esta, uma tônica política, fundada na articulação do Brasil com os Estados Unidos, e não jurídica, amparada em uma ordem nominal. A aliança bilateral não carecia de formalização, podendo ser, como vimos no diário de 1905, "tácita". Tampouco as duas grandes potências continentais, Brasil e Estados Unidos, deviam entrar em entendimentos vinculantes com países menores.

Quando o secretário de Estado Elihu Root aporta no Rio de Janeiro para a terceira conferência interamericana, em julho de 1906, importa muito mais a Nabuco a visita bilateral do que o encontro regional. Com efeito, a organização das reuniões pan-americanas com base no princípio de um voto por país parecia-lhe altamente questionável.

Por sua parte, Rio Branco, que avaliza a realização da conferência interamericana no Rio e acompanha zelosamente a sua preparação, usa o seu discurso na abertura do evento para dissipar qualquer impressão de uma adesão incondicional e absoluta do Brasil ao hemisfério ocidental.

Fiel a uma abordagem circunstancialista de política externa, o que Ricupero chama o seu modo pragmático de entender "cada problema em sua especificidade própria",[72] exalta, em pleno congresso monroísta, o legado europeu, cujo influxo julga indispensável para o futuro da região. Fala em "estreitar cada vez mais as relações de boa amizade, a procurar desenvolver as de comércio com esse inexaurível viveiro de homens e fonte prodigiosa de energias fecundas que é a Europa".[73]

Esse interesse em atrair a presença europeia distingue-se nitidamente da atitude isolacionista de Nabuco. A convicção deste em uma ordem regional hemisférica de alcance amplo impunha reservas ao ordenamento político e jurídico europeu. O hemisfério ocidental representava uma defesa contra a Europa, para melhor realizar o europeísmo.

Em conferência na Universidade de Chicago, em 1908, atua a audiência por sua concepção monroísta, que pretende converter o interesse estrito dos Estados Unidos em bem público hemisférico. Reconhece que não haveria de ser um tratado formal que obrigaria um país tão poderoso

---

[71] Nabuco, *Cartas a amigos II*, p. 304.

[72] Ricupero, *A diplomacia na construção do Brasil*, p. 302.

[73] Paranhos Júnior, "III Conferência Internacional Americana (23 jul. 1906)", p. 139.

a semelhante compreensão, mas sim o "instinto" bem direcionado de que "este continente deve ser", para os Estados Unidos, "um prolongamento do seu próprio território".[74] Dificilmente haveria nisso espaço para o louvor de Rio Branco às "energias fecundas" da Europa.

A atitude de Nabuco aponta para a inutilidade tanto de tratados bilaterais quanto de ordenamentos de natureza abstrata como as reuniões pan-americanas. Em outubro de 1907, escreve a Rio Branco sobre o princípio da igualdade soberana em sua aplicação hemisférica: "Por causa dele não tenho quase coragem de comparecer ao Bureau das Repúblicas Americanas, onde o Brasil vale menos do que duas quaisquer repúblicas da América Central".[75]

Ademais de neutralizar o princípio da ocupação efetiva negando acesso europeu ao solo americano, o monroísmo era uma ordem informal infensa, em larga medida, a elaborações jurídicas, nas quais não haveria elementos propícios à segurança e das quais só poderia admitir o essencial para o concerto de grandes potências.

A realidade internacional era, e teria que ser, profundamente política, como político devia ser o entendimento entre Brasil e Estados Unidos. Assim o diz Nabuco na entrevista de julho de 1905 ao *Chicago Tribune*:

> A política [...] está se tornando em todos os lados mais e mais internacional. O principal problema para todos os países do mundo, exceto o seu [Estados Unidos], é o problema externo. Embora isso sempre tenha sido assim, os contemporâneos do século XIX se sentiam mais seguros atrás das ficções do direito internacional do que qualquer outra geração da história.[76]

***

A defesa do princípio da igualdade soberana pela delegação brasileira na Haia foi, para Nabuco, um desvio do monroísmo rumo à alternativa solitária de política externa que, enquanto não pudesse ser desfeito, devia

---

[74] Nabuco, "A aproximação das duas Américas", p. 466.

[75] Nabuco, *Cartas a amigos II*, p. 291. Comparar com o discurso público do ano seguinte, em que aplaude a igualdade soberana no hemisfério: Nabuco *apud* Lobo, *O pan-americanismo e o Brasil*, p. 74-75.

[76] Nabuco, "Latin Republics Now Independent", p. 1.

ser entendido como uma posição circunstancial. Deslocando-se, durante o decurso da conferência na Holanda, entre estações de águas em Vittel, na França, e em Wiesbaden, na Alemanha, Nabuco exprime-se com muita apreensão sobre a estreia brasileira no grande palco do multilateralismo.

Quando Rui Barbosa entra em ostensiva divergência com o delegado estadunidense Joseph H. Choate pelo critério de seleção dos juízes da corte internacional que se pretendia estabelecer, advogando o princípio da igualdade soberana na composição do novo órgão (afinal não criado), a preocupação imediata do embaixador em Washington é o risco para o bom entendimento bilateral: "Mil vezes não termos ido à Haia do que sairmos de lá com a nossa inteligência com os Estados Unidos enfraquecida e abalada",[77] diz a Graça Aranha em setembro de 1907.

E ainda quanto à diplomacia com as grandes potências, em carta do mês seguinte a Rio Branco: "eu francamente julgo melhor entendermo-nos bem com as grandes do que não contar com elas".[78] Se houvesse dúvidas sobre a falta de alternativas, dizia em missiva a Tobias Monteiro, escrita da França: "a América do Sul toda está aqui entre a ignorância e a difamação".[79]

No entrevero Barbosa-Choate estava contido, porém, um problema maior. Ao propor o princípio da igualdade soberana, Rui Barbosa postulava, com a chancela de Rio Branco, um ordenamento que a Nabuco parecia a um tempo inalcançável e contraproducente.

Inalcançável, porque a "igualdade absoluta de todas as nações" era um princípio "que não podemos impor ao mundo".[80] Contraproducente, porque em vez de corrigir as assimetrias, as aumentaria: "A ideia de nivelar todas as nações, excluindo em absoluto a lei de proporção da esfera do direito internacional, só fará agravar a separação entre grandes e pequenas potências".[81]

Era, de novo, ilusão supor que o direito internacional pudesse proteger os menores: quanto mais descolado da realidade internacional, maior liberdade de ação concederia aos maiores; e quanto menos refletisse a lógica

[77] Nabuco, *Cartas a amigos II*, p. 288.

[78] Nabuco, *Cartas a amigos II*, p. 291.

[79] Nabuco, *Cartas a amigos II*, p. 278.

[80] Nabuco, *Cartas a amigos II*, p. 289.

[81] Nabuco, *Cartas a amigos II*, p. 291.

defensiva da linha hemisférica, mais exporia o Brasil. Daí o comentário a Machado de Assis, em fevereiro de 1908 (poucos meses antes, aliás, do amigo romancista publicar o *Memorial de Aires*): "A Haia ia-nos fazendo perder de vista a nossa única política possível".[82]

Diante do que percebia como uma perigosa abstração proposta pelo próprio Brasil, Nabuco encontra naquela ideia de "lei de proporção" armamento intelectual para combater o princípio da igualdade soberana. Sua reserva à artificialidade deste fica clara no repetido uso da palavra "absoluto(a)", como se viu há pouco.

Se a igualdade soberana apontava a um tipo de ordenamento "espacialmente indiferenciado",[83] a "lei de proporção" permitia a Nabuco repor a precedência do hemisfério ocidental na política externa do país. (Significativamente, a política externa brasileira endossaria na década seguinte, quando da criação da Liga das Nações, a cláusula de que toda a arquitetura jurídica à base da organização internacional de Genebra ficava sob ressalva, na América, pela Doutrina Monroe).[84]

---

[82] Nabuco, *Cartas a amigos II*, p. 305.

[83] Uso a expressão de Schmitt, "Großraum *Versus* Universalism".

[84] Cabe a Epitácio Pessoa dar o consentimento do Brasil, nas negociações de paz de Paris após a Primeira Guerra Mundial (e doze anos depois da Conferência da Haia), ao artigo 21 do Pacto da Liga das Nações, reserva monroísta ao sistema de segurança coletiva da nova entidade (ver Walters, *A History of the League of Nations*, p. 56). É interessante notar, a propósito, como Raul Fernandes, em uma conferência sobre Joaquim Nabuco em junho de 1927 (aparentemente só publicada nos anos 1940), procurou distinguir entre o legado monroísta deste e o que lhe parecia a equivocada decisão de saída brasileira da Liga das Nações (tomada em 1926 pelo governo Artur Bernardes). Dizia: "Joaquim Nabuco tinha razão no seu tempo, quando a ordem europeia se baseava no equilíbrio instável das alianças militares. Mas as circunstâncias mudaram. A paz de Versalhes deu origem à Sociedade das Nações, esboço de organização jurídica internacional, onde todos os países podem ser admitidos e que a todos oferece um mínimo de segurança, senão contra a guerra, ao menos contra a guerra inopinada [...] Os Estados Unidos dispensam as mútuas garantias do pacto de Versalhes porque se reputam invulneráveis, sendo hoje a nação mais rica e poderosa do globo. Seu governo, aliás, está sem compromissos [...] Esta política, não a faz quem quer, mas quem pode" (Fernandes, *Joaquim Nabuco*, p. 25-27). Em outras palavras, o legado monroísta de Nabuco se tornaria rapidamente um campo de disputa, servindo para fundamentar, contra o isolacionismo hemisférico de Artur Bernardes, o pleito de Raul Fernandes, futuro chanceler de Eurico Gaspar Dutra, pelo reengajamento brasileiro com o multilateralismo, inclusive pela aceitação de princípios jurídicos vinculantes, o que

Já no mês de agosto ponderara a Rui Barbosa:

> Eu não penso que nas deliberações do gênero humano, em parlamento ou tribunal, o voto de uma fração de um ou dois milhões de homens deva ter o mesmo peso que o de outra de cinquenta ou oitenta milhões. Isso não seria igualdade, mas desigualdade, pois nenhum contrato de sociedade é feito sem atenção à lei de proporção.[85]

E em outubro, a Rio Branco: "Essa igualdade só serve em conferências de mera discussão; os negócios da humanidade, quando há interesses em conflito, não podem ser resolvidos sem aplicação da lei de proporção".[86]

Note-se como um raciocínio como esse, sem ser idealista, não nega o valor do multilateralismo como forma de gestão do sistema de Estados; se há que falar em realismo de Nabuco, seria um realismo que admite esse papel do direito internacional na concertação das grandes potências, ainda que um papel fraco, porque baseado em um entendimento de que a legitimidade da ordem anda rente às suas fontes de poder.[87]

A questão era o lugar do Brasil nesse ordenamento ensaiado na Haia, ou melhor, o lugar da Haia no "problema externo" brasileiro. Há ambivalências importantes nos papéis de Nabuco. Em 17 de agosto de 1907, escrevera a Graça Aranha que a desigualdade de forças entre os países não devia ser sacramentada como desigualdade jurídica.

Conhecemos essa carta pelo telegráfico resumo que dela fez Rio Branco ao reproduzi-la para Rui Barbosa: "quanto Haia não sei como vai acabar questão escolha juízes para tribunal permanente. Se eu estivesse de dentro me esforçaria o mais possível para as nações não serem classificadas em grandes, pequenas potências com relação à justiça. Já basta que o sejam com relação à força".[88]

Nabuco rejeitaria em seu tempo. Ver, sobre o Brasil e a Liga das Nações: Baracuhy, "A crise da Liga das Nações de 1926"; e Garcia, *O Brasil e a Liga das Nações (1919-1926).*

[85] Nabuco, *Cartas a amigos II*, p. 284.

[86] Nabuco, *Cartas a amigos II*, p. 291.

[87] Ver, nessa linha: Kissinger, *A World Restored*. Para o debate específico do caso brasileiro: Fonseca Júnior, *O interesse e a regra*; e, adicionalmente, Belli e Uziel, *O Brasil e o mundo*; Sénéchal, *Entre poder e direito*; e Soares de Lima, "Prefácio".

[88] Nabuco *apud* Paranhos Júnior, "Série telegráfica à Haia", p. 196.

Contudo, oito dias depois, Nabuco chega mais próximo que nunca a endossar os projetos das grandes potências da Haia que excluíam o Brasil do tribunal de arbitramento, anotando em seu diário: "Não se fica grande por dar pulos. Não podemos parecer grandes, não o sendo. O Japão não precisou pedir que o reconhecessem grande potência, desde que mostrou sê-lo".[89]

Fiel ao autoisolamento monroísta, mas infenso a soluções que expusessem o Brasil como um país excluído da arquitetura institucional discutida na Haia, Nabuco acaba por atinar com a linha crítica possível à postura de Rui Barbosa, que em 9 de outubro discursara no Ridderzaal da Haia contrapondo "direitos vitais" aos "interesses vitais" que as grandes potências insistiam em alegar.[90]

Era preciso frisar que não se tratara de principismo, mas sim de uma posição circunstancial, defensiva. O único principismo, compreende-se, era o monroísta; a Haia era o desvio. Em carta a Rui, em 22 de outubro de 1907, diz:

> Eu sei que você pensa como eu. A nossa política na Haia foi toda de ocasião, em defesa própria, para evitar que nos amesquinhassem, mas desde que pensem em engrandecer-nos não devemos dizer que não entramos onde não entram também São Domingos e Haiti. Tudo que devemos apurar da Conferência, e de que nos devemos orgulhar, é a reputação de alta cultura que você criou para o Brasil. Esse é o grande resultado dela para nós e por ele serão poucas todas as manifestações que lhe fizerem os brasileiros. Demais na sua atitude, na sua veemência, no seu gesto, você mostrou bem que se sentia o representante de uma grande nação e que queria que a tratassem como tal. Essa *alma* é incompatível com o princípio de que não há diferenças.[91]

Nos mesmos dias de outubro, em carta a Rio Branco, Nabuco explora melhor o tema do interesse brasileiro em juntar-se aos círculos dirigentes da conferência. Em nítido contraste com o que anotara em seu diário de agosto, admite que o Brasil pudesse figurar como um grande, mesmo não

---

89 Nabuco, *Diários*, p. 408.

90 Barbosa, "O novo tribunal de arbitramento", p. 172.

91 Nabuco, *Cartas a amigos II*, p. 294.

o sendo no tradicional sentido econômico e militar. É lícito supor que a grandeza continental seria a credencial mais ou menos subentendida para a participação brasileira.

Em suas palavras ao chanceler:

> Não podemos acabar com a influência das grandes potências; é mais fácil insinuar-nos no meio delas, como você o tem conseguido, apesar de não termos a força material [...] A política que ali seguimos [na Haia] foi-nos imposta pelas circunstâncias, em defesa própria, mas não ficamos adstritos a ficar na retaguarda, podendo avançar para a primeira linha. *Nos quoque gens sumus.* Se nos quiserem chamar ao conselho diretor, ou antes representativo, das nações, soframos essa violência com a docilidade natural. Sei bem que você pensa e sente como eu e que o Rui pensa conosco. Não somos nós os "doutrinários intransigentes" a que se referiu o *Times* de Londres.[92]

O que se passa aqui é que Nabuco, firme em sua visão bilateralista, surpreende-se ao constatar as potencialidades do multilateralismo, seja para a proteção, seja para a projeção do país. Vai-se esboçando desde logo, nas cartas do embaixador em Washington, o que já se definiu como a ambivalência do multilateralismo em suas funções contra-hegemônica e de gestão internacional.[93] Esta última é, evidentemente, a sua preferência expressa (e quiçá também a de Rui Barbosa, embora não expressa).

O vislumbre dessa flexibilidade brasileira no campo multilateral, em que o país pode estar desde a "retaguarda" até a "primeira linha", nos mostra um Nabuco mais próximo a Rui Barbosa do que seria de supor. As diferenças entre os dois não podem ser descartadas, sobretudo dada a ênfase do pernambucano na espacialização do multilateralismo, isto é, na ancoragem hemisférica dos princípios de ordem mundial, contra qualquer

---

[92] Nabuco, *Cartas a amigos II*, p. 291. Para o processo decisório de Rio Branco, que esgota todas as possibilidades de negociação com as grandes potências sobre a composição do diretório a ser formalizado na conferência antes de autorizar Rui a defender de modo irrestrito a igualdade soberana, ver o estudo clássico de Burns, *A aliança não escrita*.

[93] Ver Kratochwil, "The Genealogy of Multilateralism".

possibilidade de que a igualdade apregoada pelo baiano tivesse como fundo a aludida indiferenciação espacial.

Mas a abordagem antidoutrinária que Nabuco tangencia em matéria de multilateralismo parece-me estar em um pé similar ao de Rui Barbosa, que, em seu discurso à comunidade brasileira em Paris logo após a conferência na Haia, sustentou que "entre os que imperavam na majestade da sua grandeza e os que se encolhiam no receio da sua pequenez, cabia, inegavelmente, à grande república da América do Sul um lugar intermédio, tão distante da soberania de uns como da humildade de outros".[94]

Concluía com estas conhecidas palavras: "Esta situação, na sua extrema delicadeza, devia ter uma linguagem sua, moderada e circunspecta, mas firme e altiva, quando necessária".[95]

O que ficou imediatamente claro para Rui Barbosa também foi entrevisto por Nabuco: tratava-se, para dizê-lo nas palavras exatas e pouco posteriores de Pandiá Calógeras durante a Conferência de Versalhes, da afirmação do Brasil como uma potência com "interesses gerais".[96] E um país com interesses gerais "e não locais" teria ao menos um título para reivindicar o estatuto de grande potência.[97]

O que distingue Nabuco nisso é sua ênfase no caráter circunstancial, não principista, do posicionamento brasileiro, enquanto Rui passou à história – se justa ou injustamente, é outra questão – como símbolo do multilateralismo doutrinário.

Apegado como estava ao fundamento concreto da segurança nacional (razão ostensiva de seu monroísmo), admitiu o multilateralismo como palco sobretudo da política de poder entre os grandes. Na tensão conceitual típica do multilateralismo entre grandes números e círculos dirigentes, dos quais afinal não consentia ver o Brasil, com sua inegável credencial

---

[94] Barbosa, "Discurso de Rui Barbosa em Paris, em 31 de outubro de 1907, agradecendo a homenagem que os brasileiros lhe prestaram em função de sua participação na Haia", p. 130.

[95] Barbosa, "Discurso de Rui Barbosa em Paris, em 31 de outubro de 1907, agradecendo a homenagem que os brasileiros lhe prestaram em função de sua participação na Haia", p. 131.

[96] Calógeras, "Conferência da Paz: diário", que anunciava a problemática depois postulada analiticamente por Soares de Lima, "A economia política da política externa brasileira".

[97] Wight, *Power Politics*, p. 295.

de território, excluído, Nabuco assume o segundo polo; Rui, liderando a contestação às grandes potências, representa o primeiro.

Para usar uma distinção do próprio Rui Barbosa, Nabuco preferiria os congressos – "onde se lograria a vantagem de negociar entre íntimos os interesses dos mais fortes" e depois impô-los aos fracos – às conferências – "sensíveis às dificuldades do direito e prudentes em não querer atropelar problemas seculares".[98]

Isso, naturalmente, desde que a tais congressos fosse convidado o Brasil, o que pressupunha um ordenamento politicamente menos eurocêntrico que o de Berlim, para o qual o processo da Haia começava a apontar. A mesma tensão entre grandes números e círculo dirigente se repetiria na posição do Brasil frente à Liga das Nações e às Nações Unidas, nas quais ingressa como membro da Assembleia aspirando desde o primeiro instante a integrar o seu Conselho.

Logo à primeira grande incursão multilateral do país, portanto, a problemática dos "fatores de qualificação" das nações aspirantes às instâncias de gestão do sistema de Estados, marcada pelo dilema entre pressão por equivalência de *status* e pressão por *status* privilegiado das maiores potências,[99] encarna-se imediatamente em Rui Barbosa, de um lado, e Nabuco, do outro.

Encerrada a conferência da Haia, Nabuco põe de parte essas cogitações sobre o multilateralismo e dedica-se ao esforço de contenção de danos bilaterais. É por esse esforço, não por aquelas cogitações, que a posteridade se lembraria de sua periférica atuação no episódio.

Já em setembro de 1907 dissera estar "ansioso pelo fim de tudo isso, muito contente por não ter eu mesmo ido à Haia".[100] Em outubro, na carta a Rio Branco, manifestara a expectativa de que os jornais londrinos esquecessem de todo o caso da igualdade soberana: "O mais cedo que aí esquecerem essa tese de ocasião, melhor para nós".[101]

Em sua conferência na Universidade de Yale, em maio de 1908, apresenta a política brasileira inspirada, em todas as suas frentes, por um idealismo

---

[98] Barbosa, "O novo tribunal de arbitramento", p. 186 e p. 186.

[99] Ver Fonseca Júnior, "Anotações sobre as condições do sistema internacional no limiar do século XXI".

[100] Nabuco, *Cartas a amigos II*, p. 288.

[101] Nabuco, *Cartas a amigos II*, p. 291.

comparável ao dos Estados Unidos, colocando em perspectiva as desavenças de parte a parte: "Desse idealismo, faz parte o Americanismo. Somos e sempre fomos leais ao nosso continente. O Brasil nunca poderia acorrentar-se a funções interesseiras ou egoístas; é governado pela imaginação".[102] Mais adiante, ao lamentar a divergência na Holanda, exalta a contribuição de Rui Barbosa como "valor intelectual a serviço do idealismo".[103]

No seguinte mês de agosto, em conferência na Universidade de Chicago, repetirá essas ideias para concluir que, idealistas ambos os países, suas políticas externas deviam compartilhar um "destino comum", base não de uma passageira "aliança sobre papel", mas de uma longeva "aliança moral".[104]

O discurso de Nabuco sobre o idealismo monroísta realmente começava a afastar-se de suas reflexões privadas, e até públicas,[105] de pouco tempo antes. A ênfase moralista no esquema conceitual pleiteado vai deslocando outras considerações, e o peso da razão nacional para se aderir ao monroísmo começa a conviver com o maior valor atribuído ao ideal coletivo no hemisfério. O seu pleito por uma política multilateral atenta à exploração de espaços para o país no concerto das grandes potências desaparece sem jamais ter vindo a público.

Um aspecto especial da contenção de danos buscada pelo chefe da diplomacia brasileira em Washington diz respeito à figura de Rui Barbosa, que procura de todas as formas tornar mais amena ao público americano, influído por opiniões negativas de prepostos de Joseph Choate.[106]

Tenta primeiro, e sem sucesso, levar o senador baiano a conferenciar na Universidade de Yale. Em seguida busca, também debalde, que Rui Barbosa comparecesse a um banquete oferecido a oficiais da esquadra estadunidense, que aportara no Rio de Janeiro em janeiro de 1908.[107]

O barão, ao consentir com essa visita das belonaves, sem dúvida emitia um sinal à Alemanha na esteira do caso *Panther*, ainda que nessa matéria

---

[102] Nabuco, "O sentimento da nacionalidade na história do Brasil", p. 441.

[103] Nabuco, "O sentimento da nacionalidade na história do Brasil", p. 442.

[104] Nabuco, "A aproximação das duas Américas", p. 467.

[105] Ver Nabuco, "Latin Republics Now Independent", p. 1.

[106] Ver Nabuco, "Documento 39: Carta de JN a RB", p. 83; e Nabuco *apud* Paranhos Júnior, "Série telegráfica à Haia", p. 235.

[107] Ver Nabuco, *Cartas a amigos II*, p. 296.

a sua atitude – muito longe de julgar bastante o aporte de terceiros países ou de qualquer entusiasmo com um poder brando – seja a de atuar pelo robustecimento do poder naval brasileiro.[108]

É a ideia que elabora em outubro de 1911, meses antes de morrer, em discurso no Clube Militar. Desenvolver as forças próprias do Brasil para enfrentar ameaças oriundas do exterior, explica, "não é querer a guerra, pelo contrário, é querer assegurar a paz"; e arremata: os povos que "se não preparam para a eficaz defesa do seu território, dos seus direitos e da sua honra, expõem-se às investidas dos mais fortes e aos danos e humilhações consequentes da derrota".[109]

O episódio do banquete aos oficiais norte-americanos em 1908 importa porque, ao declinar do convite para o evento a que Nabuco gostaria que comparecesse, Rui Barbosa escreve a Rio Branco qualificando aquela demonstração militar como "a maior e menos oportuna ostentação da força naval que os mares já viram. Louvar esse rasgo de prepotência marcial em plena paz seria não só constranger os meus sentimentos, mas até contradizer o meu correto papel em Haia".[110]

Por aqui sente-se como a divergência de atitudes entre o baiano e o pernambucano alcança mais que o modo de ver a marinha estadunidense; alcança o significado histórico da conferência da Haia, já sujeito a disputa mal concluídas as sessões no Ridderzaal.

A Rui Barbosa, Nabuco poderia aplicar a avaliação de que queria gozar a vantagem naval do monroísmo sem aceitar o corolário do alinhamento; Rui, por sua vez, poderia redarguir que a conferência, lançando o Brasil à dinâmica ultramarina, criara uma vertente em que o interesse nacional era servido pelo não alinhamento. E o barão do Rio Branco, colocado no centro e pretendendo enxergar a posição por todos os lados, poderia observar que o poder naval alheio obedece a um interesse também alheio, sendo preferível ter meios próprios, fundamento das boas amizades e da segurança nacional.

***

[108] Ver, a propósito: Martins Filho, *A Marinha brasileira na era dos encouraçados, 1895-1910.*

[109] Paranhos Junior, "No Clube Militar", p. 317; cotejar, a propósito, Ricupero, *A diplomacia na construção do Brasil*, p. 299 e p. 302.

[110] Barbosa, "Carta de Rui Barbosa ao barão do Rio Branco", p. 97.

A reorientação de Joaquim Nabuco para a diplomacia na virada do século envolveu uma imbuição do ideal territorial, aprofundando suas preocupações historiográficas da década de 1890. A grandeza continental brasileira, que já fazia a matéria de *Um estadista do Império*, escrito em seus anos de ostracismo após a queda da monarquia, torna-se sua ocupação direta no litígio anglo-brasileiro.

O mau resultado em Roma dá-se, para o advogado brasileiro, pela invocação de balizas totalmente estranhas ao campo em que se haviam movido os seus memoriais. O laudo de junho de 1904 dramatiza seu prévio ceticismo quanto ao direito internacional como respaldo dos países fracos. A decisão sobre a Guiana frustra-o, mas o preocupa igualmente a potencial aplicação das injunções do Congresso de Berlim ao restante dos sertões brasileiros.

Sua primeira reação é redobrar o pleito pela ordem interna como a melhor defesa contra as apropriações territoriais pressupostas pela "lei do predomínio europeu". A chefia da nova embaixada em Washington incentiva-o a desenvolver a intuição de que a dissuasão mais certa do expansionismo europeu é a ordem hemisférica subscrita pelos Estados Unidos, de resto totalmente compatível com a ordem interna eurocêntrica.

O que o monroísmo faria, nesse primeiro momento, é neutralizar a incidência do princípio da ocupação efetiva. Em Nabuco, o bilateralismo e o ordenamento regional monroísta são fundamento securitário e meio para a grandeza continental, com a América do Sul tornando-se um subcontinente em que, por delegação, o Brasil poderia exercer papel ordenador. "Continente", como tal, uno e indiviso, é o hemisfério ocidental.

No principismo monroísta de Nabuco, não cabe divergência dentro da aliança por parte do sócio menor. Um veio moralista inclina o autor a formular sua visão como um sistema capaz de transcender as circunstâncias imediatas e se fixar em uma idealidade que dá ao alinhamento um caráter absoluto, precisamente porque "moral", e não jurídica, a aliança.

A Haia, em 1907, representará mais do que uma discordância bilateral: será, para Nabuco, a exploração concreta e desaconselhável de um caminho de política externa que se afasta da ordem espacial monroísta e dirige o Brasil ao desamparo estratégico.

Daí que sua reação imediata, e também sua atitude pública definitiva, tenha sido minimizar o curso multilateral. A igualdade soberana das nações seria um princípio que tornava o espaço indistinto, diluindo gradações de poderio e desconhecendo a proteção hemisférica.

Mas, pela "lei de proporção", Nabuco cogitou em seus escritos privados de uma forma de reaproximar os termos da atuação multilateral brasileira ao alinhamento bilateral que entendia ser a coordenada básica de um país com território sob ameaça.

Assim como em janeiro de 1904 manifestara-se favorável ao direito da força, na segunda metade de 1907 não pode descartar a ideia de que o Brasil ingresse nos círculos de gestão multilaterais, isto é, no circuito das grandes potências, compensando sua falta de credenciais clássicas de poder econômico e militar pela grandeza continental e pelo futuro dela derivado.

Havendo rechaçado qualquer entendimento principista da política multilateral brasileira (dado orientar-se por principismo distinto), descobre-se disposto a não rechaçá-la *in toto*, abrindo à posteridade uma orientação multilateralista fortemente calcada em interesses e voltada à asserção de poder por meio de instituições internacionais.

A crítica às ficções do multilateralismo fica mitigada pelas ambivalências quanto às potencialidades do multilateralismo, pois Nabuco aspira a um Brasil influente nos destinos de uma alta política já não somente europeia. A elevação do perfil internacional poderia mesmo ser uma consequência da primazia sul-americana viabilizada pela aliança bilateral com os Estados Unidos. Para Nabuco, multilateralismo é uma diretriz circunstancial, mas possível via de grandeza pela projeção ultramarina.

O peso da Haia seria mais forte do que supunha um Nabuco dedicado ao rápido esquecimento do episódio. Mais de cinquenta anos depois, em um momento decisivo da Política Externa Independente, a trama da conferência de 1907 seria invocada pelo chanceler brasileiro San Tiago Dantas, em cadeia nacional de rádio e televisão, para legitimar a conduta autonomista do país frente a uma grave crise da Guerra Fria.

Ao apresentar à população brasileira, em fevereiro de 1962, o porquê de uma discordância com a delegação norte-americana na conferência de Punta del Este, San Tiago Dantas afirma, com efeito:

> não posso deixar de abrigar-me à sombra de um precedente ilustre, porque mesmo para os que se dispõem a enfrentar friamente o cumprimento do dever, é sempre de um grande conforto moral sentirem

> atrás de si um exemplo que os encoraja. Não posso deixar de lembrar Rui Barbosa, na Conferência de Haia, em 1907, certamente o maior certame internacional quanto à intensidade com que se projetou na opinião pública do nosso país. O maior êxito da diplomacia brasileira – Rui Barbosa – viu-se na contingência de sustentar na tese crucial daquela conferência, que era a criação de um Tribunal Permanente de Arbitragem, uma tese de ordem jurídica contra a qual se colocavam os oito grandes da época. Tratava-se da igualdade entre os pequenos e os grandes Estados. Rui Barbosa defendeu o princípio da igualdade contra aqueles que pretendiam uma fórmula de participação desigual. E houve um momento em que o nosso grande embaixador naquele certame enfrentou a dura, difícil situação de se ver seduzido a votar vencido, contra todos os outros Estados. Neste momento falou-lhe a voz da chancelaria brasileira, expressa não por outro senão pelo barão de Rio Branco, nesses termos inesquecíveis: "Agora que não podemos ocultar a nossa divergência com a delegação norte-americana, cumpre-nos tomar aí, francamente, a defesa do nosso direito e o das demais nações americanas".[111]

Meio século depois da Haia, a utilidade defensiva da via multilateral, explorada por Rui, seguia evidente. Mas o que poderíamos designar o desafio de Nabuco – com o qual Rio Branco estava de pleno acordo – também seguia vigente: a exploração de uma brecha em que o multilateralismo pudesse passar daquela função defensiva a instrumento de projeção de poder.

É certo que, em sentido estrito, o embaixador em Washington queria assegurar a grandeza continental brasileira pela introversão hemisférica; mas, em uma acepção ampla, reconheceu a tentação de um papel para o país no além-mar. Por isso é especialmente significativo que até mesmo o bilateralista Nabuco concebesse o âmbito multilateral, com todas as suas reservas, como veículo de uma grandeza que podia exceder o território nacional e mesmo o entorno regional do país: uma grandeza extracontinental.

[111] Ver Dantas, "Exposição feita em cadeia nacional de rádio e televisão, em 5 de fevereiro de 1962", p. 181-182. O original do barão do Rio Branco pode ser consultado em Paranhos Júnior, "Série telegráfica à Haia", p. 128-130.

Trópico: liderança

... a vocação de descobrir e encobrir.
Toda a diplomacia está nestes dous verbos parentes.

Machado de Assis,
Esaú e Jacó

É corrente, na memória de nossa diplomacia, a ideia de que nos primeiros anos das Nações Unidas o Brasil não tinha política multilateral definida. Só perto de duas décadas depois do estabelecimento da Organização, em 1963, é que uma centelha conceitual, vinda do nada, ou da necessidade histórica, teria disparado uma postulação visionária dos interesses do Brasil:[1] desarmamento, desenvolvimento e descolonização.

Mas o discurso chamado dos três Ds, com que o chanceler Araújo Castro abre a décima oitava sessão da Assembleia Geral, naquele ano,[2] não é o marco zero da política brasileira nas Nações Unidas. Ao menos em uma daquelas três frentes: o colonialismo. O Brasil tinha nos anos 1950, a bem dizer, uma linha relativamente congruente nesse tema, só revertida no início da década seguinte.

Antes de defender a descolonização, a palavra multilateral brasileira não era pouco sistemática ou indefinida; era consistentemente colonialista. Mesmo depois de 1963, indo até meados da década seguinte, essa linha volta a ser observada, muito especialmente no que diz respeito às

---

1 Ver, por exemplo, Azambuja, "Apresentação".

2 Castro, "XVIII Sessão Ordinária da Assembleia Geral das Nações Unidas – 1963".

colônias de um país que inspirava grande suscetibilidade na política interna brasileira: Portugal.

Em julho de 1964, por exemplo, o marechal Castello Branco critica o ensaio de apoio à descolonização no governo João Goulart como um imaturo "ressentimento" direcionado às "antigas nações colonizadoras", e em particular a Portugal; diz que, em vez de apoiar a emancipação das possessões ultramarinas de Lisboa, o Brasil deveria, na verdade, trabalhar pela "formação gradual de uma Comunidade Afro-Luso-Brasileira".[3]

Essa expressão de um interesse brasileiro em participar de ordenamento colonial no além-mar não era nova, embora talvez fosse novo o fato de ser proferida nesse nível político. O escritor pernambucano Gilberto Freyre, que tinha em Castello Branco um "admirado amigo",[4] não só formulara como propugnara esse interesse, comunicando-o tanto ao público leitor brasileiro quanto a diplomacias estrangeiras, inscrevendo-o tanto em livros quanto em documentos multilaterais.

Em uma solenidade de doutoramento *honoris causa* de Freyre na Universidade Federal de Pernambuco, em novembro de 1971, o então chanceler Mario Gibson Barboza exalta o homenageado, seu conterrâneo, por ensinar aos brasileiros que a sua condição advinha, fundamentalmente, do pertencimento ao "mundo que o português criou".[5]

Essa expressão, tirada do título de um livro de Freyre publicado em 1940, era uma escolha terminológica significativa por parte do ministro do Exterior brasileiro em uma quadra histórica, aquele início da década de 1970, em que as guerras de libertação nacional faziam arder a antiga África portuguesa.

Valendo-se da ocasião para exprimir ao agraciado, em seu discurso de paraninfo, "o reconhecimento da diplomacia brasileira pelo muito que lhe deve",[6] Gibson deixa claro que certo sentido de oficialidade permeava

---

[3] Branco, "Discurso de Sua Excelência o Senhor Presidente da República Marechal Humberto de Alencar Castello Branco, no Palácio Itamaraty, por ocasião da entrega de diplomas aos candidatos aprovados por concurso à Carreira de Diplomata, em 31 de julho de 1964", p. 15 e p. 19.

[4] Freyre *apud* "Compromissos com a vocação de escritor levaram Freyre à recusa do Ministério", p. 8. Devo a Gustavo Mesquita esta referência ao *Diário de Pernambuco* de 17 de abril de 1964.

[5] Barboza, "Gilberto Freyre homem do seu e de outros tempos", p. xvi.

[6] Barboza, "Gilberto Freyre homem do seu e de outros tempos", p. xvii.

a obra de Freyre. Aos 71 anos do autor de *Casa-grande & senzala*, era a homenagem pelo trabalho de uma vida.

A influência de Freyre foi mais que terminológica: proporcionou à política externa, de fato, uma gramática para a expressão do interesse do Brasil em assuntos extracontinentais, seja na chave colonialista adotada pelo próprio Freyre, seja na chave anticolonialista que ele mesmo combateria.

Gilberto Freyre teve uma reflexão de muitas décadas sobre a ordem mundial. Seu teor pode ser situado em referência ao conjunto de esforços, por intelectuais de orientação internacionalista do período entreguerras, para compatibilizar antigas estruturas imperiais intercontinentais com as organizações internacionais criadas no fim da Primeira Guerra Mundial e da Segunda Guerra Mundial: a Liga das Nações, em 1920, e as Nações Unidas, em 1945.

Essa corrente, denominada internacionalismo imperial por Mark Mazower, contribuiu para conferir às Nações Unidas um arcabouço colonialista consideravelmente próximo ao da Liga das Nações. Diferentemente do que fazem crer narrativas de uma criação *ex nihilo* da Organização nova-iorquina, sem dívidas junto à sua antecessora de Genebra, as Nações Unidas foram fundadas com instrumentos que facilitavam às potências coloniais a tutela sobre sociedades asiáticas e africanas.[7]

Esse arcabouço colonialista admitia, formalmente, tanto a gestão direta, soberana, de uma colônia por sua metrópole, quanto a gestão internacionalizada de uma dada colônia, ou seja, sob autoridade de uma organização internacional. Esta segunda forma era conhecida como sistema de tutela.

Hoje em dia a descolonização é, com importantes exceções, um assunto do passado, e o sistema de tutela é uma relíquia das Nações Unidas. O próprio Conselho de Tutela teve suas atividades suspensas há décadas e ficou sendo apenas o nome de um dos salões de conferência no edifício da Organização. Um historiador refere-se ao sistema de tutela das Nações Unidas como um grande navio adernado à beira do East River, enferrujado, sem motores nem tripulação.[8]

Mas houve tempo em que do bom funcionamento do arcabouço colonialista parecia depender parte importante dos destinos das Nações Unidas, como sugere o fato de que a Carta de São Francisco dedique a ele

---

[7] Mazower, *No Enchanted Palace*.

[8] Kennedy, *The Parliament of Man*.

longos capítulos. Os mecanismos multilaterais associados a colônias e sistema de tutela, desenhados e defendidos por internacionalistas de pendor imperial, não eram desconhecidos por Freyre. O escritor pernambucano leu ou conheceu mais de um autor dessa linhagem durante seus anos de estudante, gente hoje esquecida como Alfred Zimmern, Gilbert Murray, Quincy Wright e Pitman Potter.

Freyre se educa e se firma como um dos mais importantes intelectuais brasileiros precisamente durante o entreguerras. Inicia sua licenciatura na Universidade de Baylor em 1918, último ano da Primeira Guerra Mundial; ingressa na pós-graduação na Universidade de Columbia em 1920, mesmo ano em que começa a funcionar a Liga das Nações; e publica *Casa-grande & senzala* em dezembro de 1933, um mês depois do referendo em que a Alemanha nazista sai da organização genebrina. A eclosão da Segunda Guerra Mundial, em 1939, marca o fim do mundo em que se tornara adulto.

Na verdade, a partir de 1940, e desde um lugar periférico, Freyre formula lentamente, à sua maneira, um internacionalismo imperial. Mas o faz situando deliberadamente sua escrita a partir do hemisfério sul e fincando pé na categoria espacial de trópico, que procurou converter de periférica em cêntrica. É nessa ordem de coisas que interpreto sua autoidentificação, já no fim dos anos 1950, como um estudioso "voltado há anos para a sociologia das relações internacionais".[9]

Nestas páginas gostaria de estudar como a linha colonialista da diplomacia brasileira, ela mesma surgida nos interstícios da política hemisférica, adquire, na década de 1950, uma índole freyriana, isto é, um traço compatível com o que veremos ser a sua modalidade de internacionalismo imperial.

Para entender isso será preciso dar um passo atrás e compreender como Freyre elabora uma visão colonialista da política mundial durante a Segunda Guerra e como essa visão repercute, antes de mais nada, no interior de duas organizações internacionais criadas após aquele conflito: a Unesco, em Paris, e as Nações Unidas, em Nova York; só então começa a decantar de fora para dentro da política externa brasileira.

Reconstruo, em um longo arco, a obra de Freyre em duas décadas comparativamente menos estudadas de sua produção: os anos 1940 e 1950.

---

[9] Freyre, *Uma política transnacional de cultura para o Brasil de hoje*, p. 37.

Se na década de 1930 o autor está totalmente entregue à redação de seus grandes ensaios históricos sobre o Brasil – *Casa-grande & senzala*, de 1933, *Sobrados e mucambos*, de 1936, e *Nordeste*, de 1937 –, sua reflexão de 1940 em diante logo adquire um tom próprio.[10]

Há, no Freyre dos anos 1940 e 1950, uma nova mirada a temas centrais da obra anterior à luz dos novos problemas mundiais; um sentido de intervenção imediata nos assuntos públicos; um esforço de expor seus pontos de vista para audiências crescentemente estrangeiras; um empenho de influir nas discussões das novas instituições de governança global do pós-guerra sobre as grandes questões da paz; e, finalmente, de incidir sobre a política oficial brasileira nessas questões.

Na primeira metade da década de 1940, quando começamos esta reconstrução, sua atuação ainda é meramente a de escritor e conferencista; na segunda, porém, já atua na Unesco com efeitos tangíveis, pois uma consequência de sua participação em conferência de cientistas sociais, em 1948, é a adoção pela entidade, em 1950, de um programa de pesquisas inspirado por sua obra, já agora com chancela da diplomacia brasileira.

Da virada para a década de 1950 em diante, sua colaboração com as organizações internacionais do pós-guerra aprofunda-se por dois convites para atuar na Assembleia Geral das Nações Unidas. O primeiro, de 1949, é para representar o Brasil na Terceira Comissão da Assembleia Geral, dedicada a temas sociais, ocasião em que negocia os termos de funcionamento da Unicef, agência das Nações Unidas de assistência à infância, e sustenta o imperativo de se reorientar a ação do órgão rumo aos países subdesenvolvidos.

O segundo convite, em 1954 e a título pessoal, é para colaborar com uma comissão criada pela Assembleia Geral para lidar com o *apartheid* sul-africano. O estudo, que prepara em tempo recorde, molda em parte o tratamento do tema pela Assembleia Geral. Mais importante ainda, esse texto é retomado pela delegação de Portugal como esteio da sustentação do colonialismo salazarista nas Nações Unidas, e também como modo de instar o Brasil a defender essa postura portuguesa.

A partir de 1956, quando Portugal, que não foi um membro fundador das Nações Unidas, ingressa na Organização, a delegação do Brasil

[10] O estudo clássico sobre a obra de Freyre na década de 1930 é, naturalmente, Benzaquen de Araújo, *Guerra e paz*.

de fato adota uma linha nitidamente freyriana de defesa do colonialismo lusitano. Freyre sustentou, no que se conhece como sua fase lusotropical, a virtude desse colonialismo. Mas de 1956 até 1960 é a própria diplomacia multilateral brasileira que assume, com arcabouço freyriano, o papel de anteparo às críticas e manobras parlamentares de países afro-asiáticos contra a posição do Estado Novo português.

Para situar a visão colonialista de Freyre conviria observar que, desde sua obra da década de 1930, quando lança *Casa-grande & senzala*, clássico instantâneo, sua busca pela identidade brasileira o leva sempre mais além de categorias nacionais, sua reflexão levantando fatores explicativos de natureza transatlântica e mesmo transoceânica, pois, como notou um especialista, o oceano Índico é tão importante para sua visão de Brasil quanto o Atlântico.[11]

Ao tentar entender o Brasil, observa outro comentador, *Casa-grande & senzala* "descobre que [o país] não acaba em si mesmo",[12] devendo situá-lo em espaço ibérico. Já em *Sobrados e mucambos*, o livro seguinte, Freyre vai ainda mais além e apresenta o originalíssimo quadro de um Brasil antes oriental que ocidental.

Mas se até aí os fatores ultramarinos entram nas cogitações de Freyre como partes de uma interpretação histórica da formação social de seu país, a conflagração mundial de 1939 e a reconstrução a partir de 1945 lhe impõem uma reflexão distinta. Trata-se agora de compreender, a partir da perspectiva transoceânica que havia proposto em seus livros históricos, as forças contemporâneas que se batem na guerra e moldam o pós-guerra.

O núcleo do que o autor transporta de sua reflexão dos anos 1930 para a das décadas seguintes é a visão fortemente positiva da mestiçagem racial e cultural que, aponta, Portugal legou ao Brasil. Esse discurso favorável ao hibridismo, antes empregado para a interpretação da formação brasileira, passará a ser mobilizado como parâmetro de avaliação das forças que se batem no conflito e depois dele.

Diante da expansão da Alemanha nazista e da destruição da França, como, mais tarde, da consolidação do regime segregacionista da África do Sul, Freyre afirmará a virtude política de um assimilacionismo racial e cultural que, favorecendo a miscigenação, teria estabelecido sociedades

[11] Ver Costa e Silva, "Notas de um companheiro de viagem".

[12] Marías, *Cinco años de España*, p. 226.

propensas à fraternidade no Brasil e também nas possessões ultramarinas de Portugal.

Para o pernambucano, a vocação antropológica ao hibridismo teria sua contraparte geográfica em um espaço próprio do globo terrestre: os trópicos. Campo de expansão dos europeus e de seu forçoso contato com povos não europeus, as terras quentes teriam resistido à modelagem colonizadora nórdica mas se aberto à ação formadora dos povos ibéricos e, em especial, dos portugueses.

Casa-grande & senzala atribui essa diferente receptividade do trópico a diferentes colonizadores europeus a uma aptidão especial da gente lusitana: povo situado a meio caminho entre a Europa e a África, teria maior abertura aos costumes tropicais, sendo por isso mais plástico na adaptação ou recriação de formas de vida europeias fora da Europa.

De acordo com Freyre, essa excepcionalidade portuguesa teria sua expressão maior na mestiçagem, pela qual Portugal formara o Brasil e iria formando sociedades tuteladas em outros continentes. O trópico surge, assim, como espaço *inerentemente* aberto à atuação imperial portuguesa, ou ainda à *vocação* expansionista portuguesa, distinta da noção de imperialismo porque supostamente assentada na fraternidade e não no domínio violento.

"Fraternalismo" e "lusismo" andam juntos, lê-se em *Aventura e rotina*.[13] E em *Um brasileiro em terras portuguesas*: "à sua condição de europeu o português tem juntado sua vocação para expandir-se nos trópicos menos sob formas imperiais que fraternais de expansão".[14] Não é casual que, para Freyre, o trópico se modula, ou se singulariza, pela partícula que designa o colonizador dito virtuoso, passando de substantivo a adjetivo: "lusotropical",[15] termo que propõe nas notas da viagem feita de 1951 a 1952, a convite do ministro do Ultramar português, às colônias portuguesas.

A longo prazo, sustenta o autor, a formação híbrida sob esse tipo de tutela colonial desaguaria em sociedades substantivamente democráticas, isto é, étnica e socialmente democráticas; ou, como Freyre dirá na década de 1960, em uma "democracia racial" que existiria como ideal e, até

---

[13] Freyre, *Aventura e rotina*, p. 209.

[14] Freyre, *Um brasileiro em terras portuguesas*, p. 135.

[15] Freyre, *Aventura e rotina*, p. 115.

certo ponto, como realidade. Esse sentido substantivamente democrático (que em sua reflexão não necessita e quase dispensa o da democracia eleitoral, para ele meramente formal) daria à categoria geográfica de trópico seu relevo moral.

As contribuições do escritor pernambucano aos debates na Unesco (sob impacto do nazismo) e na Assembleia Geral (perante o *apartheid*) têm o sentido básico de afirmar a *exemplaridade* da experiência gestada nos trópicos para a ordem mundial, nesse sentido de democratização substantiva. Não caberia ao Brasil fugir às responsabilidades de liderança que lhe tocariam naturalmente nesse aspecto, tendo o que ensinar a sociedades tão diferentes, e em latitudes tão distintas, como a Alemanha e a África do Sul.

Paralelamente, tanto na Unesco (cogitando formas de prevenir a guerra) como nas Nações Unidas (diante do iminente ataque ao colonialismo português), Freyre se preocupa com a *proteção* dessa mesma experiência tropical contra o que lhe parece o risco da descolonização. Espera do Brasil um papel de liderança também nesse aspecto, tendo como contribuir, ao menos, à conservação da ordem colonial portuguesa.

Freyre deseja erigir o Brasil em exemplo para o mundo e construir uma rede de proteção para Portugal na África; nos dois casos, e naquele ainda mais do que neste, sua visão é arraigadamente colonialista, apoiada na ideia do Brasil como grande êxito da ação colonial portuguesa, velho tópico que recupera do pensamento oitocentista metropolitano.[16]

Tomando a trajetória lusotropical, em geral, e brasileira, em particular, Freyre fixa certa modalidade de colonialismo assimilacionista como critério de paz na política mundial do pós-Segunda Guerra, seja pela regeneração de sociedades fraturadas pelo etnocentrismo (exemplaridade), seja no resguardo da tutela sobre sociedades vistas como encaminhadas à formação híbrida e fraterna (proteção).

A diplomacia multilateral brasileira sustentará esses dois registros, o da exemplaridade e o da proteção, em sua atuação na governança global nos anos 1950. Nem por isso a incorporação das teses de Freyre pelo Itamaraty será linear e irrestrita; ou sequer considerada satisfatória pelo autor pernambucano. Toda a discussão de política colonialista brasileira está condicionada pelo cânone diplomático, que é a política hemisférica

---

[16] Ver Martins, *O Brasil e as colônias portuguesas.*

do Brasil, isto é, a relação especial com os Estados Unidos provinda dos tempos da aliança militar durante a Segunda Guerra Mundial.[17]

Freyre polemizará durante mais de uma década contra o que considera uma autolimitação da política externa brasileira ao espaço hemisférico, categoria, a seu juízo, insuficiente e mesmo inibidora de uma ação diplomática que se devia projetar rumo ao ultramar africano e além. A tradição diplomática comum a Joaquim Nabuco e Oswaldo Aranha será, veladamente, o seu alvo.

Explora, nesse sentido, as brechas da linha oficial, que é um monroísmo que se vai estruturando em aliança militar bilateral e hemisférica: com a assinatura no Rio de Janeiro, em 1947, do Tratado Interamericano de Assistência Recíproca, o TIAR, as Américas se tornam um sistema de defesa continental contra o influxo extracontinental da União Soviética. É diante desse quadro fortemente institucionalizado da diplomacia hemisférica que Freyre buscará desconjuntar continente e hemisfério; imaginará, desde logo, um continente latino-americano; mas, acima de tudo, imaginará um Brasil nada menos que bicontinental.

Já em 1945, muito antes do lusotropicalismo, identifica o Brasil, lapidarmente, como país em uma situação de bicontinentalidade: em uma "parte da América como que indecisa [...] entre o continente americano e a África".[18] O Atlântico Sul, de permeio com esses apoios terrestres, dá o sentido marítimo da noção de bicontinentalidade, que se estende potencialmente até o Índico.

Nota-se com toda razão, no pensamento de Freyre, um Brasilcentrismo.[19] Creio que se pode ir além e discernir, à base desse lugar cêntrico que atribui ao Brasil no mundo, uma visão colonialista da ordem mundial, que admite a convivência híbrida entre antigos impérios e novos Estados independentes e procura fixar as condições de liderança do Brasil como máximo conservador e promotor de um legado fundamentalmente imperial, ainda que hesitando em se anunciar como tal.

A independência política do Brasil só reforça, para Freyre, o valor do colonialismo que a engendrou, e que por isso mesmo deveria ser exaltado, uma vez que a independência só se concebe como resultado último

---

[17] Ver Moura, *Autonomia na dependência.*

[18] Freyre, *Sociologia*, v. 2, p. 526-527.

[19] Schneider, *Capítulos de história intelectual.*

de longa maturação sociológica, e mesmo assim devendo encetar estreita colaboração entre a nova nação e a velha metrópole.

Nesse sentido, seu programa tem uma orientação espacial absolutamente nítida: projetar o Brasil para o espaço extracontinental da África e, mais amplamente, do trópico. Como os escritos lusotropicais deixam claro, Freyre estimula a formação de um condomínio imperial Brasil-Portugal sobre as possessões africanas e asiáticas de Lisboa,[20] que nos anos 1940 chamava de "colônias portuguesas" (subtítulo de *O mundo que o português criou*) e na década seguinte, época de descolonização, passa a chamar obliquamente de "terras portuguesas" (já no título de um dos livros lusotropicais).

Mas a noção de liderança no trópico vai além dessas possessões lusitanas, pois Freyre declara que as responsabilidades do Brasil são mais gerais no espaço tropical. É o que se revela em sua concepção do Brasil como país bicontinental, dotado do que chamará de destino transoceânico, e não apenas projetado para as colônias de Portugal.

Já se observou que a ideia do trópico como faixa do planeta vocacionada a receber o domínio imperial de povos europeus remete a um modelo geopolítico de grande antiguidade, que remete a Aristóteles.[21] Em Freyre, é um país tropical que, justamente devido à sua formação sob uma tutela dita virtuosa, deveria adquirir protagonismo na modelagem dos destinos do restante do cinturão tropical do globo.

Não há dúvida de que essa ideia freyriana de conferir *status* cêntrico a um país do sul subverte o modelo tradicional, predicado no protagonismo geopolítico de povos nórdicos. Por outro lado, o endosso de Freyre ao colonialismo de sua época impregna a sua noção de liderança de uma mirada imperialista sobre o próprio trópico. Essa ambivalência é antes de se registrar do que de se pretender resolver.

Nos anos 1950 dá-se o caso de que a linha oficial da política externa brasileira em um tema de alta sensibilidade doméstica, em torno do qual se mobiliza o *cabildeo* da comunidade portuguesa no país, é precedida e emprestada diretamente da reflexão de um dos mais destacados pensadores do país. Meu propósito aqui, ao abordar a obra de Freyre, é compreender esse ciclo histórico específico em que a visão colonialista de um intelectual se decanta para a prática diplomática do país.

---

[20] Conforme argumentei em Feldman, *Mar e sertão*.

[21] Wey-Gómez, *The Tropics of Empire*. Devo a Roberto Yamato essa referência.

Freyre, que nunca integrou os quadros profissionais da diplomacia brasileira nem foi nomeado político para a chefia de postos no exterior, engaja-se nos anos 1940 e 1950 no que eu chamaria um trabalho diplomático, pelo qual procura influir sobre a agenda de instituições de governança global e, com o tempo, sobre a própria diplomacia de seu país.

A isso se somam colaborações ocasionais à diplomacia brasileira, em que representa diretamente o país, como aquela em que é nomeado, a partir de sua condição de deputado federal em 1949, integrante da delegação à Assembleia Geral e negociador em uma de suas comissões. Atuando a título pessoal ou governamental no âmbito multilateral a partir de 1948, Freyre investe-se de um duplo estatuto de autor e agente, o que se reflete em certa aura de oficialidade.

Seus aportes nas décadas em apreço vão se tornando política e diplomaticamente inviáveis já em fins dos anos 1950, mais especificamente em 1959, quando a maioria parlamentar afro-asiática na Assembleia Geral está a pique de desmontar o arcabouço colonialista da Carta das Nações Unidas. Aí se encerra nossa reconstrução.

Por essa altura, Freyre começa a ser contestado tanto na sociologia de seu país como pelas diplomacias de extração não alinhada. Na própria diplomacia brasileira, sua reflexão será reprocessada, no início dos anos 1960, como matéria-prima para a postura anticolonialista, embora em meados dessa mesma década o Itamaraty já tenha retomado a sua chave colonialista original, com efeitos tangíveis na diplomacia do país nas Nações Unidas.[22]

Em 1967 um influente autor da geopolítica nacional dirá que os brasileiros "devemos estar prontos a reconhecer e assumir a qualquer momento, como nossa também",[23] a responsabilidade de Portugal por suas possessões da África (com as da Ásia seria irrealista comprometer o Brasil, esclarece o general Golbery do Couto e Silva). Da ótica de Lisboa, esse tipo de manifestação chega ao ponto de preocupar. Em seu diário de 1966, por exemplo, o ministro do Exterior de António de Oliveira Salazar discernia "no Brasil uma incipiência imperial, talvez ingênua de momento, mas para nós com algum perigo".[24]

Convém observar que a obra de Freyre só é examinada, aqui, na medida em que ajuda a desvendar a formulação e a execução de uma atitude

---

[22] Ver Vargas, *Um mundo que também é nosso*, cap. 6.

[23] Couto e Silva, *Geopolítica do Brasil*, p. 196 (escrita em 1959, a passagem é reiterada em 1967).

[24] Nogueira, *Um político confessa-se*, p. 188.

colonialista na diplomacia nacional. Como essa atitude é pouco estudada pela historiografia diplomática, e a obra de Freyre em sua dimensão colonialista é pouco estudada no campo do pensamento político e social, será preciso nos determos um pouco mais sobre ambas.

Uma crítica da obra freyriana em si escaparia aos propósitos do que, afinal, é uma história diplomática. Mas tampouco seria recomendável deixar de consignar que a "geopolítica da mestiçagem" de Freyre vem sendo criticada já há muitas décadas, sobretudo em sua pretensão de que o hibridismo possa favorecer a democratização, especialmente racial, das sociedades.[25]

Como o decurso da discussão evidenciará, a perspectiva assimilacionista de Freyre é datada e foi contestada e rejeitada em seu próprio tempo, ainda que, nesse mesmo tempo, tenha sobressaído por pôr em cena a miscigenação como questão crucial da história do Brasil.[26] Não faltam, contemporaneamente, novas apreciações críticas do assunto, que destacam a transformação da natureza do programa antirracista brasileiro e acentuam, no discurso hibridista, elementos de hierarquia racial que encaminham a discussão da mestiçagem à ideia de branqueamento.[27]

Escasseiam, em troca, estudos sobre como a colonialidade do pensamento de Freyre teve uma dimensão especificamente internacional, em que sua visão colonialista se revestiu de repercussões multilaterais concretas.[28] É o que tento fazer adiante, entrelaçando o internacionalismo imperial freyriano com a construção das agendas de organizações internacionais e da diplomacia brasileira no início do pós-Segunda Guerra.

---

[25] Ver, por exemplo, Alencastro, "Geopolítica da mestiçagem"; Alencastro, "Mulattos in Brazil and Angola"; Boxer, *Race Relations in the Portuguese Colonial Empire*; Cook-Martin e Fitzgerald, "Vender el mito de la democracia racial"; Guimarães, "Democracia racial"; Mota, *Ideologia da cultura brasileira*; Nascimento, *"Racial democracy" in Brazil*; e Nascimento, *Uma história feita por mãos negras*.

[26] Este último ponto é feito por Vainfas, "Colonização, miscigenação e questão racial". Ver também, a esse respeito, Gomes, *A história íntima de Gilberto Freyre*.

[27] Ver Cahen, "A mestiçagem colonialista ou a colonialidade de Gilberto Freyre na colonialidade do Brasil"; Gonzalez, *Por um feminismo afro-latino-americano*; e Moutinho, "'Raça', sexualidade e gênero na construção da identidade nacional". Uma tentativa de apreciação de conjunto da fortuna crítica recente da obra de Freyre consta de Sobreira, *Gilberto e o judaísmo*.

[28] Entre a literatura que se dedica a esse tema, parca mas de alta qualidade, estão, para a atuação na Unesco, os estudos de Antonio Dimas e Marcos Chor Maio, citados adiante, e, para as Nações Unidas, Dávila, "Entre dois mundos".

***

No início do ano de 1940, Gilberto Freyre conclui *O mundo que o português criou*, que tardaria até dezembro a aparecer nas livrarias pela editora José Olympio, do Rio de Janeiro, capital do país. Reunindo conferências lidas em Portugal e na Inglaterra em meados de 1937, o livro trata da Segunda Guerra Mundial em sua introdução, datada de março de 1940.

O problema imediato que discerne no conflito é a ameaça representada por forças imperialistas de alta capacidade técnica, oriundas de Europa, Ásia e América, nessa ordem, para a esfera luso-brasileira, historicamente caracterizada e unificada, diz, por uma excepcional capacidade de hibridização racial e cultural.

Esses imperialismos, uniformizadores e exclusivistas, colocariam em perigo as tradições híbridas do Brasil, de Portugal e de suas colônias asiáticas e africanas, feitas, continua, de forte mescla racial e cultural entre colonizador e colonizados dos três continentes. O poder estava nas nações imperialistas tecnicamente avançadas; a sabedoria para o contato entre europeus expansionistas e povos tropicais, no campo luso-brasileiro.

"Do ponto de vista do ajustamento social entre grupos de culturas diversas", afirma sobre o hibridismo, "nenhuma orientação pode ser mais sábia".[29] A formação de uma grande sociedade mestiça nos trópicos, contra o duplo pessimismo dos determinismos biológico, contrário à mestiçagem, e geográfico, contrário à habitação da zona quente do globo, seria "uma das maiores vitórias do esforço criador do homem".[30] Daí que, em expressão de Maria Archer citada pelo pernambucano, o Brasil ofereceria "uma grande lição de sociologia colonial nos trópicos".[31]

A lição do assimilacionismo lento seria válida para todo o mundo português, agora sob ameaça de desarticulação justamente pela ameaça ao hibridismo, seu princípio unificador. A magnitude da ameaça tinha que ser maior no Brasil, diz o autor, devido à presença, na região sul, de consideráveis comunidades de imigrantes provenientes de países do Eixo.

---

[29] Freyre, *O mundo que o português criou*, p. 39.

[30] Freyre, *O mundo que o português criou*, p. 56.

[31] *Apud* Freyre, *O mundo que o português criou*, p. 129.

Fazia-se necessário, para Freyre, entender as peculiaridades do assimilacionismo em situações de colonização (África e Ásia), por um lado, e em situações de nacionalização (Brasil), por outro.

Distinguindo entre "uma sociedade africana sob o domínio político ou econômico de um pequeno número de europeus" e "uma minoria alemã, italiana ou seja qual for sua origem, estabelecida num país americano", Freyre acautela, nos dois casos, contra a "exclusão ou sacrifício absoluto da cultura (inclusive a língua) daquela maioria tecnicamente inferior ou dessa minoria às vezes técnica e até intelectualmente superior, de imigrantes".[32]

Não é fortuito que Freyre fale, desde o início dessa discussão nos anos 1940, em minorias, uma das categorias políticas mais delicadas da ordem internacional do entreguerras. Já em março de 1940 diz estar em curso um esforço politicamente inspirado de "dissolver ou desprestigiar as tradições luso-brasileiras do Sul do Brasil".[33] Em conferência de novembro do mesmo ano de 1940, em Porto Alegre, menciona o caso espanhol, de "regionalismo degenerado em separatismo",[34] para sublinhar o risco de uma assimilação ineficaz de minorias sulistas.

A discussão mais ampla das forças contrapostas no conflito mundial vem em junho de 1940, a menos de duas semanas da tomada de Paris pela Alemanha, em uma extensa conferência dada por Freyre no Gabinete Português de Leitura do Recife. O texto sai publicado, no mesmo ano e como edição do autor, no opúsculo *Uma cultura ameaçada: a luso-brasileira.*

O que se apresenta aí é uma visão culturalista da Segunda Guerra Mundial, em que – sob impacto do fulgurante avanço do exército nazista sobre a França – o autor sustenta que a vassalagem militar por forças mecânicas não é condição para uma vitória efetiva sobre culturas nacionais e regionais de valor humano.

A prova disso residiria no fracasso das sucessivas tentativas de dominação de territórios de Portugal (e, depois, do Brasil) por parte de uma série de potências tecnicamente superiores: a Espanha filipina, a Holanda mercantilista, a França napoleônica e a Inglaterra capitalista. A Irlanda ou a Polônia, tanto quanto Portugal, ilustrariam a tese de que "a vitória das

---

[32] Freyre, *O mundo que o português criou*, p. 39

[33] Freyre, *O mundo que o português criou*, p. 36.

[34] Freyre, *Continente e ilha*, p. 69.

máquinas de guerra nunca é definitiva contra a independência nacional ou regional dos povos".[35]

Ideias como as de que a disputa mundial em curso fosse entre direito e força ou entre democracia e tirania eram "mistificações".[36] A mobilização dos recursos culturais de cada povo seria uma "garantia muito maior de independência e, no caso de perder-se essa independência, [...] de restauração, do que a simples mobilização militar".[37]

Freyre notaria mais tarde, em carta de novembro de 1940, que "nos melhores meios militares *Uma cultura ameaçada* fez uma impressão enorme".[38] O opúsculo não tardaria a ser reimpresso, em edição comercial de 1942.

A impressão causada pelo texto não podia deixar de vir de sua ideia central: a ideia de que o que estava em disputa nas guerras, em geral, e naquele conflito mundial, em particular, era a cultura.

> É que o grande drama de vida e morte para os povos não é o que decide pelas armas a sorte dos Estados; nem a de regimes políticos. O grande drama é o que decide a sorte das culturas. É a guerra entre culturas [...] É dentro de suas culturas – quando possuem vigorosas tradições como os portugueses e brasileiros as possuímos – que os povos verdadeiramente se defendem daqueles imperialismos animados pelo ideal de reduzir os homens que consideram física e culturalmente inferiores [...] a seus vassalos, a seus lacaios, e seus servos.[39]

Os lados em peleja na guerra – Aliados e Eixo – não coincidiriam exatamente, para Freyre, com as polaridades mais amplas do antagonismo cultural no mundo. O requinte mecânico alcançado pelas potências do Eixo representava o aspecto mais visível de sua escolha deliberada por um "primitivismo pagão" que se insurgia, em "revolta um tanto histérica", contra a complexidade da civilização europeia cristã de herança "greco-romana, hispano-árabe e sefárdica".[40]

---

[35] Freyre, *Uma cultura ameaçada*, p. 51.

[36] Freyre, *Uma cultura ameaçada*, p. 70.

[37] Freyre, *Uma cultura ameaçada*, p. 70.

[38] Freyre, *Cartas do próprio punho sobre pessoas e coisas do Brasil e do estrangeiro*, p. 235.

[39] Freyre, *Uma cultura ameaçada*, p. 52-53.

[40] Freyre, *Uma cultura ameaçada*, p. 50.

Como insinuam os últimos termos dessa definição, na Península Ibérica se encontraria o polo mais oposto ao etnocentrismo neopagão dos fascismos. Portugal seria, com efeito, a força mais pronunciada de "cristianismo fraternal" na história do mundo.[41] Em sua aliança "com o mar, o ultramar, com o ultraeuropeu", os portugueses teriam confraternizado com – e não exterminado – o exótico, colocando assim os oceanos Atlântico, Índico e Pacífico a serviço da "fraternização universal".[42]

O lusitano haveria sido, ao longo de três séculos, "um imperialismo como que antropocêntrico; e não etnicocêntrico [*sic*] como o antigo imperialismo inglês, como até ontem, o imperialismo norte-americano, como hoje, o imperialismo alemão, o italiano, o japonês".[43]

Antropocentrismo e etnocentrismo são os polos que de fato organizam a reflexão do autor nesse momento. Na formulação de um livro publicado um ano mais tarde, em 1941, na mesma linha, a guerra tinha a ver com "os destinos da cultura humana",[44] e especialmente com a oposição entre o respeito aos valores humanos (de fundo cristão e antropocêntrico) e a mecanização da vida (de fundo neopagão e etnocêntrico).

Na conferência de 2 de junho de 1940 no Recife – "este sinistro meado de 1940"[45] –, Freyre postula o dever dos intelectuais de combater todas as manifestações desse neopaganismo, sobretudo o etnocentrismo, com um sentido de missão que seguirá vivo ao longo de toda a década. Afirma ser imperativo "exprimir em voz alta e clara [...] a nenhuma base científica dos mitos de raças superiores ou raças puras, hoje proclamados com ênfase das torres de propaganda política dos partidos racistas da Europa".[46]

Pode-se recompor um pouco o peso dessa linguagem culturalista de Freyre em *Uma cultura ameaçada* recordando que, nove dias depois de sua conferência no Recife, e três antes da queda de Paris, o presidente Getúlio Vargas pronunciaria o seu notório discurso sobre o "limiar de uma nova era" a bordo do encouraçado *Minas Gerais*. Dizia na ocasião, com zelo organicista, que "os povos vigorosos, aptos à vida, necessitam seguir o

[41] Freyre, *Uma cultura ameaçada*, p. 32.

[42] Freyre, *Uma cultura ameaçada*, p. 34 e p. 29.

[43] Freyre, *Uma cultura ameaçada*, p. 38.

[44] Freyre, *Região e tradição*, p. 41.

[45] Freyre, *Uma cultura ameaçada*, p. 19.

[46] Freyre, *Uma cultura ameaçada*, p. 18.

rumo das suas aspirações, em vez de se deterem na contemplação do que se desmorona e tomba em ruína".[47]

Pelo critério antropocêntrico proposto no Recife, a Grã Bretanha e os Estados Unidos seriam menos avançados do que Portugal, seus territórios ultramarinos e sua máxima obra colonial, o Brasil. Referindo-se ao livro *The Idea of a Christian Society*, lançado por T. S. Eliot, em outubro de 1939, com o pleito de que a vida social se inspirasse nas finalidades naturais cristãs de "virtude e bem estar em comunidade",[48] Freyre aponta que tal organização sociologicamente cristã da sociedade já teria, no Brasil, sua principal expressão nos trópicos.[49]

É aí que o autor começa a modelar, em *Uma cultura ameaçada*, uma noção oriunda de sua obra anterior mas que sobressairá nos anos 1940 e terá trajetória excepcionalmente polêmica em sua fortuna crítica: a de democracia social e étnica, depois transmutada na de democracia racial. Começa indicando que a democracia social e étnica emergiria em nítido contraste a "mitos de um primitivismo cru" como a superioridade racial e a exclusividade cultural, mitos "cuja ameaça vem diretamente até nós".[50]

A ameaça em questão era a desagregação da tradição luso-brasileira pela transformação do Brasil em um simples "espaço geométrico aberto a todas as intransigências de grupos étnicos e culturais: um aglomerado de exclusivismos hostis uns aos outros. E não a democracia social, cristã, sociologicamente cristã, que nós desejamos desenvolver aqui, sem preconceitos de raça ou de cor; de classe ou de credo religioso".[51]

Diferentemente das palestras de 1937 reunidas em *O mundo que o português criou*, em que o Brasil vale por uma lição de sociologia colonial, agora, em meados de 1940, *Uma cultura ameaçada* apresenta o país como algo além, um exemplo humano com potencial para a sociologia europeia e geral, à luz da natureza do conflito mundial. Sustentado por países militarmente débeis, o antropocentrismo luso-brasileiro seria superior ao etnocentrismo justamente pela virtude de sua experiência híbrida.

---

[47] Vargas, *No limiar de uma nova era*, p. 331-332.

[48] Eliot, *The Idea of a Christian Society*, p. 34.

[49] Ver Freyre, *Uma cultura ameaçada*, p. 25 e p. 54.

[50] Freyre, *Uma cultura ameaçada*, p. 20.

[51] Freyre, *Uma cultura ameaçada*, p. 66.

Em conferência posterior, de 1946, Freyre explicitaria o que subjaz ao raciocínio no Recife em 1940: associa pureza e radicalismo com inumanidade, impureza e mestiçagem com humanidade, vaticinando uma "impureza inevitável" na vida social.[52] Em *Uma cultura ameaçada*, contudo, esse contraste ainda não adquiriu o tom afirmativo com que o autor depois falará no Brasil como uma radiosa lição global de mestiçagem.

O opúsculo conclui com a reiteração, dirigida principalmente à "América portuguesa", mas também às "nossas sociedades" na Europa, África e Ásia, de que "é nosso dever resguardar de imperialismos etnocêntricos para a continuação da vasta experiência de democratização étnica e social que aqui se processa desde os primeiros dias da colonização lusitana".[53]

Se bem que na defensiva, Freyre já trata de situar o Brasil no panorama mundial como a parte mais chamativa de uma cultura intercontinental que faria um contraponto cristão e assimilacionista à organização neopagã e segregacionista àquela altura triunfante na Europa.

Em agosto de 1942, publica *Ingleses*. O romancista José Lins do Rego, que assina o prefácio, datando-o de março daquele ano, diz que o novo livro de Freyre, vindo a lume nos "dias abafados de derrotas inglesas nos mares do Oriente", isto é, semanas após a tomada de Singapura por forças japonesas, "nos anima e nos faz crer na sobrevivência inglesa".[54]

Em seu texto, Freyre julga discernir uma tendência à reorganização culturalista do império britânico, gradualmente afastado do etnocentrismo. O *sense of humour* inglês, arrisca, foi um "corretivo ao seu próprio orgulho etnocêntrico, que só por isso não degenerou de todo na vulgaridade 'racista' ou 'arianista'".[55]

Na realidade, e "diante dos nossos olhos de espectadores não inteiramente desinteressados do drama", era o "fantasma" do império britânico que, "purificado" pelo sofrimento, iria se "reencarnando [...] numa vasta confederação antes de cultura que de raça".[56]

Contrariando a recomendação de Vargas a bordo do *Minas Gerais*, Freyre ainda se detém na contemplação das ruínas da França e nota a ironia

---

52 Freyre, *Ordem, liberdade, mineiridade*, p. 13.

53 Freyre, *Uma cultura ameaçada*, p. 72.

54 Lins do Rego, "Prefácio", p. 7 e p. 13.

55 Freyre, *Ingleses*, p. 26.

56 Freyre, *Ingleses*, p. 24.

de que as teorias de superioridade racial do francês Arthur de Gobineau, que ele mesmo se dedicara a rechaçar em *Casa-grande & senzala*, estivessem servindo de base para um programa de imperialismo etnocêntrico não contra os inimigos da França, mas contra a própria França.

Mais adiante, em janeiro de 1943, falece Afrânio de Melo Franco, antigo representante permanente do Brasil junto à Liga das Nações. No mês seguinte, Freyre publica, no *Diário de Pernambuco*, uma espécie de obituário intitulado "Afrânio de Melo Franco: seu bom senso".

O principal episódio que destaca na vida do primeiro chanceler do governo Vargas é sua atuação como relator do Conselho da Liga das Nações para o tema das minorias. Freyre acentua a importância sociológica, ainda maior que jurídica, do relatório apresentado por Melo Franco ao órgão em 9 de dezembro de 1925.

O delegado brasileiro em Genebra discursara, na reunião daquela data, tecendo comentários pessoais sobre o relatório que apresentava ao Conselho em sua função de *rapporteur*. O propósito de Melo Franco era esclarecer porque o sistema de proteção de minorias dos tratados de Versalhes devia se restringir à Europa oriental e, em nenhuma circunstância, ser aplicado ao continente americano. Cabe acompanhar de perto o que disse em 1925, depois lembrado por Freyre.

Melo Franco argumentara que a coexistência de grupos racialmente distintos em um dado território não bastava para que a Liga das Nações ficasse obrigada a proteger um desses grupos como minoria; no sentido do regime estabelecido após a guerra de 1914 a 1918, a obrigação de proteger supunha uma história de conflitos entre nações e de transferências de território. Tais fatores, para ele, inexistem no hemisfério ocidental.

No que devia parecer a Freyre uma antecipação, em alguns anos, do assimilacionismo que o orientaria em *Casa-grande & senzala*, Melo Franco dissera na Liga:

> Uma minoria, tal como definida pelos tratados que garantem a sua proteção, não é apenas um grupo racial incorporado no corpo de uma nação cuja maioria constitui uma unidade racial diferente. Há também um atributo psicológico, social e histórico que constitui, talvez, para os fins da definição que procuramos, a sua principal característica distintiva. A mera coexistência de grupos de pessoas que formam entidades coletivas, racialmente diferentes, no território e

> sob a jurisdição de um Estado não é suficiente para criar a obrigação de reconhecer, nesse Estado, ao lado da maioria da população, uma minoria que requeira uma proteção atribuída à Liga das Nações. Para que uma minoria, no sentido dos presentes tratados, exista, é necessário que ela seja o produto de lutas – remontando a séculos ou, talvez, a períodos mais curtos – entre certas nacionalidades, e da transferência de determinados territórios de uma soberania para outra ao longo de fases históricas sucessivas. Estes fatores, no entanto, não são constantes em todos os Estados membros da Liga das Nações. Nos países do continente americano, eles não existem de todo, e não possuem um caráter suficientemente objetivo que permita descrever o fato social em questão [...] Na América, não há características distintivas em termos de raça, língua e religião entre os elementos que compõem cada um dos povos do continente. A uniformidade linguística em todo o território de cada Estado americano, a total tolerância religiosa, combinada com uma assimilação completamente natural dos emigrantes pela massa principal da população de cada um desses Estados, produziram neles organizações nacionais cuja unidade coletiva é completa.[57]

No obituário de 1943, ano em que a Liga estava inoperante mas seguia existindo, Freyre nota que o sistema de proteção de minorias havia sido usado pela Alemanha como instrumento de defesa dos direitos "menos das minorias, em geral, que das minorias alemãs irredentas, em particular. É que [a] Sociedade das Nações sob o disfarce de consagração de um princípio liberal viria a servir à causa da expansão imperial da Alemanha não só [na] Europa como na África e na América".[58]

Freyre observa que a chamada doutrina Melo Franco, exposta naquela reunião da Liga em 1925, foi, mais tarde, matizada por um pronunciamento de Aristide Briand, ministro do Exterior francês, que concedia maior espaço às peculiaridades das minorias.

---

[57] *League of Nations – Official Journal.* Council. Sixth Meeting (Public). Held at Geneva on Wednesday, December 9th, 1925, at 3.30 p.m. Item 1615. Protection of minorities: Resolution of the Sixth Assembly (Feb. 1926). Report by M. de Mello-Franco, p. 141-142. UNOG.

[58] Freyre, *Pessoas, coisas & animais*, p. 126.

Contra a interpretação de Briand, apoiada, lembra, pelo premiê alemão Gustav Stresemann, Freyre acentua o perigo de "proteger-se de tal modo o direito das minorias à conservação de peculiaridades de cultura que essa conservação pode, no caso de minorias como as alemãs – a serviço de uma política calculadamente imperial da metrópole – alongar-se em resistência aos esforços de assimilação de maiorias ainda fracas".[59]

No cômputo geral, a lição do finado Afrânio de Melo Franco, especialmente premente diante do quadro que Freyre via na região sul do Brasil, era que o país "não podia concordar senão com a proteção moderada às minorias; nunca com a absoluta".[60]

O que esse *aggiornamento* da doutrina Melo Franco significava quase vinte anos depois, no mundo de 1943, fica claro a quem considere a crítica feita por um luminar do pensamento político-jurídico da época do Terceiro *Reich* à tese do antigo delegado brasileiro em Genebra. É Carl Schmitt, com efeito, quem, em um texto publicado e revisto entre 1939 e 1941, alude acidamente ao relatório de 9 de dezembro de 1925 assinado pelo *rapporteur* do tema das minorias no Conselho da Liga.

A doutrina Melo Franco, cuja ampla repercussão no período entreguerras é bem conhecida,[61] parece a Schmitt inteiramente sem fundamento. Desde logo, um diplomata brasileiro não teria direito nem a limitar geograficamente o sistema de proteção de minorias à Europa oriental, nem a propor princípios de direito internacional aplicáveis a uma área geopolítica alheia à de seu país.

Principalmente, as peculiaridades étnicas (*völkisch*) de cada povo deveriam ser resguardadas contra "ideias ocidentais de assimilação"; para o publicista alemão, a intervenção genebrina de Melo Franco havia sido reprovável precisamente por suas "ideias *unvölkisch* sobre assimilação e sobre um *melting pot*".[62]

"Nossa ideia Nacional Socialista", declara Schmitt, havia inspirado ao *Reichskanzler* Adolf Hitler outra abordagem, propondo em 1938 um

---

[59] Freyre, *Pessoas, coisas & animais*, p. 126.

[60] Freyre, *Pessoas, coisas & animais*, p. 127.

[61] Ver Franco, *Um estadista da República*.

[62] Schmitt, "The Großraum Order of International Law with a Ban on Intervention for Spatially Foreign Powers", p. 99.

"direito alemão de proteção de grupos nacionais alemães cuja cidadania fosse dada por Estados estrangeiros".[63]

Qualificando o assimilacionismo como ideia ocidental, Schmitt não aponta se quer se referir especificamente ao hemisfério ocidental, mas essa categoria geográfica não só permeia o seu texto como é exatamente aquela pressuposta por Melo Franco ao falar, no discurso de 1925, em "continente americano". Freyre, como veremos a seguir, é crítico dessa categoria, e portanto da própria ideia de que o assimilacionismo se devesse limitar às Américas.

Esse elemento adiciona uma discrepância de Freyre, por assim dizer geográfica, ao contraste Schmitt-Melo Franco. O rechaço de Schmitt, entre 1939 e 1941, ao assimilacionismo étnico promovido pelo delegado do Brasil em Genebra em 1925 mostra como a reflexão Freyre na primeira metade da década de 1940, quando ainda se dirige a uma audiência essencialmente brasileira, remete a problemas de alta concretude no quebra-cabeça do reordenamento mundial. Conforme os rumos da guerra se delineiam e suas plateias se internacionalizam, Freyre assumirá cada vez maior assertividade quanto ao valor do assimilacionismo para a paz.

***

Dessas reações iniciais à guerra passamos a um momento mais propositivo do internacionalismo imperial freyriano, por ocasião do ciclo de palestras que ministra na Patten Foundation, da Universidade de Indiana, entre setembro e outubro de 1944, ao mesmo tempo que transcorriam os meses finais da conferência aliada em Dumbarton Oaks.

Revistos em novembro, os textos compõem um livro lançado em 1945, simultaneamente, em Nova York e na Cidade do México. *Brazil: an Interpretation* sai pela editora Alfred Knopf, que no ano seguinte também publicará *Casa-grande & senzala*, como *The Masters and the Slaves*. *Interpretación del Brasil* sai pelo Fondo de Cultura Económica, editora de grande ressonância hispano-americana. (A edição brasileira do livro só aparece em 1947).

---

[63] Schmitt, "The Großraum Order of International Law with a Ban on Intervention for Spatially Foreign Powers", p. 99. Para uma crítica dessa posição à luz do sistema de proteção de minorias, ver Campderrich, *La palabra de Behemoth*, cap. 4; para os termos mais gerais do problema schmittiano, ver Saralegui, *Vacío y unidad*.

A indicação capital para nosso assunto está em uma passagem em que Freyre dialoga com Pitman B. Potter, internacionalista norte-americano e colaborador do Instituto Internacional de Cooperação Intelectual, criado sob os auspícios da Liga das Nações e espécie de antecessor da Unesco. O pernambucano corrobora a ideia de Potter, "jurista ilustre", segundo a qual a chave para a nova organização internacional do pós-guerra estava em uma combinação entre os princípios basilares do "universalismo" e do "regionalismo".[64]

Mas Freyre concebe esse equilíbrio em seus próprios termos. Desenha um campo de forças delimitado por dois extremos contrapostos, a soberania nacional e o cosmopolitismo, separados por dois âmbitos intermediários: o "inter-regional" e o "internacional".[65] O contínuo iria da soberania nacional ao inter-regional, deste ao internacional, chegando, finalmente, ao cosmopolitismo. Freyre desaprova os extremos e enfoca as duas posições médias.

Comecemos pela vertente do internacionalismo, em que Freyre pleiteia a consagração do princípio da igualdade racial no direito internacional geral. O autor formula essa demanda como um aperfeiçoamento que a "futura organização que tiver por objetivo a segurança mundial", ou seja, as Nações Unidas, deve realizar frente à Liga das Nações.[66] Aqui cabe um parêntese.

É sabido que, durante a sua pós-graduação na Universidade de Columbia, em 1921, Freyre assistiu a pelo menos uma conferência de Alfred Zimmern sobre direito e sociologia. Em seu diário, diz que o helenista e internacionalista inglês fora um professor inesquecível.[67] Um problema que se sabe ter sido abordado por Zimmern em Columbia, embora em conferência de 1925, é o da igualdade racial na Liga das Nações.

---

[64] FREYRE, *Interpretação do Brasil*, p. 143.

[65] Essas duas expressões são usadas em um texto de 1948 mas se aplicam licitamente ao raciocínio de 1944. Ver FREYRE, *Guerra, paz e ciência*, p. 15.

[66] FREYRE, *Interpretação do Brasil*, p. 237. Ainda que as Nações Unidas existissem como aliança de guerra, a conferência de Dumbarton Oaks, dedicada ao assunto da sucessão da Liga das Nações, tinha o nome formal de "Washington Conversations on International Peace and Security Organization". Freyre parece ecoar esse título focado na ideia de paz e segurança falando, no original em inglês do livro, em "*the future world-security organization*". FREYRE, *Brazil: an Interpretation*, p. 128.

[67] Ver FREYRE, *Tempo morto e outros tempos*, p. 90-91.

O professor lamentava, para seus alunos, o fato de que, durante as negociações de paz em Paris, após a grande guerra, a delegação japonesa não tivesse tido êxito em sua proposta de inclusão, no preâmbulo do Pacto da Liga das Nações, do princípio da igualdade racial.[68] Não se pode descartar que Zimmern já referisse o caso para a turma de Freyre, alguns anos antes, chegando à mesma conclusão de que a questão racial era "o maior obstáculo psicológico para a paz mundial".[69]

Nas suas próprias conferências de 1944 na Universidade de Indiana, e depois no livro de 1945, Freyre, em geral pouco dado a discussões regimentais ou jurídicas, volta ao episódio do rechaço à inclusão da igualdade racial no preâmbulo do Pacto.

Refere-se a uma manobra procedimental de Woodrow Wilson para estorvar a iniciativa da delegação japonesa em Paris e sustenta que, embora vigessem políticas discriminatórias nos Estados Unidos (que, a seu ver, frustravam a política da boa vizinhança posta em marcha pelo presidente Franklin Delano Roosevelt), as circunstâncias de 1944 ou 1945 seriam mais favoráveis à elevação da igualdade racial a "problema internacional". Isso devido à sua "crescente importância" como fator nas "relações inter-humanas".[70] Fecho o parêntese.

Como Zimmern duas décadas antes, no pós-Primeira Guerra Mundial, Freyre julgava a modelagem da ordem mundial do pós-Segunda Guerra Mundial pelo princípio da igualdade racial uma condição indispensável para a paz verdadeira. Essa ordem antropocêntrica só lhe parece possível após a Segunda Guerra Mundial, contudo, por meio de uma ação concertada entre o Brasil e a União Soviética, dois países que descrevia como efetivamente dedicados a moldar suas realidades internas pelo ideal da igualdade étnica.

Fazia já alguns anos que o conservador Freyre mencionava positivamente a experiência soviética de promoção da igualdade racial.[71] Ciente da polêmica que despertaria ao propor uma "iniciativa comum" de alcance global entre o Rio de Janeiro e Moscou, mesmo que se tratasse de um país aliado na guerra, recorda que, em 1919, haviam colaborado na malfadada

---

[68] Ver Zimmern, *The Third British Empire*, p. 91.

[69] Zimmern, *The Third British Empire*, p. 92.

[70] Freyre, *Interpretação do Brasil*, p. 234.

[71] Ver Freyre, *Região e tradição*, p. 34.

proposta de preâmbulo do Pacto da Liga das Nações duas "comunidades politicamente tão diferentes como a China e o Japão".[72]

Quanto ao Brasil, desde novembro de 1943 vislumbrava que, "quando vierem os dias de reconstrução", o país devia ser visto como algo mais que uma "quase colônia", justamente por dispor de "soluções" para o problema racial que poderiam "servir de exemplo a outros povos".[73]

Nas conferências de 1944, expande sobre o tema:

> Creio que o Brasil, como comunidade nacional, tem que ser interpretado em termos de uma comunidade cada vez mais consciente do seu *status* ou do seu destino de democracia social. Social e étnica. Neste particular só lhe fica acima a Rússia moderna, a União Soviética, única que vem em lugar em mais destacado que o Brasil como comunidade quase oficialmente, senão oficialmente, comprometida a desenvolver uma política abertamente igualitária em relação a raças. Mesmo o México parece menos tolerante do que o Brasil com relação aos negros. Dessas comparações, entretanto, não se deve concluir que o Brasil seja uma democracia étnica perfeita. Não atingiu de modo nenhum a perfeição.[74]

Procurando resguardar-se na ambivalência entre realidade ("*status*") e ideal ("destino") da "democracia social e étnica", Freyre está, por outro lado, sendo bastante nítido em sua pretensão de enquadrar o Brasil no mundo a partir do que considera uma nota de excepcionalidade nacional, que a comparação com um Terceiro *Reich* àquela altura cambaleante, mas ainda de pé, só torna mais saliente.

O que se busca é menos uma problemática específica do quadro brasileiro do que uma abordagem universalista da problemática racial: Freyre está explicitando um "padrão comparativista e contrastante" que erigirá o Brasil em solução, não em problema, nas relações internacionais, agora face ao nazismo e, no pós-guerra, face a segregacionismos como o sul-africano.[75]

Para as futuras Nações Unidas isso significaria o reconhecimento de uma tendência internacional ao antropocentrismo – para voltar à palavra

---

72 Freyre, *Interpretação do Brasil*, p. 235.

73 Freyre, *Na Bahia em 1943*, p. 79-80.

74 Freyre, *Interpretação do Brasil*, p. 230-231.

75 Guimarães, *Racismo e antirracismo no Brasil*, p. 100.

de *Uma cultura ameaçada* – que, na visão do autor, ganhava considerável escala na realidade.

Recorde-se que, pelos critérios de Freyre, a atitude favorável à igualdade racial abrangeria os territórios combinados da União Soviética, do Brasil, de Portugal e suas possessões, da China (que, observa, já havia apresentado uma petição pela igualdade racial como princípio da nova organização mundial), e até certo ponto da *commonwealth* britânica, em sua reorientação dita "antes de cultura que de raça".

Em *Uma cultura ameaçada*, Freyre falava na democratização étnica e social para o público brasileiro; agora, o tópico motivava uma reflexão global para os públicos anglófono e hispânico.

Passemos à vertente do inter-regionalismo. O termo "região", tão relevante a Freyre no Brasil,[76] onde é porta-voz de um movimento regionalista, torna-se problemático quando aplicado ao exterior. Como advertira Potter, a ideia de região não captava a natureza intercontinental dos impérios então existentes e na verdade mantinha uma relação tensa com o tema imperial: "Todo o fenômeno colonial provoca estragos no quadro do regionalismo [...] Se Portugal entrasse em uma união europeia, isso incluiria suas colônias africanas e asiáticas?".[77] Até o país escolhido por Potter para demonstrar o seu ponto sublinhava a dificuldade.

Em consonância com essas observações, Freyre aprofunda uma reflexão, que já vinha do livro *Continente e ilha*, de 1943, sobre a natureza do espaço que separa as diversas regiões e sobre como as culturas as aproximam. Sua preocupação é o resguardo de toda experiência cultural híbrida contra uma dupla ameaça: a dos cosmopolitismos imperiais de índole uniformizadora e a dos soberanismos nacionalistas de índole particularista.

O cosmopolitismo e o soberanismo exacerbados parecem-lhe, ambos, ameaças à paz, no sentido preciso de que a paz, na reflexão de Freyre, decorre do assimilacionismo biológico e cultural e da conformação de um mundo que a mestiçagem idealmente tornaria menos desarmonioso pelo abrandamento das diferenças entre os diversos povos colocados em contato pela própria dinâmica das expansões imperiais.

[76] Para uma discussão da noção de região em Freyre, ver Mesquita, *Gilberto Freyre e o Estado Novo*.

[77] Potter, "Universalism *Versus* Regionalism in International Reorganization", p. 855.

O cosmopolitismo colocaria a paz em perigo por apagar as peculiaridades de cada área cultural de formação híbrida pela imposição de formas de vida padronizadas. Dois campos geográficos em que se projetam os cosmopolitismos preocupam o autor.

O primeiro é o hemisfério ocidental, categoria espacial cuja pertinência Freyre põe em dúvida. Não se trataria, em sua visão, de unidade geográfica apropriada para se pensar e agir em matéria de cultura, pois a cultura teria uma dimensão inerentemente marítima ou transoceânica, isto é, articular-se-ia necessariamente em uma escala intercontinental.

Quando Freyre sustenta que a cultura é o âmbito de que os povos tiram elementos para defender sua soberania política (e, na hipótese de sofrerem conquistas militares, para a restaurar), esse âmbito deve ser entendido como uma área cultural intercontinental. Daí sua afirmação taxativa, sem o meio-tom habitual, sobre o hemisfério: "para nação nenhuma da América a condição de americanidade e, por conseguinte, de continentalidade, é uma condição de suficiência cultural".[78] (É pela mesma época, a primeira metade dos anos 1940, que escreve, em *Sociologia*, sobre a "bicontinentalidade" do Brasil, caso talvez mais pronunciado dessa tendência que julga própria de todos os países americanos).

O segundo campo geográfico é o trópico, categoria não apenas pertinente como central em sua reflexão. O seu receio, aqui, é com a perspectiva de uma colonização espoliativa do mundo tropical, processada antes pelas novas superpotências que pelos velhos impérios europeus.

É pela resistência à padronização inspirada pela União Soviética ou pelos Estados Unidos que Freyre avalia surgir um movimento que chama de "contracolonização", que "se tem desenvolvido entre nações, regiões ou populações de culturas as mais diversas – entre mexicanos, árabes, indianos e brasileiros, para mencionar apenas alguns – todos eles sentem que o seu estado colonial ou semicolonial prejudica a sua capacidade criadora e a sua potencialidade humana".[79]

Já o soberanismo colocaria a paz em perigo por acentuar as peculiaridades de segmentos internos às áreas culturais até o ponto de erradicar as formas de vida híbridas comuns entre diferentes continentes. Na prática,

---

[78] Freyre, *Continente e ilha*, p. 31.

[79] Freyre, *Interpretação do Brasil*, p. 148.

Freyre volta sua crítica a todo movimento anticolonialista no mesmo trópico em que, há um instante, via surgir o anseio contracolonizador. Não encontra, nisso, a mínima contradição, pois não julga que a tutela colonial orientada à hibridização e ao assimilacionismo seja um colonialismo espoliativo que deva inspirar o independentismo.

Agrega que essa mesma tutela deveria ser protegida contra soberanismos predicados em visões multiculturalistas. Por isso formula um contraponto entre consciência racial, fruto do multiculturalismo, e consciência nacional, fruto do hibridismo: "O fusionismo sendo a tendência dominante no Brasil, o Brasil [...] estaria deslocado entre as comunidades predominantemente de cor cuja consciência de raça seja mais forte do que a sua consciência nacional".[80]

O multiculturalismo tenderia a envolver uma "política subnacional" (expressão que logo veremos ser empregada por Freyre), no sentido de afirmar identidades étnicas e raciais e de fragmentar áreas de cultura maiores; já o hibridismo se desdobraria em um âmbito "nacional", no sentido da homogeneidade fomentada pela miscigenação e da pertença àquelas grandes áreas intercontinentais sob uma cultura nacional única, mesmo se ocasionalmente palcos de alguma emancipação política, mas não de uma cisão cultural.

O Brasil seria a prova disso. O fato de que se tivesse tornado independente de Portugal não seria em absoluto, para Freyre, um argumento persuasivo, exatamente porque a emancipação política não equivalera ao esgarçamento do tecido cultural intercontinental.

Aqui, *Interpretação do Brasil* lança uma das primeiras formulações do que depois, em *Aventura e rotina*, de 1953, será o lusotropicalismo. Segundo Freyre, os dois países, Brasil e Portugal, inclusive as possessões ultramarinas do segundo, deveriam se rearticular em "uma espécie de federação" com direitos e deveres recíprocos, de modo a incrementar o vetor assimilacionista no mundo luso.[81]

---

[80] Freyre, *Interpretação do Brasil*, p. 276. Para uma discussão da atitude de Alberto Guerreiro Ramos sobre esse mesmo campo conceitual, marcada por um hibridismo crítico à posição de Freyre, ver Campos, "O negro é povo no Brasil", além das reflexões do próprio autor em Ramos, "Gilberto Freyre ou a obsolescência (1956)". Para o papel de Guerreiro Ramos, entre outros intelectuais negros, no posterior desmonte da tese da democracia racial, ver Lopes dos Santos, *Racismo brasileiro*.

[81] Freyre, *Interpretação do Brasil*, p. 258-259.

Em *O mundo que o português criou*, Freyre já havia proposto que singularidade regional e similitude inter-regional, dois frutos da hibridação, articulavam uma "pátria maior" no âmbito luso-brasileiro.[82] Cada região do espaço imperial lusotropical podia e devia, para Freyre, ser como o Nordeste do Brasil retratado em sua obra, onde a tutela colonial teria sido socialmente integradora a ponto de não gerar rupturas anticoloniais, subsistindo o "sentimento de tolerância do antigo paternalismo benévolo das casas-grandes".[83]

A tutela colonial, assentada no hibridismo, geraria similitude entre regiões dispersas pelo globo. Daí o inter-regionalismo, e também a figura jurídica das federações, ser outra forma de falar em impérios intercontinentais. Pois a similitude, admitindo certas doses de singularidade, poderia espraiar o sentimento nacional por múltiplos continentes.

Nesse sentido, em 1943 – exatamente dez anos antes de publicar *Aventura e rotina* e *Um brasileiro em terras portuguesas*, os livros da fase lusotropical –, o escritor pernambucano já estava refletindo, em *Problemas brasileiros de antropologia*, sobre uma espécie de antropologia transoceânica. Nela, Freyre desvincula teoricamente áreas de cultura, por um lado, e fronteiras nacionais, por outro. Fala, aí, na *commonwealth* britânica como "organização, se não já transnacional, transregional dos britânicos".[84]

A área de cultura daria conteúdo ao âmbito inter-regional, indicando o vínculo antropológico que, pela assimilação, aparenta diferentes povos e, pela tutela, mantém as partes tropicais dos impérios europeus sujeitas à subordinação mais ou menos indefinida das metrópoles.

O inter-regionalismo de Freyre converte qualquer independentismo de povos subordinados em "radicalismo ingênuo",[85] atualizando a afirmação de Zimmern, logo no início da década de 1920, de que a aplicação do princípio da autodeterminação nacional tinha limites geográficos – e

[82] Freyre, *O mundo que o português criou*, p. 57.

[83] Freyre, *Interpretação do Brasil*, p. 270; note-se que, nas conferências de Columbia, Alfred Zimmern falava em "despotismo benevolente" por parte das potências coloniais. Zimmern, *The Third British Empire*, p. 53.

[84] Freyre, *Problemas brasileiros de antropologia*, p. 52.

[85] Freyre, *Ordem, liberdade, mineiridade*, p. 10.

culturais, poderia acrescentar o seu ex-aluno.[86] A contracolonização, dirigida ao cosmopolitismo imperial, que Freyre critica, não deveria desaguar em anticolonialismo, dirigido à tutela colonial, que Freyre subscreve.

Tudo isso aponta a uma concepção de inter-regionalismo em que Freyre vislumbra grandes unidades culturais intercontinentais que, desde que formadas pela expansão dita antropocêntrica dos povos europeus no trópico, careceriam de resguardo no novo ordenamento mundial.

Podemos, agora, juntar as pontas do raciocínio de Freyre em 1944 e 1945. Estamos diante de um internacionalismo imperial que conjumina dois princípios sob a égide do assimilacionismo biológico e cultural: internacionalmente, o princípio da igualdade racial, que deveria perpassar todas as grandes áreas culturais intercontinentais do mundo e estabilizar o sistema de Estados contra os efeitos do etnocentrismo inspirador de nacionalismos agressivos, mecanicistas e neopagãos; e, inter-regionalmente, o princípio da tutela colonial, que subordinava boa parte dessas áreas e, permitindo equilíbrios específicos entre singularidade e similitude, descartaria todo independentismo e limitaria a autodeterminação nacional às ocasionais emancipações políticas que, como a do Brasil, conservassem o perfil cultural de cada grande área.

O internacional, horizontalmente entre nações, e o inter-regional, verticalmente dentro de impérios, são as duas vertentes que poderiam assegurar, para Freyre, a eficácia da "futura organização para a segurança mundial".

É esse o Freyre próximo ao universo de preocupações do internacionalismo dos anos 1940, que concebe as Nações Unidas como um mecanismo que busca adaptar os impérios a um mundo mais nacionalista e, a um tempo, proteger esses impérios pela produção de um ordenamento mundial estável através de uma organização internacional que conserve, e não desmantele, a tutela colonial.

Mas ao esquema freyriano ainda falta ressaltar a nota de excepcionalidade hibridista vinda do trópico. Isso ocorrerá na afirmação, de origem culturalista e de grande potência no pós-guerra, dos trópicos como novo horizonte histórico para um mundo destruído pelo etnocentrismo. Com a nova ordem mundial também emergiria uma nova moralidade

---

[86] Ver Zimmern, "Nationalism and Internationalism". Ver também, a esse respeito Moraes, "Gilberto Freyre, Itamaraty e relações internacionais".

geográfica. Sintomaticamente, *Interpretação do Brasil* será rebatizado, em sua edição revista e expandida nos Estados Unidos – lançada pelo mesmo Alfred Knopf em 1959, auge do movimento de descolonização –, como *Novo mundo nos trópicos.*

***

Tendo formulado uma visão defensiva do expansionismo nazista e elaborado uma concepção de ordem internacional para o fim da Segunda Guerra Mundial, Freyre passa, no pós-guerra, à promoção mais direta de seus pontos de vista, adensados pela ideia da excepcionalidade tropical, no interior de duas novas instituições de governança global: a Unesco, em Paris, e a Assembleia Geral das Nações Unidas, em Nova York.

À largada, há que situar institucionalmente o Freyre desse momento. Em 1948, é deputado federal pela União Democrática Nacional, a UDN, e participa a título pessoal de reunião da Unesco sobre tensões que levam à guerra. Em 1949, ainda deputado, é nomeado delegado do Brasil nos trabalhos da comissão de assuntos sociais da Assembleia Geral, negociando pelo país a revisão do mandato do fundo das Nações Unidas para a infância, a Unicef. Em 1954, já fora do parlamento, na condição habitual de escritor e conferencista, prepara um relatório para um comitê da Assembleia Geral sobre o *apartheid* na África do Sul.

Participando em geral a título pessoal, mas ocasionalmente como representante oficial de seu país, é respaldado em algum grau pelo ministério das Relações Exteriores. Atua orientado para uma maior projeção de sua obra intelectual, decerto, mas também pelo que lhe parece uma desejável projeção do Brasil, ou da experiência brasileira, na modelagem da nova ordem global.

Poderíamos contextualizar esse trabalho multilateral de Freyre no terreno das comunidades de conhecimento, ou comunidades epistêmicas,[87] formadas no interior de organizações internacionais. Além de arenas para reuniões de Estados, no pós-guerra essas organizações tornam-se ou buscam tornar-se, elas mesmas, atores internacionais.

É Dag Hammarskjöld quem, refletindo sobre o assunto em 1961, notará como as Nações Unidas inovam, frente à Liga das Nações, justo nas funções e autoridade conferidas ao seu secretariado, ou seja, à sua

[87] Ver Haas, "Epistemic Communities and International Policy Coordination".

burocracia. Em vez de se limitar a um "maquinário estático para conferências", a nova Organização vinha se constituindo, também, em um "instrumento dinâmico".[88]

As reflexões de Hammarskjöld remetem, antes de mais nada, às missões de paz, os capacetes azuis, invenção recente àquela altura. Mas indicam, igualmente, uma mudança mais ampla no papel de apoio tradicionalmente consignado ao corpo de profissionais das organizações internacionais.

Na Unesco, agência especializada das Nações Unidas para a área de educação, ciência e cultura, essa visão de uma autoridade expandida do secretariado reflete-se fielmente na visão de seus primeiros diretores-gerais.

O mexicano Jaime Torres Bodet, por exemplo, que assume a liderança da Unesco imediatamente após a reunião de que participa Freyre em 1948, imagina a Organização das Nações Unidas, sediada em Nova York, como o "corpo", mas a Unesco, em Paris, como a "consciência política".[89] Chega mesmo a apontar que, no interior da Unesco, o "centro nervoso" é o secretariado,[90] não a instância intergovernamental.

O envolvimento de Freyre com a governança global do pós-guerra inicia-se com sua atuação em uma comunidade de conhecimento centrada na Unesco. O internacionalismo imperial que o orienta aí é uma visão autoral longamente maturada e certamente não se confunde com a linha de política externa do Itamaraty; mas, como veremos, logo começa a fornecer elementos para o que virá a ser essa linha em anos subsequentes.

Seu trabalho diplomático terá, desse modo, uma acepção dupla: trata de buscar influir sobre os termos em que as burocracias especializadas de certas organizações internacionais formulam os problemas da agenda global em relatórios a serem apresentados como subsídios à decisão dos seus Estados membros; e trata, paralelamente, de desenhar uma linha política que perpassará e orientará o discurso diplomático do Brasil e mesmo de Portugal no interior dessas organizações internacionais.

Comecemos, pois, por Paris em 1948, quando Freyre é convidado pela recém-inaugurada Organização das Nações Unidas para a Educação,

---

[88] Hammarskjöld, "Two Differing Concepts of United Nations Assayed", p. 109.

[89] Maio, "O Brasil no concerto das nações", p. 5.

[90] *United Nations Educational, Scientific and Cultural Organization. Records of the General Conference. Fourth Session.* Paris, 1949. Proceedings, p. 46. UDL.

Ciência e Cultura, Unesco na sigla em inglês, para uma discussão entre oito cientistas sociais sobre o tema das tensões que provocam guerras.[91]

São bem documentadas as origens da Unesco como organização de inspiração iluminista que, a partir de uma grande capital intelectual do mundo, pretendia produzir conhecimento racional sobre uma guerra baseada, sob muitos aspectos, no irracionalismo.

Profundamente marcada pela ascendência do racismo pretensamente científico na década de 1930, a atividade da Unesco reflete, em seus primórdios, a crença a um tempo progressista e salvacionista no papel da ciência.[92]

O seu investimento se direciona, especificamente, às ciências sociais. São elas, no modo de ver daquele tempo, que podem fornecer soluções para as mazelas de um mundo, e especialmente uma Europa, dilacerado mas ainda impregnado pelo etnocentrismo.[93]

O empenho de repensar o mundo supõe um internacionalismo mais permeável ao aporte de novas nações e perspectivas. O forte antirracismo programático da Unesco não tarda em encontrar uma contrapartida no imaginário sobre a mestiçagem no Brasil, que tem o seu expoente no autor de *Casa-grande & senzala* e em seu já aludido padrão comparativista e contrastante.

Com os intelectuais associados ao departamento de Ciências Sociais da Unesco predispostos à "crença universalista na miscigenação", o Brasil surge como um "caso periférico" que, marcado por "idealizada convivência racial harmoniosa", ensejava a lição de como "integrar e revitalizar uma civilização em crise".[94]

Já se observou como, no prefácio à edição norte-americana de *Casa-grande & senzala*, datado de julho de 1945,[95] Freyre situara o Brasil, convenientemente, como "uma espécie de anti-Alemanha nazista".[96] Mas,

---

[91] Para os antecedentes da participação de Freyre e o perfil completo dos demais membros, ver Dimas, "Nas ruínas, o otimismo".

[92] Maio, "Cientificismo e antirracismo no pós-II Guerra Mundial".

[93] Dimas, "Nas ruínas, o otimismo".

[94] Maio, "O Brasil no concerto das nações", p. 27.

[95] Ver, sobre a edição Knopf de 1946, Dimas, "Blanche Knopf & Gilberto Freyre".

[96] Maio, "O Brasil no concerto das nações", p. 18. Reza o prefácio da primeira edição estadunidense: "Ao aceitar essa interpretação da história brasileira como uma marcha

além desse contraponto, Freyre representa outro aspecto de interesse do ponto de vista europeu: é uma voz "do hemisfério austral que se insurgia contra o preconceito racial sem, no entanto, ser anticolonial".[97]

Como registra a literatura especializada, é próprio do programa antirracista do pós-guerra, com sua preocupação em demonstrar que a noção de raça era desprovida de *status* científico, a filiação ao discurso da assimilação e da mestiçagem.[98]

Era esse enfoque hibridista da agenda antirracista ocidental que dava a tônica da burocracia da Unesco naquela quadra histórica, e não o enfoque multiculturalista, valorizador, aduz Cibele Barbosa, das "especificidades culturais e identitárias que flertavam com o essencialismo negro".[99] E, justamente, o primeiro esforço da Unesco em abordar o racismo é o projeto Tensões que Afetam o Entendimento Internacional,[100] ao qual será convidado Freyre.

Segundo Hadley Cantril, da Universidade de Princeton, que dirige o projeto Tensões e é ele próprio um dos oito cientistas reunidos em 1948, o que se busca é a "sabedoria baseada no conhecimento e experiência de cientistas sociais de todos os lados", que, confiava, poderia servir para trazer à tona as "causas e as curas das tensões que incidem sobre o entendimento internacional".[101]

Não há notícia da existência de atas das reuniões, ocorridas entre junho e julho daquele ano na primeira sede da nova entidade em Paris, na Avenue Kléber. Não se pode, por isso, reconstruir pormenorizadamente as discussões que levaram ao comunicado final assinado pelos participantes.

Mas há, em um livro publicado após o encontro, os textos-base da fala de cada cientista e indicações sumárias sobre o teor das reações a cada intervenção. Há, ainda, uma conferência de Freyre na biblioteca do Palácio do Itamaraty, no Rio, ao regressar de Paris, publicada como

---

rumo à democracia social, uma marcha que em muitas ocasiões foi perturbada e dificultada, não podemos conceber uma sociedade com tendências mais opostas àquelas do *Weltanschauung* alemão". Freyre, *The Masters and the Slaves*, p. xiv.

[97] Barbosa, *Escrita histórica e geopolítica da raça*, p. 202.

[98] Ver Guimarães, *Racismo e antirracismo no Brasil*, p. 41-44.

[99] Barbosa, *Escrita histórica e geopolítica da raça*, p. 196.

[100] Ver Maio, "O Brasil no concerto das nações".

[101] Cantril, "The Human Sciences and World Peace", p. 237.

opúsculo ainda em 1948, bem como outros textos fragmentários sobre a reunião da Unesco.

A preocupação central que se desprende desses escritos é com o futuro da tutela colonial no pós-guerra. As considerações de Freyre dão-se em dois níveis: a compreensão científica do hibridismo tropical e o sustentáculo diplomático-jurídico desse hibridismo.

Pelo que toca à parte científica, Freyre alude, em sua intervenção na Unesco, a um estudo de Gilbert Murray sobre a incapacidade da Liga das Nações em contribuir à formação de uma cultura científica que reduzisse vieses nacionalistas.

De acordo com Freyre, a história político-militar era uma forma de conhecimento que açulava ressentimentos nacionalistas contra países estrangeiros. Esses ressentimentos seriam oriundos da percepção de inferioridade racial ou inadequação geográfica por parte de uma população, percepção em si mesma explorada politicamente pelo que designa caudilhos e demagogos.

Já a história social (de que ele mesmo, naturalmente, era assinalado praticante desde *Casa-grande & senzala*) lograria o efeito oposto, aproximando os povos ao enquadrar compreensivamente as similaridades entre as vivências de diferentes populações. A esse respeito, Freyre, único não europeu na reunião da Unesco, argumenta, perante seus colegas, com o exemplo dos "nacionalismos agressivos" na "região sul da América Latina" durante o século XIX.[102]

Afirma, nessa Paris recém-liberada dos nazistas, que Juan Manoel de Rosas, Francisco Solano López e outros "caudilhos" sul-americanos fomentadores de tensões e guerras não haviam sido mais do que uma forma "crua", no século anterior, do que agora se processara, "de maneira mais sutil", na Europa, "onde o caudilhismo parece ter tido afinal sua sublimação sociológica".[103]

Compreender aquele mundo de conflitos do Oitocentos exigiria uma chave de reflexão que tomasse os problemas como "pan-latino-americanos", superando – cá como lá, na Europa como na América Latina, no XX como no XIX – o elemento "mórbido" do "culto nacionalista".[104]

---

[102] Freyre, "Internacionalizando a ciência social", p. 67 e p. 75. Para a versão original, ver Freyre, "Internationalizing social science".

[103] Freyre, "Internacionalizando a ciência social", p. 68.

[104] Freyre, "Internacionalizando a ciência social", p. 74, p. 69 e p. 75.

É digno de nota, a propósito, como o ambiente do multilateralismo sugere a Freyre a pertinência da categoria de América Latina, de teor mais abrangente e culturalista, do que a de América do Sul, de corte mais particularista e político, além de possivelmente mais evocativa do tipo de história nacionalista que está a rejeitar.

A contribuição das ciências sociais residiria, acima de tudo, em que possibilitariam enfrentar as causas profundas do ressentimento politicamente explorado, vale dizer, as ciências sociais dissipariam o determinismo biológico da suposta inferioridade racial dos mestiços e o determinismo geográfico da suposta degeneração do homem no clima tropical.

Freyre tinha na ponta da língua, para seus colegas cientistas, o que seria o melhor exemplo disso: a história de como o livro *Casa-grande & senzala* teria habilitado o povo brasileiro a superar o duplo fatalismo racial-climático que pendera sobre sua cabeça por séculos. Aqui o trópico de colonização dita antropocêntrica é enunciado em sua plena exemplaridade. *Casa-grande & senzala* surge na conferência da Unesco, sempre referido em uma espécie de terceira pessoa majestática, como prova não só de que as supostas inevitabilidades biológicas e geográficas eram, na verdade, o resultado de "situações sociais dinâmicas",[105] como de que a consciência desse mesmo fato poderia transformar o destino de um povo. Na linha de Hadley Cantril, Freyre exalta os poderes libertadores da ciência; mas mais especificamente os poderes libertadores da sua ciência:

> Podemos tomar como um exemplo concreto o caso dos grupos híbridos, etnicamente compostos por uma mistura de europeus com as chamadas raças inferiores. Tais grupos têm sofrido, há longo tempo, de uma instabilidade psicológica e social, em larga medida causada pelo fato de se sentirem inferiores ou rejeitados. É como se esses povos fossem destinados pela natureza ou pelo pecado – o "pecado da miscigenação" – a serem colônias de "povos superiores" ou, quando independentes, "simples subnações" [...] Ninguém ficaria, pois, surpreso se a pré-sociologia ou pré-ciência social na América Latina, por exemplo, fosse tida pelos críticos como caracterizada principalmente por seu pessimismo – um pessimismo causado pelo profundo envolvimento dos pensadores sociais latino-americanos com "a fatal inferioridade

[105] Freyre, "Internacionalizando a ciência social", p. 64.

biológica" dos híbridos, ou mesmo dos latinos, em comparação com os brancos, europeus ou anglo-saxões, e por um igualmente profundo envolvimento com a ideia da condenação dos povos que vivem nos climas tropicais. Recentes estudos científicos do passado social e da realidade social dos povos híbridos e dos povos localizados em zonas tropicais, ou quase tropicais, colonizados por europeus em moldes de organização semifeudal, têm certamente o efeito de reduzir quase à insignificância um tal pessimismo, afinal tão favorável a tensões intranacionais, quando não internacionais, se esse mesmo pessimismo é explorado por demagogos ou caudilhos dotados de uma ambição maior do que a comum. Isso parece ser verdadeiro não apenas em relação aos povos latino-americanos, mas também em relação a grupos híbridos asiáticos e africanos, apesar de que o povo brasileiro constitua o melhor exemplo de uma espécie de cura do excessivo e deformador pessimismo nacional, ou do otimismo mórbido artificial. Conseguiu-se isso pelo fato de se haver generalizado, entre os elementos intelectualmente mais avançados de sua população, um conhecimento objetivo do passado social do país e de sua situação atual, inclusive de sua composição étnica [...] É fácil de ver como isso abre o caminho para ajustamentos intragrupos, porque um povo que começa a viver livre dos principais efeitos de traumas psicológicos e históricos está muito mais inclinado para atitudes de cooperação com estrangeiros do que aqueles oprimidos por esses mesmos traumas. Os estrangeiros tornam-se essencialmente seus iguais e não seus superiores em virtude de vantagens biológica e geograficamente determinadas.[106]

Max Horkheimer, um dos participantes da conferência em Paris, aplaude essa intervenção de Freyre. O coautor, com Theodor Adorno, da *Dialética do esclarecimento*, livro lançado um ano antes, em 1947, reage à fala de Freyre confessando suas reticências com os movimentos de libertação nacional e reconhecendo a impressão que lhe causara a exposição do escritor pernambucano.

Discerne, no que ouvira sobre *Casa-grande & senzala*, "a influência libertadora da teoria social crítica", um exemplo demonstrativo, a seu ver, dos "antídotos que a Unesco deve ajudar a fornecer contra o pessimismo

[106] Freyre, "Internacionalizando a ciência social", p. 62-64.

social e a demagogia".[107] Como se depreende dessas palavras, para o sociólogo alemão a exemplaridade do trópico se projeta para além do mesmo trópico, podendo abranger, por exemplo, as próprias sociedades nórdicas: é a ação da Unesco, em geral, que se beneficiaria.

O sentido e a utilidade de uma "teoria social crítica" de extração hibridista como *Casa-grande & senzala* – repisando o termo de Horkheimer para o livro – manifestavam-se em três promessas: remediariam traumas do pessimismo etnogeográfico em populações coloniais ou pós-coloniais latino-americanas, africanas e asiáticas; reformariam dominações imperiais rudes, esclarecendo-as e abrandando-as; e encaminhariam os povos tropicais à reconciliação culturalista com suas respectivas metrópoles ou ex-metrópoles, não à mobilização anticolonialista.

O inadvertido denominador comum entre Gilberto Freyre, mestre de Apipucos, e Max Horkheimer, patrono da Escola de Frankfurt, estaria, assim, no papel que caberia às Nações Unidas, como um todo, na conformação de um campo científico iluminista que permeasse e equilibrasse os antagonismos políticos entre as nações no pós-guerra. Em nada divergiam, nisso, da já mencionada visão de Jaime Torres Bodet, que lidera a entidade quando, nos anos seguintes, a perspectiva de Freyre passa a inspirar, até certo ponto, o programa oficial da Unesco.

O outro nível das considerações de Freyre na conferência de 1948 na Unesco tem a ver com a sustentação diplomático-jurídica dessa apregoada perspectiva hibridista. Aqui o trópico será enquadrado pela necessidade de proteção da experiência colonial associada ao antropocentrismo.

Freyre relata sua preparação para o "Conclave dos Oito",[108] como dirá pomposamente, na conferência no Itamaraty perante o chanceler Raul Fernandes, em 28 de julho de 1948, e em artigo para *O Cruzeiro* a 26 de março de 1949. Seu propósito agora será persuadir suas audiências do interesse brasileiro em intervir no debate em curso, nas instituições internacionais, sobre o futuro da ordem colonial.

No Itamaraty, Freyre aponta que a declaração final da reunião não o deixara inteiramente satisfeito. Um cientista húngaro, Alexander Szalai, representante do bloco socialista na reunião na Unesco (a União Soviética só ingressaria na entidade em 1954), participara da elaboração do texto

[107] Horkheimer, "Remarks on 'Internationalizing Social Science'", p. 162-163.

[108] Freyre, *Guerra, paz e ciência*, p. 11.

e teria contribuído, com um aporte doutrinariamente marxista, para o desvirtuar em aspectos importantes.

A declaração final – "*A Statement by Eight Distinguished Social Scientists on the Causes of Tensions which Make for War*" no título completo – era fruto de um tipo de exercício multilateral de redação e aprovação. Apagava, por isso, a dimensão autoral da contribuição de cada cientista, requerendo uma série de qualificações para merecer o endosso pessoal do escritor pernambucano.

No sétimo parágrafo do "*Statement*" acordado em Paris continha-se, para Freyre, o cerne da problemática mundial. Sua linguagem é a seguinte:

> Nós concordamos com os doze parágrafos seguintes: [...] (G) A perspectiva de um *status* inferior permanente é essencialmente inaceitável a qualquer grupo de pessoas. Por essa e outras razões, nem a exploração colonial nem a opressão de minorias dentro de uma nação é, no longo prazo, compatível com a paz mundial. Como cientistas sociais, não conhecemos nenhuma evidência de que qualquer grupo étnico seja inerentemente inferior.[109]

Freyre interpreta esse trecho em dois passos. Primeiro, distingue entre "exploração colonial" e "opressão de minorias", por um lado, e tutela, por outro. Dá a entender que essa distinção, ainda que não apareça ostensivamente no texto, subjaz à sua redação e, isso, devido à sua atuação na negociação da linguagem.

Como o parágrafo não contém, efetivamente, menção à ideia da tutela, é preciso aprofundar sua interpretação na conferência no Rio de Janeiro. Para isso, parece associar a tutela a um consenso entre nações (cuja expressão máxima deveriam ser as organizações internacionais). Na intercalada entre travessões está o ponto central de sua conferência:

> Em virtude da mesma sugestão [feita por Freyre na Unesco] é que consta da Declaração ou do "*Statement*" dos oito cientistas sociais da Conferência de Paris a afirmativa de que não são compatíveis com a

[109] Unesco, "We, the undersigned… A Statement by Eight Distinguished Social Scientists on the Causes of Tensions which Make for War. 13 July 1948". Documento UNESCO/SS/TAIU/3, p. 1-2. UDL.

> paz mundial nem "a exploração colonial", nem "a opressão" – opressão ou exploração por metrópole, note-se bem, e não tutela antes por várias que por uma nação única, com a tutela ainda necessitada por certos grupos subnacionais, no seu próprio interesse – de subnações ou de minorias por grupos politicamente dominantes.[110]

O segundo passo interpretativo é aproximar a noção de tutela à de minorias, com a providência preliminar de afirmar que o regime de minorias devia ser entendido como propenso à assimilação racial e biológica, não à fragmentação particularista.

Freyre indica que, preparando-se em Paris dias antes do início da reunião na Unesco, consultou os anais da Liga das Nações para refletir sobre o problema das minorias.

Buscava, segundo diz, orientar-se pela conduta de Afrânio de Melo Franco: "Ele como que previra [...] todo o perigo do sudetismo disfarçado de afirmação de 'direitos de minorias' contra maiorias consideradas sempre intolerantes ou tirânicas. E firmara um critério de política como que nacional em oposição à subnacional".[111]

A proposta de Freyre, inspirada em Melo Franco, sobre o tema das minorias durante a reunião em Paris foi esta:

> Uma das sugestões imodestamente recordarei aqui ter sido considerada de importância capital pelos mestres reunidos em Paris: a que se refere ao reconhecimento de direitos de minorias étnicas em nações ou comunidades onde esses direitos – situados há anos, em conferência internacional, por ilustre jurista brasileiro, Afrânio de Melo Franco, em zona diversa daquela em que os colocaria o sudetismo – sejam ainda negados ou assumam a forma de favor ou caridade de grupos dominantes a dominados.[112]

Freyre tratava, assim, de recuperar, atualizar e pôr em uso, para o que lhe parecia o bom funcionamento das Nações Unidas, duas categorias diplomático-jurídicas da Liga das Nações: a proteção de minorias,

---

[110] Freyre, *Guerra, paz e ciência*, p. 23-24.

[111] Freyre, "Afrânio e Gilberto Amado", p. 10.

[112] Freyre, *Guerra, paz e ciência*, p. 23.

originalmente pensada para a situação das nacionalidades na Europa oriental; e o sistema de mandatos, originalmente pensado para as colônias dos impérios derrotados na Primeira Guerra Mundial.

Apoia-se aqui na reflexão de um autor que citara em *Interpretação do Brasil*, Philip Quincy Wright, outro destacado internacionalista do entreguerras. Wright havia explicado, em *Mandates Under the League of Nations*, influente livro de 1930, a diferença entre proteção de minorias e sistema de mandatos: "enquanto o regime de minorias é desenhado para facilitar o processo de assimilação, o regime mandatório deve facilitar o processo de autodeterminação".[113]

O que o escritor pernambucano propõe em 1948 é tratar do problema colonial (mandatos) pela solução de Afrânio Melo Franco ao problema das nacionalidades (proteção moderada de minorias). Freyre aborda a categoria das minorias a partir do ideal da assimilação, mas reorientando toda a discussão e aplicação do regime de proteção e assimilação de minorias rumo à problemática colonial.

Como vimos, em 1943 o autor preocupava-se com a não assimilação de minorias irredentas devido à versão "absoluta" do princípio das minorias, instrumentalizado com fins de expansão imperial da Alemanha nazista, visão patente, por exemplo, na leitura de Carl Schmitt. Era dessa ótica que avaliava a situação no sul do Brasil.

Por isso, Freyre resgatara já naquele ano a versão que chama "moderada", assimilativa, do princípio da proteção de minorias, proposta por Melo Franco em Genebra e fixada na doutrina associada ao seu nome. Agora, em 1948, o propósito de Freyre é assinalar a importância da assimilação de povos tropicais contra um risco de fragmentação de áreas imperiais de natureza dita antropocêntrica pelo que lhe parece o exclusivismo multiculturalista dos movimentos de libertação nacional.

A crítica do "sudetismo" muda de sentido e passa a ser aplicada não a opressores nazistas, mas a oprimidos afro-asiáticos: em vez da ameaça nazista a nações débeis, o autor agora julga acertado qualificar de sudetismo a ameaça descolonizadora e soberanista em que "subnações" romperiam a unidade inter-regional, vertical, dos impérios de que são parte.

É contra o que logo percebe como um perigo, o emprego da linguagem sobre "exploração colonial" e "opressão de minorias" contra Portugal

[113] Wright, *Mandates Under the League of Nations*, p. 103.

e a *commonwealth* britânica, entre outros, que Freyre necessita distinguir entre essas noções e a concepção de uma tutela dita virtuosa.

Um exemplo tangível de como esse uso começava a se firmar vem do fato de que, em um congresso de movimentos de sociedade civil reunido na mesma em Paris em abril de 1949, W. E. B. Du Bois dava à sua intervenção o título "Colônias como causa da guerra".[114] Isso parecia ecoar o tema da reunião na Unesco poucos meses antes e, sem dúvida alguma, estava nas antípodas da visão de Freyre sobre a origem das tensões que afetam o entendimento internacional e levam à guerra.

Mas continuemos com Freyre em 1948. A reunião na Unesco ocorre no mês de julho, não no de dezembro, data da Declaração Universal dos Direitos Humanos, cujo arcabouço ultrapassará a lógica da proteção de minorias como encaminhada no pós-Primeira Guerra Mundial.[115] Em um enquadramento das coisas que não tardará muito em ficar anacrônico, Freyre busca elementos de consenso ao redor da premissa de que a tutela não deveria necessariamente encaminhar os territórios coloniais para a autodeterminação, uma vez que geraria mais similitude (imperial, "inter-regional", mestiça) do que singularidade (soberanista, "subnacional", racial).

Sempre inclinado à ambivalência, Freyre fala na conferência no Itamaraty em tutela de que "ainda necessitam" certas colônias. Mas a direção de seu raciocínio é inegável: a tutela deveria implicar a assimilação rumo a culturas híbridas de primazia imperial e teria melhores perspectivas de futuro do que um novo "sudetismo", a fragmentação estimulada pelo que seria uma incompreensão do regime de minorias em sua versão "absoluta", agora na África e na Ásia e não no Leste Europeu.

Nessa releitura freyriana da doutrina Melo Franco, a tutela das Nações Unidas deveria aproximar o velho regime de mandatos (orientado à autodeterminação) ao regime de minorias (orientado à assimilação), que, obsoleto na Europa, ganharia nova vida no mundo tropical, frustrando uma futura onda de emancipações políticas de índole soberanista e multiculturalista. A assimilação das minorias em áreas culturais intercontinentais, os grandes impérios (ou: federação, *commonwealth*, etc.), seria uma chave da paz no pós-guerra (a outra sendo o citado abrandamento

[114] Ver Du Bois, "Colonies as Cause of War".

[115] Ver Román, *La Sociedad de Naciones y la reinvención del imperialismo liberal.*

das tensões provocadas pelo nacionalismo por meio do uso de métodos tirados da ciência social).

Em *Aventura e rotina*, livro de 1953 com as anotações da viagem pelas colônias lusitanas na África e na Ásia, esse raciocínio deságua na ideia de liderança brasileira, uma linha de conduta em que o Brasil atuaria concretamente, onde possível, para resguardar, vitalizar e até tropicalizar uma ordem mundial ela mesma híbrida entre velhos impérios e nações emancipadas:

> Quando se convencerá o Brasil de que é um dos líderes – se não for, sob vários aspectos, o principal líder – das modernas civilizações tropicais? [...] Tem o Brasil responsabilidades especialíssimas para com democracias ou nações como a Abissínia, o próprio Egito, a Arábia, a Sibéria, o Irã, a Síria, a Índia, o Paquistão, menos experimentadas que a gente brasileira em vida nacional ou democrática ou no estudo, sob métodos modernos, de problemas comuns a áreas e culturas tropicais ou quase tropicais. Nossa experiência, nossos estudos, nossas vitórias sobre doenças ou pragas de terras quentes, nossos fracassos, nossos erros, devem estar a serviço dessas nações, através de uma presença brasileira que tanto na Ásia como na África e na América torne bem nítido o fato de que é possível uma nação tropical modernizar-se em sua agricultura, em sua indústria, em sua ciência, em sua cultura intelectual, sendo, ao mesmo tempo, uma democracia não só política – o que aliás talvez seja secundário, se entendermos por democracia política somente a eleitoral – como étnica e, até certo ponto, econômica; e com várias imperfeições, social.[116]

Em palestra na Universidade Federal de Minas Gerais em julho de 1959, momento em que a política externa de Juscelino Kubitschek se empenhava pelo êxito da chamada Operação Pan-Americana, a OPA, iniciativa de repactuação dos termos das relações hemisféricas, Freyre reescreve esse trecho de *Aventura e rotina* para retomar a crítica à autolimitação continental da política externa de um país a seu ver inerentemente lançado à projeção intercontinental.

O Brasil, repete, "é, sob vários aspectos, o líder" das modernas civilizações e populações tropicais, só lhe faltando, contudo,

---

[116] Freyre, *Aventura e rotina*, p. 317.

tornar-se consciente dessa sua situação e dessa sua responsabilidade, através de uma política de cultura que, sem prejuízo dos seus deveres para com as demais repúblicas do continente americano, projete sua imagem sobre outras áreas, não sob o aspecto de um imperialismo mas, ao contrário, de um anti-imperialismo.[117]

Já em julho de 1956, polemizando na revista *O Cruzeiro* contra um escrito do embaixador Maurício Nabuco (na linha de Joaquim, seu pai) sobre a prioridade do hemisfério na política externa, contrapunha explicitamente a noção do extracontinental à do continental. Conquanto seu foco imediato estivesse na colaboração brasileira com a tutela portuguesa na África e na Ásia (que é curiosamente o que ele quer dizer com a projeção de um "anti-imperialismo" na citação anterior), o argumento se reporta à projeção mais ampla do Brasil naqueles outros continentes.

Indaga:

> Será verdade que devemos nos desinteressar politicamente dos povos tropicais de outros continentes? Será "literatice" pensar-se na possibilidade de marchar o Brasil, na ONU por exemplo, ao lado desses povos, na defesa de causas ou interesses comuns? Devemos nos desinteressar politicamente dos povos árabes? Devemos nos desinteressar politicamente das províncias portuguesas da África e do Oriente? São perguntas, estas, que merecem alguma atenção da parte dos que hoje no Brasil orientam a política internacional da República. Talvez não nos devamos preocupar exclusivamente com a política continental: também, até certo ponto, com a política extracontinental em zonas ou regiões tropicais onde a presença lusitana cria de algum modo responsabilidades para o Brasil.[118]

Recorde-se, para acentuar o alcance do contraponto lançado por essas palavras, o enunciado canônico da diretriz hemisférica na política externa brasileira. Oswaldo Aranha expressa-a a Getúlio Vargas, em carta de janeiro de 1943, como uma barganha nabuquiana entre a liberdade de ação brasileira em seu entorno estritamente sul-americano e a vinculação à posição

---

[117] Freyre, *Uma política transnacional de cultura para o Brasil de hoje*, p. 63.

[118] Freyre, "O Brasil – suas atuais responsabilidades fora da América", p. 34. Devo a Alberto Schneider o acesso a esse texto.

de Washington sobre os assuntos das demais regiões do globo: "A política tradicional do Brasil pode resumir-se na seguinte fórmula: 'apoiar os Estados Unidos no mundo em troca do seu apoio na América do Sul'".[119]

O diário de Maurício Nabuco, secretário-geral do Itamaraty na gestão de Aranha e, depois, embaixador nos Estados Unidos na virada para os anos 1950, dará prova de que essa barganha não se punha facilmente em prática, mesmo quando os dois países já haviam formalizado uma aliança pelo TIAR. O quotidiano do chefe de posto em Washington mostra sérias decepções com a desatenção do parceiro setentrional à agenda sul-americana,[120] que não chegam, contudo, a abalar o seu "continentalismo".[121]

Daí porque, para Maurício Nabuco, as energias diplomáticas do Brasil não devessem ser malbaratadas com objetivos fantasiosos em terras longínquas. Só na América Latina, enquadrada pela perspectiva hemisférica, é que o Brasil poderia fazer alguma diferença. Em carta de 1951 a um parente, Maurício Nabuco diz, de fato, que

> no teatro mundial, o Brasil é apenas espectador – para não dizer acompanhante. Nestas condições, informações políticas satisfazem nossa curiosidade e a vaidade de alguns dos que as enviam ou as recebem, nada mais. Não tem nenhum fim útil. Exceto em questões latinas deste continente, nunca vi deliberações tomadas pelo governo brasileiro em virtude de informações políticas dos seus agentes no exterior.[122]

Freyre não poderia assentir a um utilitarismo diplomático assim conformista na geopolítica. A "política de cultura" que ambicionava seria uma maneira de conferir à ação do Estado brasileiro um sentido extracontinental próprio, especificado como a bicontinentalidade entre Brasil e

---

[119] Aranha, "Planejando o pós-guerra (1943)", p. 321. O papel de Oswaldo Aranha na conversão da chamada aliança não escrita em aliança formal, militar, que depois se plasmará no Tratado Interamericano de Assistência Recíproca, é discutido por Lopes, *De Bonifácio a Amorim.* Ver, igualmente, Corrêa do Lago, *Oswaldo Aranha.*

[120] Ver, por exemplo, o episódio do encontro com George Kennan: Nabuco, "Diário", p. 353-354.

[121] Nabuco *apud* Farias, "O diplomata pelo seu inédito arquivo", p. 155.

[122] Nabuco *apud* Farias, "O diplomata pelo seu inédito arquivo", p. 165.

África, orientada à efetiva regeneração e conservação da ordem colonialista herdada do entreguerras. O maior envolvimento com a gestão das possessões ultramarinas portuguesas, resumido na ideia do lusotropicalismo, seria apenas o aspecto mais visível dessa liderança brasileira.

Com a concepção de liderança no trópico, aliás, Freyre contrariava mais que a dominância do campo hemisférico, contrariando também reservas no Itamaraty quanto ao próprio valor da noção de trópico, que ecoavam o ancestral pessimismo etnogeográfico do pensamento ocidental.[123]

No mais, era muito significativo que, da conferência na biblioteca do Itamaraty às suas colunas em *O Cruzeiro*, Freyre procurasse gerar engajamento e pontos de apoio à sua visão de uma política extracontinental e, em especial, africana. Como constataria um chanceler muito posterior, e em contexto distinto, "a atitude da diplomacia perante a África afeta a percepção dos brasileiros sobre si próprios".[124]

Era o propósito declarado de Freyre, com todas as singularidades de seu caso: afetar a autopercepção nacional, alargar a imaginação sobre o que constituísse o campo internacional do país e fundar uma política transoceânica concreta.

Assim, a crítica à categoria geográfica de hemisfério ocidental – e por extensão ao legado monroísta que ligava Joaquim Nabuco a Oswaldo Aranha – anda junto, em Freyre, ao programa de lançar o Brasil em sua vertente marítima rumo à África, básica pelo que se postula como bicontinentalidade do país, e além.[125]

---

[123] O exemplo de Aranha pode servir, novamente, como contraponto. Dizia no âmbito das Nações Unidas em 1947, portanto um ano antes da reunião de Freyre na Unesco: "O Brasil está numa zona principalmente tropical; os trópicos são um inimigo do homem, da cultura e da civilização, mas apesar disso, no Brasil, está sendo construída uma civilização, entre o trópico de Capricórnio e o Equador, quase igual à que criaram na região temperada do Brasil meridional, e que não é superada por outra civilização em qualquer parte do mundo". Aranha, "Homenagem das Nações Unidas (1947)", p. 399. Essa ressalva final, com a comparação desfavorável do Brasil tropical à região de clima temperado no sul do Brasil, seria impensável em Freyre. Para uma discussão da obra freyriana em contraste com o pessimismo etnogeográfico, ver Merquior, "Gilberto y después".

[124] Amorim, *Breves narrativas diplomáticas*, p. 159.

[125] Para o relato de outro caso, no início dos anos 1950, em que se procura lançar o Brasil em uma iniciativa extracontinental, agora afeta ao Oriente Médio, e mais especificamente a Jerusalém, ver Uziel, "A Diamond of Intense Brilliance in the Diadem of Brazilian Diplomacy".

Note-se, nesse particular, o significado da familiaridade de Freyre com obras de historiadores navais anglo-saxões da virada para o século XX. Compartilha com eles a noção – que quer entretecer com os destinos do Brasil – de que, nas palavras de um conhecido autor desse ramo, a "fonte primordial de prosperidade e distinção nacionais" não precisa necessariamente ser "a terra", podendo advir, através do comércio exterior, e mesmo para países com grandes mercados internos, de um "interesse marítimo".[126]

O que se segue imediatamente à conferência na Unesco em 1948 não é menos relevante. Logo após o fim da reunião dos oito cientistas sociais, Freyre é consultado por Hadley Cantril sobre a possibilidade de assumir a direção do departamento de Ciências Sociais da Unesco. Em uma carta-convite, Cantril fala na conveniência de que a unidade fosse chefiada por um cientista de "estatura na área" e "sabedoria tranquila".[127]

Freyre declina, no entanto, devido às suas atividades como deputado federal e ao empenho em criar, do parlamento, o Instituto Joaquim Nabuco de Pesquisas Sociais, hoje Fundação Joaquim Nabuco, entidade que deveria institucionalizar o estudo da realidade brasileira do ponto de vista de sua obra.[128]

Posicionando-se como herdeiro do Joaquim Nabuco sociólogo e historiador, Freyre afastava-se claramente do legado diplomático monroísta, de advocacia hemisférica, de seu conterrâneo célebre, atualizado, no próprio tempo em que atuava Freyre, pela política esgrimida por Oswaldo Aranha e Maurício Nabuco.

Em seu lugar assume na Unesco, em fins de 1949, o também brasileiro Arthur Ramos. Este, apesar de diferenças em relação a Freyre, comunga, no essencial, sua visão de que a mestiçagem no Brasil devia servir de "marco fundador do mundo pós-racista que se avizinhava".[129] E desenhará, em seu período no cargo, um projeto de investigação da Unesco no qual se esperava tirar, da realidade racial brasileira, lições edificantes para um mundo fraturado.

Já em junho de 1950, os Estados membros da Unesco, em sua conferência geral na cidade de Florença, aprovam o projeto de investigação

---

[126] Mahan, *The Interest of America in Sea Power, Present and Future*, p. 111.

[127] *Apud* Dimas, "Nas ruínas, o otimismo", p. 121n.

[128] Ver Freston, "Um império na província".

[129] Guimarães, *Modernidades negras*, p. 243.

da situação brasileira como programa a ser executado pelo secretariado da entidade e por uma equipe de pesquisadores contratada para esse fim.

Essa pesquisa, conhecida na literatura especializada no Brasil como "Projeto Unesco", viria a ganhar lugar preeminente na sociologia nacional por uma razão oposta à que imaginaram os seus idealizadores: o rechaço às teses de Freyre.

É a partir desse momento que, sobretudo pelos trabalhos de Florestan Fernandes, da Universidade de São Paulo, mas também pelo sentido geral das pesquisas desenvolvidas sob a égide da Unesco, nota-se uma quebra do consenso então vigente sobre a inexistência de discriminação racial no Brasil e do próprio monopólio interpretativo de Freyre.

O que era visto como excepcionalidade do Brasil frente ao mundo torna-se "problema para os negros e para a democracia no Brasil",[130] impondo a revisão da abordagem universalista freyriana de índole comparativista e contrastante.

Esse ponto de viragem, amplamente discutido na literatura especializada, ajuda a compreender melhor o contexto em que surge o Projeto Unesco; por assim dizer, o seu instante freyriano, que é o que cabe considerar em seguida.

Nesse instante de culminância da abordagem universalista e do discurso da excepcionalidade brasileira, no início dos anos 1950, o escritor pernambucano exerce "influência significativa" sobre a agenda de pesquisa da Unesco e adjacências.[131] Para traçar sumariamente os contornos dessa fase, destaco três de seus aspectos.

O primeiro é o discurso do chefe da delegação brasileira junto à Unesco, o cientista Paulo Berredo de Carneiro, na conferência geral de Florença de 1950, em que se aprova o projeto de investigação das propaladas excepcionalidades do convívio racial brasileiro.

Cabe reproduzir as notas taquigráficas do discurso de Carneiro logo antes da aprovação da resolução que autoriza a realização do estudo. Diante

---

[130] Guimarães, *Racismo e antirracismo no Brasil*, p. 100; ver o mesmo autor e obra para uma panorâmica de outros vetores, não diretamente devidos à iniciativa da Unesco, na expansão dos estudos raciais naquela conjuntura. Ver também, sobre o tema como um todo, Lima, Campos e Gomes, "Os estudos sobre relações raciais no Brasil"; Maio, "O Projeto Unesco"; e Maio, "O Projeto Unesco e a agenda das ciências sociais no Brasil dos anos 40 e 50".

[131] Maio, "Tempo controverso", p. 112.

de sugestões do delegado salvadorenho de que o programa também devia cobrir outros países latino-americanos, Berredo de Carneiro reafirma a ideia originalmente traçada, pelo secretariado, de ênfase no Brasil. Corrobora-a reiterando a disposição do Estado brasileiro em propiciar as melhores condições para a pesquisa.

Para além dessa junção de excepcionalismo e oficialidade, na fala do delegado brasileiro sente-se quase uma vulgata da visão de Freyre, o tema da harmonia gerada pela mestiçagem apresentado de modo rotinizado e simplificado:

> 48. O Professor Carneiro (Brasil) apoiou calorosamente o item 3.21 [o estudo das relações raciais no Brasil]; considerava-o extremamente importante no que dizia respeito a certos países do Novo Mundo, nos quais se encontravam lado a lado povos nativos de pele amarela, descendentes negros de escravos africanos e, por fim, imigrantes brancos. Sugeriu que a investigação em questão fosse realizada no Brasil, onde o cruzamento da população ocorria com uma notável ausência de tensões, e onde a Unesco encontraria um campo fértil de estudo, podendo contar com a ajuda eficiente das autoridades brasileiras.[132]

Saltemos dois anos para um segundo aspecto dessa tônica freyriana nas origens do Projeto Unesco. Cito de uma publicação oficial da Unesco, o *Correio da Unesco*, no número de agosto-setembro de 1952, quando começam a ser apresentados os resultados da pesquisa em curso.

O *Correio da Unesco* dedicado ao caso brasileiro contém um artigo genérico de Freyre sobre a formação social brasileira e, mais importante, uma apresentação do programa de investigação pelo chefe do setor de estudos raciais do departamento de Ciências Sociais da organização, Alfred Métraux. Aí afirma-se o seguinte:

> Vários estudos realizados anteriormente – particularmente os trabalhos históricos de Gilberto Freyre [...] – confirmaram a opinião favorável que o mundo já havia formado sobre a situação racial do Brasil, embora nem todas as dúvidas existentes a esse respeito tivessem sido dissipadas [...]

---

[132] *United Nations Educational, Scientific and Cultural Organization. Records of the General Conference. Fifth Session.* Florence, 1950. Proceedings, p. 381. UDL.

> Mas mesmo que nenhuma nota discordante tivesse surgido, sempre teria valido a pena ilustrar com exemplos concretos a harmonia estabelecida no país, assim como explicá-la aos de fora. O homem de ciência tem o dever de se perguntar quais foram os fatores determinantes para que o Brasil se livrasse dos frutos amargos que a discriminação racial produziu em tantas outras partes. Com a esperança de extrair uma lição do caso brasileiro, a Unesco delegou a diversos grupos de sociólogos, antropólogos e psicólogos a tarefa de completar os trabalhos já existentes por meio de estudos realizados em regiões ainda não examinadas e em grupos sociais diferentes dos já considerados.[133]

Temos, aqui, o "centro nervoso" da Unesco implementando o mandato adotado pelos Estados membros na reunião de Florença e mostrando como a entidade podia ser um "instrumento dinâmico" para os países que a compunham.

Está-se – na expressão que Dag Hammarskjöld usaria para descrever aquela expansão das competências da burocracia internacional – "para além da tradicional diplomacia de conferências".[134] Nem por isso, todavia, se está fora do trabalho diplomático. Ao contrário: assiste-se, em tempo real, ao uso da maquinaria burocrática do multilateralismo para promover certa imagem de Brasil e traçar certa rota de projeção do país como ator de relevo extracontinental.

Nesse instante freyriano do Projeto Unesco, a expressão "democracia racial" começa a circular associada, não a Freyre, mas, principalmente, a Arthur Ramos,[135] de seu cargo de diretor do departamento de Ciências Sociais.

Freyre, nas décadas de 1940 e 1950, preferia falar em democratização "étnica e social", termos mais afins à noção de cultura que emprega, desde *Casa-grande & senzala*, para atacar o racismo científico. Adjetiva de vários modos a democracia nesses anos, "mas nunca como racial".[136]

---

[133] Métraux, "Informe sobre las relaciones raciales en el Brasil", p. 6. Para o texto de Freyre, ver Freyre, "El negro en la cultura de Brasil".

[134] Ver Hammarskjöld, "The International Civil Servant in Law and Fact", p. 142.

[135] Ver Guimarães, *Modernidades negras.*

[136] Guimarães, "Democracia racial", p. 153. Ver, ao mesmo tempo, Cruz, "Democracia racial, uma hipótese".

Como explica Antonio Sérgio Guimarães, a relutância de Freyre deve-se a ver, na ideia de raça, "grupos de descendência e portanto fechados",[137] o que contraditaria o seu discurso sobre a miscigenação. Só mais adiante é que cede e emprega o termo "democracia racial" para combater a perspectiva multiculturalista, expressa por exemplo na noção de negritude, que ganha fôlego nos anos 1960 em pensadores como Léopold Senghor e Frantz Fanon.

Uma ocorrência paradigmática do emprego dessa expressão por Freyre será em discurso de 1962, reagindo à onda descolonizadora, em que critica energicamente o apoio do governo de João Goulart à independência de Angola.[138]

É por essa mesma altura, nota Guimarães, que o uso ambivalente (por Freyre e outros) da expressão "democracia racial", mantida entre os polos da realidade concreta e da idealidade futura, suscita uma firme denúncia do termo como "mistificação formal e ideológica".[139] Dez anos antes, porém, em 1952, ainda não se chegou a tanto.

O terceiro e último aspecto do instante freyriano do Projeto Unesco não vem diretamente do âmbito multilateral, mas do editorial, se tomarmos a liberdade de explorar em um círculo concêntrico a vida intelectual parisiense daquela altura. Saindo da Unesco, vamos à editora Gallimard, que, no mesmo ano de 1952, publica *Maîtres et esclaves*, de Freyre, em uma série de livros de autores do hemisfério sul associada mais ou menos diretamente à iniciativa de renovação intelectual emanada da Unesco.[140]

Outra vez, não tenho a menor pretensão de esgotar um assunto de vasta bibliografia, mas apenas de frisar o eco de Freyre no debate colonialista europeu do início da década de 1950. São de Lucien Febvre, um dos fundadores da ilustre corrente historiográfica conhecida como Escola dos Anais, estas palavras de louvor no prefácio da edição francesa de *Casa-grande & senzala*:

---

137 Guimarães, "Democracia racial", p. 153.

138 "Que afinidade com esses afrorracistas, cruamente hostis ao mais precioso valor democrático que vem sendo desenvolvido pela gente brasileira – a democracia racial – pode haver da parte do Brasil?" Freyre, *O Brasil em face das Áfricas negras e mestiças*, p. 45.

139 Guimarães, "Democracia racial", p. 151.

140 Ver Venancio e Furtado, *Mestiça cientificidade*.

> O livro de Gilberto Freyre [...] coloca, à sua maneira, no seu próprio campo, o maior dos problemas que se apresentam, em 1952, aos herdeiros da velha civilização europeia. Por toda parte, eles veem rebelarem-se contra si os povos de cor [...] que acreditaram poder, ao seu tempo, a seu gosto e na medida que lhes convinha, assimilar e, para usar sua linguagem, elevar ao nível do branco civilizado. E eis que esses povos sacodem o jugo. Não que detenham a força. Por ora, ela permanece nas mãos desses ocidentais que, para tantas outras regiões, são orientais. Mas usar essa força – moralmente, a coisa revela-se desconfortável. E esse embaraço iguala, em certa medida, as chances e os poderes [...] Para tais problemas, o livro de Gilberto Freyre certamente não traz a solução. Ele nunca se propôs a isso. Mas todo ele nos convida, da forma mais premente, a refletir sobre o que eles significam.[141]

Já vimos como Freyre se tornara a referência intelectual óbvia para o que é, na Unesco – do representante do Brasil na instância intergovernamental ao burocrata do departamento de Ciências Sociais –, a difusão da tese da democracia étnica e social, ou simplesmente da "democracia racial".

O Brasil reluziria, com chancela da Unesco, como exemplo ao mundo, emanando uma revigorada moralidade geográfica – pela coordenada tropical – e política – pelo ideal democrático –; emanando, para resumir, uma nova moralidade geopolítica.

Mas, ao mesmo tempo que atua para situar o Brasil nessa condição notável (o que evidentemente não faz sozinho, haja vista o papel de Arthur Ramos e a rotinização de sua interpretação na diplomacia brasileira), Freyre firma-se pessoalmente como referência de uma "biblioteca do reformismo colonial" europeu.[142] Atribuindo centralidade ao caso brasileiro, Freyre procura inspirar a renovação das estruturas imperiais em um pós-guerra ainda anterior aos grandes reveses europeus em Angola, Argélia ou Vietnã – e é lido e repercutido como tal, da Lisboa salazarista à nata intelectual parisiense, com corroborações até frankfurtianas.

***

[141] Febvre, "Brésil, terre d'histoire", p. 17-19.

[142] Barbosa, *Escrita histórica e geopolítica da raça*, p. 206.

Voltemos a 1949 para começar a tratar de Nova York. O nome de Freyre deve ocorrer naturalmente ao Itamaraty na preparação da lista de integrantes da delegação do Brasil à quarta sessão da Assembleia Geral, que se reúne de setembro a novembro daquele ano na sede provisória das Nações Unidas em Lake Success, no estado de Nova York.

Além de sua participação na reunião da Unesco em 1948, sobre a qual discorre em sua aludida conferência na biblioteca do ministério, é preciso lembrar que continuava no cargo de deputado federal, sendo hábito enviar observadores parlamentares para acompanhar os trabalhos da Assembleia.

Freyre é designado para negociar pelo Brasil na Terceira Comissão da Assembleia Geral, a cargo de temas sociais e culturais, escolha compreensível à luz de sua trajetória. Por uma razão prosaica, a reforma do arquivo do Itamaraty no Rio de Janeiro à altura em que realizei a pesquisa deste tópico, não tive acesso às instruções remetidas a Freyre em sua missão.

Mas o processo negociador é, em si, curto e pouco complexo, estando registradas, em notas taquigráficas, as intervenções do pernambucano nas sessões da Terceira Comissão. O grande tema da agenda a que se dedica Freyre é a revisão do mandato do Fundo das Nações Unidas para a Infância, a Unicef.

A entidade, estabelecida em 1946 por uma resolução da Assembleia Geral, sofre agora, três anos depois, um exame de seu funcionamento. Falando a 18 e 21 de novembro de 1949, "Mr. Freyre (Brazil)", como anota o serviço de taquigrafia, sustenta que o "período dramático" dos primeiros anos após a Segunda Guerra, em que fora necessário focar a ação da Unicef na Europa, "havia se tornado história passada".[143]

No entendimento do delegado brasileiro, a resolução número 57 da Assembleia, que criara a Unicef em 1946, estava ultrapassada em importantes aspectos. Não era mais possível, pondera, conferir "alta prioridade às crianças de países vítimas de agressão",[144] linguagem com que a resolução em questão dava absoluta centralidade à Europa na alocação de recursos da Unicef.

---

[143] *Official Records of the General Assembly – Fourth Session*, Third Committee, 266th meeting, Friday, 18 November 1949, at 3 pm, New York. Documento A/C.3/SR.266, p. 156. DHL.

[144] *Documentos Oficiales de la Asamblea General – Primero Periodo de Sesiones*, Resoluciones aprobadas sobre la base de los informes de la Tercera Comisión. 57 (I). Creación de un Fondo Internacional de Socorro a la Infancia. 56ª sesión plenaria, 11 de diciembre de 1946, p. 91. DHL.

Freyre critica a falta de qualquer compromisso com uma reorientação dos recursos da Unicef, superado o imediato pós-guerra, rumo a países subdesenvolvidos, mesmo diante de estatísticas que mostravam uma mortalidade infantil muito maior, por exemplo, na América Latina.

Observa que "O termo 'prioridade'", na resolução 57, "parece ter-se tornado sinônimo de 'exclusividade'"; na verdade, diz, "era o princípio da universalidade [...] que devia estar acima de tudo". [145] Era preciso ouvir a ciência e reorientar as prioridades em consonância com o que ela indicava.

A tese não era incontroversa: a delegada dos Estados Unidos na Terceira Comissão, Eleanor Roosevelt, responde a Freyre reconhecendo que "as necessidades das áreas subdesenvolvidas do mundo estão vastamente além do escopo da Unicef", pelo que a entidade precisava "enfrentar com sabedoria" a questão de suas "limitações".[146]

Em coordenação com a Argentina, Freyre apresenta uma proposta de texto que cobra a destinação de "uma maior proporção dos recursos do Fundo [a Unicef] ao desenvolvimento de programas fora da Europa".[147] A proposta desperta dificuldades e alguns países desenvolvidos chegam a propor a retirada da linguagem argentino-brasileira. Nesse ponto, falando pela Argentina e pelo Brasil, o delegado argentino insiste em que se trata de uma "questão de princípio" de que os dois países não abririam mão.[148]

Uma contraproposta da delegada dos Estados Unidos abranda um pouco os termos da decisão, trocando a redação proposta por Freyre (que "Aprova" uma promessa da burocracia da Unicef de descentralizar mais os

---

[145] *Official Records of the General Assembly – Fourth Session*, Third Committee, 267th meeting, Monday, 21 November 1949, at 3 pm, New York. Documento A/C.3/SR.267, p. 162-163. DHL.

[146] *Official Records of the General Assembly – Fourth Session*, Third Committee, 266th meeting, Friday, 18 November 1949, at 3 pm, New York. Documento A/C.3/SR.266, p. 157. DHL.

[147] *Documentos Oficiales de la Asamblea General – Cuarto Periodo de Sesiones*, Resoluciones aprobadas sobre la base de los informes de la Tercera Comisión. 318 (IV). Fondo Internacional de Socorro a la Infancia (Naciones Unidas). 246ª sesión plenaria, 2 de diciembre de 1949, p. 39. DHL

[148] *Official Records of the General Assembly – Fourth Session*, Third Committee, 267th meeting, Monday, 21 November 1949, at 3 pm, New York. Documento A/C.3/SR.267, p. 167. DHL.

seus recursos) por outra menos incisiva (que "Nota com satisfação" essa promessa). Com isso, o projeto de texto argentino-brasileiro é acolhido e se torna parte da resolução aprovada, sem votos contrários, no início de dezembro de 1949, ao fim da quarta sessão da Assembleia Geral.

No mês seguinte, Freyre reflete sobre o episódio em um artigo na revista *O Cruzeiro*. Colocando-se entre os delegados que tiveram, "como enviados de nossos governos, o gosto de ser companheiros de comissão de Mrs. Roosevelt",[149] destaca que o conhecimento, pela antiga primeira-dama, da realidade do Nordeste, aonde tinha viajado durante a Segunda Guerra acompanhando Franklin Delano Roosevelt, teria influído em sua abertura à busca de uma solução do problema da Unicef.

Gaba-se de haver logrado, com o apoio da "ilustre norte-americana", que a Organização das Nações Unidas "estendesse à América Latina – inclusive o Brasil, onde a mortalidade infantil é alarmante – à Ásia e à África, o trabalho admirável de assistência que vem realizando nos países da Europa mais devastados pela última guerra".[150]

O crucial da experiência de Freyre como delegado brasileiro em 1949 é a afirmação do princípio de que as organizações internacionais deviam ser genuinamente universalistas em sua ação, abrindo-se portanto às solicitações da realidade tropical e (no limite) à liderança brasileira, sem se deixarem cooptar pelas agendas das grandes potências.

Trata-se de uma percepção, no nível granular, das dificuldades para o controle efetivo de uma burocracia internacional, desafio com que Freyre já estava lidando, àquela altura, em Paris, com as articulações à volta do Projeto Unesco.

Descentrar uma ordem fixada nas – e pelas – potências tradicionais e tropicalizar as agendas dessas novas burocracias internacionais exigia combatividade dos delegados brasileiros, e é esse o espírito que emana da coalizão Brasil-Argentina – significativamente orientada a uma causa latino-americana, não sul-americana – formada por Freyre em Lake Success para fincar pé em uma questão de princípio.

Saltemos agora a 1954, quando Freyre colabora com a Comissão das Nações Unidas sobre a Situação Racial na União Sul-Africana. A Comissão, conhecida por Uncors, sua sigla em inglês, é o primeiro instrumento

149 Freyre, "Com Mrs. Roosevelt em New York", p. 10.

150 Freyre, "Com Mrs. Roosevelt em New York", p. 10.

concebido para o tratamento internacional do problema do *apartheid* sul-africano.[151]

Estabelecida em 1952 como órgão subsidiário da Assembleia Geral, a Uncors compõe-se de três membros escolhidos a título pessoal: um funcionário das Nações Unidas de nacionalidade francesa, um diplomata haitiano e um diplomata chileno. Este último, de nome Hernán Santa Cruz, preside os trabalhos.

Em dezembro de 1953, uma resolução da Assembleia Geral solicita à Uncors que sugira medidas que possam "aliviar a situação e facilitar um equacionamento pacífico" na África do Sul.[152] Para cumprir esse mandato, a Uncors obtém recursos, no Secretariado, para a contratação de um "consultor especializado em sociologia".[153]

Em 10 de março de 1954 o diretor de pessoal das Nações Unidas, um senhor Palthey, telegrafa a Freyre convidando-o à função. A colaboração, remunerada em US$ 1 mil, deveria ser entregue impreterivelmente até 1º de junho e constar de um estudo de até vinte mil palavras sobre "a experiência de outros países na matéria, mais especificamente as medidas que possam ser aplicadas para eliminar ou atenuar os conflitos raciais e as discriminações raciais".[154]

Por um equívoco de endereços, o telegrama vai para o Rio de Janeiro, embora Freyre viva no Recife. Uma duplicata afinal alcança Apipucos no fim do mês, e a 30 de março Freyre responde afirmativamente ao convite, solicitando uma remessa de livros por via aérea para dispor de bibliografia recente para a tarefa.

---

[151] Santa Cruz, *Racial Discrimination.* Ver também United Nations, *The United Nations and Apartheid 1948-1994*, p. 8-29.

[152] *Documentos Oficiales de la Asamblea General – Octavo Periodo de Sesiones*, Resoluciones aprobadas sobre la base de los informes de la Comisión Política *Ad Hoc*. 721 (VIII). La cuestión del conflicto racial en el Africa del Sur resultante de la política de segregación racial (*apartheid*) del Gobierno de la Unión Sudafricana. 469ª sesión plenaria, 8 de diciembre de 1953, p. 7. DHL

[153] "Interoffice Memorandum. From J. A. Romanos, Principal Secretary of UNCORS, to Andrew W. Cordier, Executive Assistant to the Secretary-General. Subject: Appointment of consultants for UNCORS. 3 March 1954", p. 1. DHL.

[154] "Télégramme adressé le 10 Mars 1954 par le Directeur du Personnel des Nations Unies à Monsieur le Docteur Gilberto Freyre 364 Avenida Rui Barbosa Rio de Janeiro", p. 2. DHL.

Em maio, é Santa Cruz, o presidente da Uncors, quem escreve ao Recife, esclarecendo: "fui eu quem sugeriu o seu nome desde o primeiro momento, estimando que não existiria outra pessoa que, com mais autoridade e experiência, pudesse ajudar a Comissão nessa matéria".[155]

A 22 de maio Freyre posta o seu estudo para Nova York junto a uma carta ao secretário da Uncors, Ezekiel Gordon. Escrevendo à mão em papel com o timbre da Livraria José Olympio Editora, destaca ter redigido o estudo em exíguo mês e meio:

> Foi um esforço quase hercúleo preparar um texto sobre um tema tão complexo e difícil em tão pouco tempo e num momento em que eu estava sob pressão devido a trabalhos urgentes, de natureza profissional, com meus editores aqui. Só o fiz para expressar, mesmo com prejuízo pessoal, a minha atitude de cooperação para com a Organização das Nações Unidas em geral e, em particular, para com meu amigo – um estadista distinto de tipo moderno – o Sr. H. Santa Cruz.[156]

Freyre começa o estudo notando que, considerada a gravidade do *apartheid*, não bastaria "sabedoria política" para tratar do caso; caberia, fundamentalmente, a intervenção das ciências sociais, nomeadamente da "sociologia comparada".[157]

Brasil e África do Sul surgem como "extremos mais característicos do ponto de vista dos conceitos raciais":[158] assimilação *versus* segregação. Como era de se esperar, o equacionamento do problema sul-africano passaria pela transição do segundo ao primeiro extremo: a adoção, pela África do Sul, da "solução brasileira dos conflitos raciais e culturais pela mistura das raças e pela interpenetração cultural", isto é, "o exemplo brasileiro da democracia étnica".[159]

Essa solução derivaria da multissecular formação social do Brasil no quadro da expansão marítima portuguesa e da religião católica, ambas

---

155 "Señor Gilberto Freyre, Apipucos, Recife, Brasil, 14 de mayo de 1954", anexo. DHL.

156 "Mr. Ezekiel Gordon, Committee of the United Nations for the Study of the Racial Situation in South African Union. New York. May 22, 1954", p. 1. DHL.

157 Freyre, "Eliminação de conflitos e tensões entre raças", p. 144.

158 Freyre, "Eliminação de conflitos e tensões entre raças", p. 179-180.

159 Freyre, "Eliminação de conflitos e tensões entre raças", p. 137 e p. 190.

associadas ao assimilacionismo. Dos dois fatores, interessa especialmente ao autor frisar o sentido assimilacionista da colonização portuguesa: "Essa política, adotada deliberadamente no século XV pelo Príncipe Henrique, o Navegante, persistiu entre os portugueses até a época atual".[160]

Assim, não era apenas o Brasil a oferecer um exemplo de "sociologia comparada" à África do Sul, mas as próprias possessões africanas e asiáticas de Portugal. Também nelas atuaria um nacionalismo lusitano "mais cristocêntrico que etnocêntrico", e por isso mesmo dito capaz de difundir a civilização europeia "sem criar sulco social profundo entre europeus e não europeus".[161]

Em Freyre, o cristocentrismo, antes chamado antropocentrismo, aponta àquelas sociedades tropicais que, sob domínio europeu em geral, teriam tido a ventura, em particular, de ser tuteladas por povos inclinados a lhes proporcionar uma formação híbrida e assimilacionista. O Brasil e seus congêneres lusotropicais constituiriam, voltando ao argumento de 1940, a realização da ideia de Thomas Stearns Eliot de uma sociedade cristã. O cinturão tropical enquadra-se, novamente, pela lógica da exemplaridade.

A raiz sociologicamente cristã – e portanto: fraterna – desse trópico sem "sulco social profundo", social e etnicamente democrático, é o que faltaria ao equacionamento de uma situação fortemente etnocêntrica como a deparada na África do Sul.

E não só na África do Sul: os escritos lusotropicais de Freyre estão repletos de referências ao risco de que se as potências coloniais europeias mantivessem a linha etnocêntrica acabariam por estimular o independentismo por parte de suas populações tropicais. Só o reformismo colonial de sentido antropocêntrico as poderia proteger da onda descolonizadora, um raciocínio que Freyre insinua valer até para Portugal.[162]

Naturalmente, nada disso se corrigiria da noite para o dia, mas a fórmula estava dada. A longo prazo, o segregacionismo seria inviável. Daí o porquê de Freyre, com base nos exemplos citados, aconselhar que as Nações Unidas podiam ter um impacto na África do Sul orientando-se por uma espécie de jogo burkiano entre conservação e reforma:

---

[160] Freyre, "Eliminação de conflitos e tensões entre raças", p. 120.

[161] Freyre, "Eliminação de conflitos e tensões entre raças", p. 117 e p. 181.

[162] Freyre, *Aventura e rotina*, *passim*.

> Não resta senão deixar que o tempo aja na África do Sul, como acontece nos Estados Unidos, em favor da assimilação ou da fusão das raças e das culturas em uma nova cultura e em uma nova ordem social comuns. Todavia, aí como em outros lugares, a obra do tempo pode ser acelerada pela ação de homens que, embora quase sempre hesitantes em ver realizar-se rapidamente a evolução que lhes parece favorável ao bem geral, não são contudo destes conservadores imobilistas que deixam exclusivamente ao tempo o cuidado de melhorar a condição humana.[163]

Nisso residia, talvez, um exemplo do que em outra ocasião, um artigo de imprensa de 1949, Freyre chamou o "idealismo prático" das Nações Unidas: fomentar a superação dos antagonismos entre raças, permitindo, com isso, um nacionalismo de sentido menos crispado.[164] Idealismo prático era, diga-se de passagem, um empréstimo tomado a Joaquim Nabuco. Em *Um estadista do Império* o autor falara na sabedoria de atuar tendo à vista "um grande objetivo", "às vezes longínquo", mas relacionando-o em tudo à "sociedade presente", e procurando nela "seus pontos de apoio e seus meios de ação".[165]

Como as reuniões da Uncors ocorrem nas Nações Unidas em Genebra, com o francês como língua de trabalho, o texto de Freyre, escrito em inglês, é traduzido para aquela língua e recebe do Secretariado um título em alto estilo multilateral: "Eliminação dos conflitos e tensões entre raças (métodos empregados em diversos países, notadamente aqueles onde as condições mais se aproximam à situação na União Sul-Africana)".

O estudo é circulado para os membros da Uncors, em 25 de agosto de 1954, como documento oficial da Assembleia Geral. Como previsto, o estudo de Freyre subsidia um relatório da própria Uncors sobre as formas de abrandar as tensões na África do Sul, que por sua vez subsidia a confecção de uma resolução da Assembleia Geral sobre o *apartheid*.[166]

---

[163] Freyre, "Eliminação de conflitos e tensões entre raças", p. 160.

[164] Freyre, "A missão da ONU". Ver ainda, para outras opiniões do autor sobre as Nações Unidas em seu tempo de deputado federal, Freyre, *Quase política*.

[165] Nabuco, *Um estadista do Império*, t. I, p. 61. Nessa retomada do Nabuco historiador, Freyre também se coloca nas cercanias do pensamento de Edmund Burke. Discuti o aporte do irlandês para o colonialismo reformista de Freyre em Feldman, *Mar e sertão*.

[166] Para o documento original do texto de Freyre, ver "Nations Unies. Assemblée Generale. Comission des Nations Unies Por l'Étude de la Situation Raciale dans

Importa, para nossos fins, observar como a linguagem do estudo de Freyre é refletida no relatório da Uncors (fruto das discussões dos três integrantes do órgão em Genebra), repercutida na visão das várias delegações envolvidas no debate parlamentar na Assembleia Geral (de volta a Nova York) e avaliada na resolução que afinal se aprova sobre o tema do *apartheid*.

O relatório da Uncors, circulado em 26 de agosto de 1954, resume, em seu sétimo capítulo, as considerações de Freyre. Reitera a exemplaridade do caso brasileiro e aborda positivamente, legitimando-a, a atuação colonizadora portuguesa:

> 317. O Brasil oferece um exemplo extremamente interessante de integração racial e de convivência pacífica entre diferentes grupos étnicos – europeus (portugueses), indígenas, negros africanos e, posteriormente, imigrantes alemães, japoneses, italianos e de outras origens. O estudo do Professor Freyre apresenta um relato detalhado do desenvolvimento, das causas e das características particulares desse processo de integração, do qual se depreende que a tradição atual no Brasil teve origem muito antes de o país alcançar a independência, sendo resultado da política aplicada por Portugal em todas as suas colônias – uma política que foi mantida e reforçada pelo Império e pela República. Hoje, o Brasil pode justamente orgulhar-se de ter resolvido com sucesso um problema que poderia ter tido consequências graves e do qual outras nações ainda não conseguiram se libertar.[167]

Em dezembro de 1954, o que então se chamava Comissão Política *Ad Hoc* da Assembleia Geral discute o relatório da Uncors com vistas à tomada de decisão sobre o assunto. A visão da delegação do Brasil, expressa por Henrique de Souza-Gomes, retoma o que já se poderia chamar de lugar comum da exemplaridade brasileira:

---

l'Union Sud-Africaine. Quatrième session. Élimination des conflits et tensions entre les races (Méthodes employées dans divers pays notamment ceux où les condition se rapprochent le plus de la situation dans l'Union Sud-Africaine). Étude preparée par le Professeur Gilberto Freyre". Documento A/AC.70/3. DHL.

[167] *Official Records of the General Assembly – Ninth Session*, Supplement No. 16, Second Report of the United Nations Commission on the Racial Situation in the Union of South Africa. New York, 1954. Documento A/2719, p. 79. DHL.

> 102. Sr. DE SOUZA GOMES (Brasil): [...] No Brasil, observamos fielmente o princípio da igualdade absoluta entre os homens, sem qualquer distinção de raça ou cor, e não podemos tolerar qualquer discriminação baseada em preconceitos dessa natureza. No exterior, a nossa política deriva sua força da bem conhecida moderação e do realismo que procuramos preservar em todos os momentos e em todas as situações.[168]

O processo parlamentar na Comissão Política *Ad Hoc* entre 3 e 8 de dezembro de 1954 mostra que a linguagem da delegação brasileira, e talvez especialmente a tese freyriana sobre o assimilacionismo como política multissecular de Portugal, não era acolhida com unanimidade nas Nações Unidas.

Apresenta-se, pela Índia, um projeto de resolução que, entre outras medidas,

> 4. *Convida* o Governo da União Sul-Africana a que reconsidere sua posição à luz dos elevados princípios que se enunciam na Carta das Nações Unidas, tendo em conta o compromisso contraído por todos os Estados membros de respeitar os direitos humanos e as liberdades fundamentais sem distinção de raça e tendo ademais em conta a valiosa experiência de outras sociedades multirraciais de que se dá conta no capítulo VII [que resume o estudo de Freyre] do relatório da Comissão [isto é, da Uncors].[169]

Surge uma moção na Comissão Política *Ad Hoc*, ao apreciar-se esse parágrafo operativo do projeto de resolução, para que o texto seja votado em duas partes: do início até a palavra "raça" e daí em diante; ou seja, destaca-se, para votação em separado, o trecho que corrobora a tese freyriana.

A votação da primeira parte do parágrafo dá em uma aprovação por 38 países a favor, 7 contrários e 8 abstenções. Na segunda parte do parágrafo o apoio diminui e a rejeição aumenta: 34 a favor, 11 contra e as

---

[168] *Official Records of the General Assembly – Ninth Session*, 511th Plenary meeting, Tuesday, 14 December 1954, at 10.30 am, New York. Documento A/PV.511, p. 488. DHL.

[169] *Documentos Oficiales de la Asamblea General – Noveno Periodo de Sesiones*, Resoluciones aprobadas sobre la base de los informes de la Comisión Política *Ad Hoc*. 820 (IX). La cuestión del conflicto racial en el Africa del Sur resultante de la política de segregación racial (*apartheid*) del Gobierno de la Unión Sudafricana. 511ª sesión plenaria, 14 de diciembre de 1954, p. 9. DHL.

mesmas 8 abstenções. A seguir vota-se o parágrafo como um todo: 36 países a favor, 9 contra, 7 abstenções.[170]

A resolução como um todo seria aprovada a 8 de dezembro, na Comissão Política *Ad Hoc*, por 34 a favor a 9 contrários, com 10 abstenções. Seis dias mais tarde, o texto iria a voto no plenário da Assembleia Geral, sendo definitivamente aprovado por 40 a favor, 10 contra e 10 abstenções.

A delegação brasileira, apesar de subscrever as teses de Freyre, abstém-se nas votações (tanto na Comissão *Ad hoc* como no plenário da Assembleia) da resolução como um todo, por discordar de outro parágrafo do documento, que determinava a continuidade dos trabalhos da Uncors. Argumenta-se que seria "irrealista insistir na imposição, ao governo da União [Sul-Africana], de um tipo de assistência técnica [da Uncors] que ela se recusa a aceitar".[171]

Na prática, o Brasil, com outros latino-americanos, associa-se, pela abstenção, a potências colonialistas e países ocidentais para atenuar a pressão sobre o governo da África do Sul. Dentre os votos contrários à resolução estão os de Bélgica, França, Holanda e Reino Unido, além da própria África do Sul.

Em dezembro do ano seguinte, 1955, a Assembleia Geral não renova o mandato da Uncors, que cessa os seus trabalhos.[172] Mas, nessa mesma ocasião, a Assembleia Geral não deixa de repetir o seu convite a que a África do Sul reconsidere a sua política racial.

O parágrafo-chave de 1955 reproduz, com poucas mas importantes adaptações, a linguagem da resolução de 1954, há pouco transcrita. Umas das diferenças dignas de nota é esta: elimina-se todo o trecho final do parágrafo de 1954 que convidava as autoridades sul-africanas a ter em conta a "valiosa experiência de outras sociedades multirraciais".[173]

---

[170] Ver "United Nations. General Assembly. Ninth session. Agenda item 23. The Question of Race Conflict in South Africa resulting from the policies of *Apartheid* of the Government of the Union of South Africa: Report of the United Nations Commission on the Racial Situation in the Union of South Africa. Report of the *Ad Hoc* Political Committee. *Rapporteur*: Mr. Adil Derinsu (Turkey). 11 December 1954". Documento A/2857, p. 4. DHL.

[171] *Official Records of the General Assembly – Ninth Session*, 511th Plenary meeting, Tuesday, 14 December 1954, at 10.30 am, New York. Documento A/PV.511, p. 488. DHL.

[172] Ver, a respeito, Albuquerque e Silva, *Combate ao racismo*.

[173] Ver *Documentos Oficiales de la Asamblea General – Décimo Periodo de Sesiones*, Resoluciones aprobadas sobre la base de los informes de la Comisión Política *Ad Hoc*.

Tudo isso sublinha como as teses colonialistas de Freyre chegam às Nações Unidas no exato momento em que a Organização começa a vivenciar a descolonização afro-asiática, que vai inviabilizando a repercussão daquelas ideias. Em 1959, Freyre já reclama que seu estudo de cinco anos antes está engavetado em Nova York "por motivos políticos".[174]

Criada em 1945 com 51 Estados membros, até 1954 as Nações Unidas só admitirão 9 novos países, subindo a um total de 60 membros, em uma média de um novo ingresso por ano.

Em 1955, justamente, virá um salto, com o ingresso de 16 novos países no curso do ano e a passagem a um total de 76 membros. Na dinâmica parlamentar da Organização começa a adivinhar-se uma incipiente maioria afro-asiática. Conforme avança a segunda metade dos anos 1950, as teses colonialistas vão-se tornando, lenta mas inexoravelmente, minoritárias. O trópico se enquadra menos pelo foco na exemplaridade brasileira do que pela premência da proteção do colonialismo lusitano.

É nesse ponto de virada do multilateralismo do pós-guerra que Portugal ingressa nas Nações Unidas, em fins de 1955. Poucos meses antes, em fevereiro de 1955, o observador português junto à Organização sinaliza à delegação brasileira em Nova York o interesse de Lisboa em dar máxima circulação ao estudo preparado por Freyre para a Uncors. Portugal já busca elementos para a defesa de sua posição perante o que, pressente, será um âmbito hostil.

A missão brasileira em Nova York, ao remeter à Secretaria de Estado, no Rio de Janeiro, o inteiro teor do estudo de Freyre, agrega a seguinte observação:

> O observador português junto às Nações Unidas, Senhor Lucena, informou a Delegação que o estudo em apreço foi lido com o maior interesse no Ministério dos Negócios Estrangeiros de Portugal, acrescentando que, "em face do relevo nele dado, por um dos mais eminentes peritos em questões raciais, ao caráter tradicionalmente antirracista de brasileiros e portugueses, o Ministério dos Negócios Estrangeiros de Portugal atribui especial valor ao referido estudo, e, sabendo que

917 (X). La cuestión del conflicto racial en el Africa del Sur resultante de la política de segregación racial (*apartheid*) del Gobierno de la Unión Sudafricana. 551ª sesión plenaria, 6 de diciembre de 1955, p. 10. DHL.

[174] Freyre, *Prefácios desgarrados*, p. 203.

> o mesmo não foi distribuído durante a Nona Sessão da Assembleia Geral das Nações Unidas, poria o maior empenho na sua oportuna divulgação entre as Delegações de todos os países membros daquele organismo internacional".[175]

Chegada às Nações Unidas em Nova York pela indicação de um diplomata chileno em posição estratégica na teia de órgãos subsidiários da Assembleia Geral, a obra de Freyre molda fugazmente o tratamento do tema do *apartheid* pelos Estados membros e vai terminar, pouco depois, sendo manejada como escudo pela delegação portuguesa, que insta a diplomacia brasileira a repercutir esse ideário em sua defesa.

A partir do momento em que o colonialismo português entra na agenda das Nações Unidas, em 1956, o Brasil não poderá votar completo desinteresse por essa problemática extracontinental. O Brasil apoiará prontamente Portugal na Organização, em uma linha multilateral congruente com os interesses da comunidade portuguesa no país, e especialmente no Rio de Janeiro, centro político da federação, imbuída da visão do Estado Novo.[176]

As relações pessoais de Juscelino Kubitschek com o professor Oliveira Salazar dão a dimensão visível dessa amizade política entre os dois países, pela qual os crescentes ataques a Portugal começam a ser assimilados no Brasil como um problema internacional sério.

A colaboração das delegações em Nova York não basta, em si, para desfazer em Freyre a impressão de que a política externa brasileira só atua de fato no hemisfério, abandonando suas responsabilidades concretas no trópico. Proteger Portugal exigiria, em sua visão, cooperação econômica, militar, cultural: um patamar de colaboração extradiplomático que o governo brasileiro não estava disposto (ou não pôde ser sensibilizado) a oferecer.

É, portanto, apenas no âmbito diplomático que se desenrola o caso. Mas, nele, a gramática freyriana de um interesse extracontinental será constitutiva da própria expressão do apoio a Portugal. É nesse ponto que a diplomacia brasileira passa da repetição do argumento sobre a exemplaridade

---

[175] "Delegação dos Estados Unidos do Brasil junto às Nações Unidas à Secretaria de Estado das Relações Exteriores. No. 110. Eliminação de conflitos e tensões entre as raças. Estudo do Professor Gilberto Freyre. 23 de fevereiro de 1955", p. 1-2. AHI, com meu agradecimento a Frederico Antônio Ferreira.

[176] Ver Gonçalves, *O realismo da fraternidade.*

do convívio racial no Brasil à formulação de uma leitura colonialista, de inspiração freyriana, da Carta das Nações Unidas, com o objetivo de dar guarida ao colonialismo português na Organização.[177]

Denunciar o racismo e denunciar o colonialismo eram, com efeito, coisas diferentes.[178] O trópico – colonialista e antirracista, na visão de Freyre – torna-se, aqui, conceito de combate da delegação brasileira no ambiente do multilateralismo nova-iorquino.

A rigor, a linha de conduta do Brasil nas Nações Unidas vinha sendo colonialista desde antes do ingresso de Portugal na Organização. É o que diz o representante permanente do país em Nova York, Cyro de Freitas-Valle, em memorando à Secretaria de Estado datado de janeiro de 1956.

Notando que, após a conferência de Bandung, em 1955, se havia fixado um polo afro-asiático no jogo parlamentar da Organização, com liderança da Índia, Freitas-Valle afirma que o Brasil vinha se situando no polo oposto – colonialista – do espectro: "Um grupo é 'colonialista até onde se pode ser' [...] O Brasil tem estado praticamente filiado a tal corrente".[179]

Com o ingresso de Portugal, a instância responsável por temas coloniais nas Nações Unidas, a Quarta Comissão da Assembleia Geral, torna-se palco – anualmente a partir de 1956 – de discussões sobre o *status* das possessões ultramarinas portuguesas. Interessa, para nosso assunto, o debate de janeiro e fevereiro de 1957.

Ao entrar na Organização, o governo português recebera missiva do secretário-geral Dag Hammarskjöld indagando, em obediência ao Art. 73

---

[177] Registrando atitudes erráticas a favor da descolonização sob Dutra, Vargas e Café Filho, uma história da posição brasileira quanto ao colonialismo português nas Nações Unidas identifica, no governo Kubitschek, o momento do apoio indiscutível a Lisboa, "sem rodeios e hesitações públicas", ainda que se observasse "a crítica a essa mesma posição nos bastidores de um Itamaraty dividido". Leme, *Absurdos e milagres*, p. 133 e p. 145. Para algumas visões internas do Itamaraty sobre a volta à posição colonialista a partir de 1964, inclusive da continuação das tensões com a diplomacia portuguesa, ver Carrières, *A gestão de Vasco Leitão da Cunha no Itamaraty e a política externa brasileira*, p. 483-490.

[178] Cf. Lima, "O Brasil e a independência de Angola".

[179] "Delegação do Brasil à X Assembleia Geral das Nações Unidas à Secretaria de Estado das Relações Exteriores. No. 121. IV Comissão. Tutela e territórios não autônomos. Carta de apresentação. Nova York, 16 de janeiro de 1956", p. 1. BAS.

da Carta das Nações Unidas, se o país administrava algum território colonial. Se administrasse, deveria, em anuência ao disposto na alínea "e" daquele artigo, apresentar informações ao secretário-geral sobre as condições econômicas, sociais e educacionais nas suas possessões ultramarinas.

Ocorre que, com sua reforma constitucional de 1951, o governo português configurara o Estado como unitário, composto de províncias europeias (Portugal continental) e ultramarinas (Angola, Cabo Verde, Goa, na Índia, Guiné Bissau, Macau, na China, Moçambique, São Tomé e Príncipe e Timor Leste, entre outros). Sustentando que as "províncias ultramarinas portuguesas não têm vocação para a independência separada",[180] o primeiro-ministro Oliveira Salazar determina que se responda negativamente à consulta de Hammarskjöld.

Essa resposta motiva a abordagem do tema, por iniciativa da delegação do Iraque, na Quarta Comissão da Assembleia Geral. O bloco afro-asiático faz aprovar uma resolução, na Comissão, que pretendia instituir um comitê especial para estudar quão compatíveis com a Carta das Nações Unidas eram as respostas de países recém-ingressados na Organização sobre a posse de colônias (um eufemismo para falar em Portugal).[181]

É no debate sobre essa proposta de resolução que a delegação brasileira intervém em apoio a Portugal. Cabe ao delegado do país na Quarta Comissão, Donatello Grieco, expor a visão brasileira sobre o caso.

É preciso observar, antes de mais nada, que a leitura colonialista da realidade das Nações Unidas por Grieco antecedia a entrada de Portugal. Discorrendo, em relatório de 1956 sobre os trabalhos de 1955, o secretário Grieco designava os blocos ativos na Organização do modo similar ao seu chefe, o embaixador Freitas-Valle, mas com uma variação significativa: enquanto o representante permanente falava em "colonialistas", contrapostos "[a]os de Bandung",[182] o delegado na Quarta Comissão falava em "conservadores", contrapostos aos "demagogos".[183]

---

[180] Nogueira, *Salazar*, v. IV, p. 423.

[181] Ver os pormenores do caso em Silva, "O litígio entre Portugal e a ONU (1960-1974)".

[182] "Delegação do Brasil à X Assembleia Geral das Nações Unidas à Secretaria de Estado das Relações Exteriores. No. 121. IV Comissão. Tutela e territórios não autônomos. Carta de apresentação. Nova York, 16 de janeiro de 1956", p. 2-3. BAS.

[183] "Delegação do Brasil à X Assembleia Geral das Nações Unidas à Secretaria de Estado das Relações Exteriores. No. 121. IV Comissão. Tutela e territórios não autônomos.

Freitas-Valle indica preferir o Brasil em uma posição centrista, "um polo de medida, de bom senso", até porque o país "não tem colônias".[184] Já Grieco afiança que a própria estabilidade das Nações Unidas dependeria da compreensão da Carta como um tratado inerentemente dedicado a preservar a ordem colonialista.

Esse argumento era idêntico, substantivamente, à linha oficial de Lisboa, conforme expressa àquela mesma altura por um funcionário da burocracia colonial do Estado Novo, Adriano Moreira,[185] depois feito ministro do Ultramar, em 1961, ao estalar a insurreição de Angola.

Mas Grieco desenvolve o argumento de modo peculiar. Compare-se o que escreve com o que dizia no mesmo ano de 1956 o ex-chanceler João Neves da Fontoura, em prefácio a livro sobre o mundo afro-asiático. Para ele, "nosso liberalismo tradicional" ditaria o apoio à emancipação política das novas nações, mas nem por isso o Brasil faria desse ideal "um estímulo revolucionário", tanto mais grave em tempos de "exploração comunista" da causa anticolonial".[186]

Em seu relatório de 1956 sobre a sessão de 1955, Grieco não fica nessa dualidade entre liberalismo gradualista e comunismo revolucionário. Advoga, antes, um conservantismo com clara ressonância do discurso assimilacionista de Freyre. Fala, assim, no "choque permanente entre o grupo conservador inicialmente responsável pela fundação e o equilíbrio relativo da Organização, e o grupo heterogêneo formado em abril de 1955 na Conferência de Bandung, grupo inspirado na intolerância racial".[187]

Na diferença entre a alegação plana de comunismo, no diapasão simplista da Guerra Fria, e a de intolerância racial, mais afeita à chave freyriana, nota-se a peculiaridade da abordagem.

Relatório elaborado pelo secretário Donatello Grieco. Nova York, setembro a dezembro de 1955", p. 2. BAS.

184 "Delegação do Brasil à X Assembleia Geral das Nações Unidas à Secretaria de Estado das Relações Exteriores. No. 121. IV Comissão. Tutela e territórios não autônomos. Carta de apresentação. Nova York, 16 de janeiro de 1956", p. 1-2. BAS.

185 Ver Moreira, *Portugal e o Artigo 73 da Carta das Nações Unidas.*

186 Neves da Fontoura, "Carta-Prefácio", p. 14.

187 "Delegação do Brasil à X Assembleia Geral das Nações Unidas à Secretaria de Estado das Relações Exteriores. No. 121. IV Comissão. Tutela e territórios não autônomos. Relatório elaborado pelo secretário Donatello Grieco. Nova York, setembro a dezembro de 1955", p. 1. BAS.

Podemos, agora, chegar à intervenção de Grieco no debate da Quarta Comissão em janeiro de 1957, em que respaldará a linha salazarista com um discurso em que "claramente transparece" o influxo do lusotropicalismo de Freyre.[188]

De acordo com o delegado brasileiro, Portugal é conformado por um território espalhado por vários continentes mas unido por uma formação e um destino comuns. Esse território, repartido em "europeu, insular e ultramarino", entrelaça-se em "um só todo cultural e psicológico".[189]

A natureza da ação desse Estado não variaria entre os diferentes continentes, afirma Grieco, para quem a "obra civilizadora dos portugueses, tanto na América, como na África e na Ásia, pairou sempre acima dos meros elementos materiais do colonialismo tradicional".[190]

Não haveria "nesta sala" da Quarta Comissão – enfatiza ele na tarde de 30 de janeiro de 1957 – delegação mais autorizada do que a brasileira a dar o testemunho de que o Estado multicontinental português constituiria um sistema essencialmente fraternal, de "completa igualdade política", "sem discriminação de raça, de cor, de religião ou de condição social".[191]

Assim como as possessões africanas e asiáticas de Portugal agora em discussão, continua o delegado, o Brasil também fora por largos séculos uma província ultramarina, tendo recebido do colonizador o legado da atitude assimilacionista.

Se o Brasil se emancipara em 1822, teria sido por uma circunstância política, não advindo daí ressentimentos anticoloniais: "pois o rancor

---

[188] Valentim, *Contra o vento*, p. 633.

[189] "Discurso proferido pelo senhor Donatello Grieco, representante do Brasil, na Quarta Comissão da XI Assembleia Geral das Nações Unidas, em 30 de janeiro de 1957, sobre o item 'territórios não autônomos'", p. 1-2. AHI. Para as notas taquigráficas da reunião em tela, ver *Official Records of the General Assembly – Eleventh Session*, Fourth Committee, 617th meeting, Wednesday, 30 January 1957, at 3.25 pm, New York. Documento A/C.4/SR.617. DHL.

[190] "Discurso proferido pelo senhor Donatello Grieco, representante do Brasil, na Quarta Comissão da XI Assembleia Geral das Nações Unidas, em 30 de janeiro de 1957, sobre o item 'territórios não autônomos'", p. 1. AHI.

[191] "Discurso proferido pelo senhor Donatello Grieco, representante do Brasil, na Quarta Comissão da XI Assembleia Geral das Nações Unidas, em 30 de janeiro de 1957, sobre o item 'territórios não autônomos'", p. 5. AHI.

indefinido não cabe em atmosfera consolidada pelos laços de sangue e da cultura. Honramo-nos da nossa tradição lusitana".[192]

Agora, em 1957, Grieco erigia em modelo do Estado Novo salazarista a antiga estrutura político-jurídica multicontinental que fora a marca do reinado americano de Dom João VI iniciado em 1808. Citando o período joanino, não por coincidência exaltado pelo lusotropicalismo que Freyre propunha desde 1953,[193] o multilateralista brasileiro pretende fixar, na Quarta Comissão, o critério de que "Os Oceanos não representavam então, para Portugal, em relação ao Brasil, a Angola ou a Macau, qualquer espécie de solução de continuidade da soberania portuguesa".[194]

Mas justamente para alcançar esse fim Grieco deve converter o ângulo lusotropical em um determinado enquadramento jurídico da Carta das Nações Unidas que transcenda o caso particular das colônias portuguesas e aponte para uma visão sistêmica do colonialismo – o que Freyre não teve ocasião ou aptidão para fazer pessoalmente mas é, ao mesmo tempo, o ponto mais avançado da aplicação de seu programa.

É aí que Grieco chega ao cerne de seu discurso: a competência para determinar se um dado território é um "território não autônomo" – eufemismo da Carta para designar uma colônia – pertenceria ao Estado que o administra, e não às Nações Unidas.

Grieco procura mostrar que tanto a Carta, como tratado internacional, quanto a prática da Assembleia Geral, desde o início de seus trabalhos em 1946, convergiam no sentido de reconhecer essa competência como prerrogativa soberana de cada Estado membro da Organização.

Era essa a razão, indica, pela qual as respostas de cada país à pergunta do Secretário-Geral sobre se detinham, ou não, colônias nunca haviam sido questionadas na Assembleia Geral nos anos anteriores. Ao contrário: a Assembleia vinha meramente tomando nota das respostas, sem haver tentado definir o que fosse uma colônia ou aplicar tal definição a algum caso específico.

---

[192] "Discurso proferido pelo senhor Donatello Grieco, representante do Brasil, na Quarta Comissão da XI Assembleia Geral das Nações Unidas, em 30 de janeiro de 1957, sobre o item 'territórios não autônomos'", p. 6. AHI.

[193] Ver Freyre, *Um brasileiro em terras portuguesas*.

[194] "Discurso proferido pelo senhor Donatello Grieco, representante do Brasil, na Quarta Comissão da XI Assembleia Geral das Nações Unidas, em 30 de janeiro de 1957, sobre o item 'territórios não autônomos'", p. 6. AHI.

Grieco cita o livro *The Law of the United Nations*, do jurista Hans Kelsen, em abono de sua tese: "a Assembleia deixou a seus membros a determinação de que territórios se enquadram na categoria de não autônomos".[195]

E agrega por sua conta que tal determinação era tema constitucional dos Estados membros da Organização. Por isso, diz, "não cabe às Nações Unidas o exame, muito menos ainda a impugnação dos preceitos constitucionais de cada país".[196] Qualquer iniciativa da Assembleia na direção contrária seria uma usurpação da competência soberana de cada país.

As atas da Quarta Comissão mostram que, findo o discurso, o delegado peruano solicita que, à luz da "importância" do que acabava de sustentar Donatello Grieco,[197] a intervenção do Brasil fosse tornada documento oficial do órgão. O delegado de Portugal, Alberto Franco Nogueira, então diretor de assuntos políticos na chancelaria em Lisboa e enviado especial para aquela sessão da Quarta Comissão, apoia com agrado a iniciativa.

O discurso de Grieco, lido em inglês, é circulado oficialmente nessa língua e em traduções para o espanhol e o russo. No mesmo ano de 1957 o discurso é publicado em Lisboa e no Rio de Janeiro como o opúsculo *Defesa de Portugal na ONU*.[198]

Finda a sessão da Quarta Comissão em fevereiro de 1957 e aprovada, nessa Comissão, a resolução afro-asiática que pretendia criar o comitê para avaliação crítica de Portugal, a resolução segue para nova votação no plenário da Assembleia Geral. Lá, entretanto, a delegação portuguesa invoca com sucesso uma regra do regimento da Assembleia

---

195 Kelsen *apud* "Discurso proferido pelo senhor Donatello Grieco, representante do Brasil, na Quarta Comissão da XI Assembleia Geral das Nações Unidas, em 30 de janeiro de 1957, sobre o item 'territórios não autônomos'", p. 9. AHI. Para uma visão da linha adotada pela delegação brasileira nas negociações sobre a Carta em São Francisco, ver Uziel, "Introdução à documentação histórica sobre a participação do Brasil na Conferência de São Francisco".

196 "Discurso proferido pelo senhor Donatello Grieco, representante do Brasil, na Quarta Comissão da XI Assembleia Geral das Nações Unidas, em 30 de janeiro de 1957, sobre o item 'territórios não autônomos'", p. 9. AHI.

197 *Official Records of the General Assembly – Eleventh Session*, Fourth Committee, 617th meeting, Wednesday, 30 January 1957, at 3.25 pm, New York. Documento A/C.4/SR.617, p. 338. DHL.

198 Ver Grieco, *Defesa de Portugal na ONU*.

para exigir que a decisão final sobre o caso se desse por maioria qualificada de dois terços.

Imposta essa votação procedimental que condiciona a votação da resolução, o campo afro-asiático não granjeia dois terços dos votos dos presentes e, com isso, o projeto de resolução antes sufragado e aprovado na Quarta Comissão não consegue efetivamente ir a voto no plenário. Portugal obtém uma vitória de tipo regimental que manterá por mais algum tempo, enquanto a Assembleia Geral, que a cada ano vai admitindo novos membros recém-independentes, não forma uma maioria anticolonial acachapante.

A dinâmica de janeiro e fevereiro de 1957 se repetirá com pouca variação nos anos imediatamente seguintes. O relatório do agora conselheiro Grieco sobre nova manobra regimental em fins de 1957 encerra o essencial da situação:

> Tal como acontecera em fevereiro de 1957, a proposta contra Portugal alcançava, assim, na IV Comissão, uma vitória, e desta feita bem mais expressiva que a anterior. Não se conformou a delegação de Portugal com o resultado e, imediatamente, tratou de mobilizar seus recursos para que, em plenário, a regra de dois terços fosse novamente aplicada e, mais uma vez, impedisse a adoção da resolução. A batalha diplomática renovou-se com toda a intensidade, e, como na oportunidade anterior, com a plena cooperação do Brasil.[199]

Em 1960 esse bloqueio procedimental é finalmente perfurado e se registra, em votações sucessivas na Assembleia Geral, uma "penosa derrota" de Portugal.[200] Mas nossa reconstrução histórica termina às vésperas disso.

Não há mais a fazer do que notar como a liderança tropical apregoada pelo escritor pernambucano com crescente assertividade ao longo da década de 1940, e ainda tão tardiamente como em 1959, já em 1957 não se presta a mais, no âmbito multilateral, que um uso tático. À coalizão luso-brasileira nas Nações Unidas não resta outro objetivo, em meio à voga anticolonial, senão o obstrucionismo.

---

199 "Delegação do Brasil à XII Assembleia Geral das Nações Unidas à Secretaria de Estado das Relações Exteriores. Item 35 ("a" e "e"). Informações relativas aos territórios não autônomos. Relatório apresentado pelo Conselheiro Donatello Grieco", p. 9. BAS.

200 Valentim, *Contra o vento*, p. 607.

***

Para pesar de Gilberto Freyre, o Brasil não assume nos anos 1950 as "responsabilidades oceânicas" pela manutenção do império colonial português que havia postulado em sua obra lusotropical.[201] Mas o que falta ao país em vontade e capacidade econômica e marítima, e até mesmo naval, é em alguma medida compensado em matéria de diplomacia multilateral.

Nas instâncias de governança global, o Brasil procura resguardar as posições coloniais portuguesas nos continentes africano e asiático, além de propagar a ideia de que a experiência nacional brasileira de formação híbrida guarda um potencial regenerativo para sociedades fraturadas pelo etnocentrismo. Multilateralmente, a linha colonialista é inequívoca.

Havendo nisso tudo uma índole freyriana da diplomacia brasileira, Freyre, em si, não se dá por satisfeito. Julga a política externa essencialmente aferrada ao hemisfério ocidental como espaço de ação concreta. As atitudes de princípio nas Nações Unidas, sem estarem erradas (ele próprio as encarna pelo Brasil no caso da Unicef), nem de longe seriam suficientes para calçar uma ordem colonialista em risco.

O escritor iniciado no multilateralismo quer ações tangíveis, pois sabe só elas poderiam de fato proteger Portugal e projetar o Brasil. Como percebera após sua experiência negociando pelo Brasil em Nova York em 1949, a existência de uma ordem internacional exige a ação material dos países diretamente interessados: "a segurança dos povos depende ainda da consciência de responsabilidade internacional de que forem capazes as nações".[202]

Daí que polemize com o governo Kubitschek e o Itamaraty, morigeradamente, pelo que lhe parece um descaso pelos destinos da área tropical. A própria decisão de construir Brasília e olhar para o sertão (para o espaço "mediterrâneo" da América do Sul, como dirá) devia, a seu ver, ser contrabalançada pela escolha de alguma "cocapital" litorânea,[203] para que se conservasse a maritimidade e portanto a projeção tropical de um Estado brasileiro que assumisse a sua bicontinentalidade.

---

[201] Freyre, *Um brasileiro em terras portuguesas*, p. 258.

[202] Freyre, "A missão da ONU", p. 10.

[203] Freyre, *Arte, ciência e trópico*, p. 125.

Em palavras que destina à problemática espacial levantada por Brasília cifra-se a polêmica mais ampla de Freyre sobre o papel da diplomacia na projeção espacial do país: "Não somos uma civilização com um destino apenas mediterrâneo, mas com um destino também transoceânico".[204]

Apesar dessas críticas, ao longo dos anos 1950 nota-se que a diplomacia multilateral tenta, sim, situar o Brasil como líder no espaço tropical. Valendo-se da gramática freyriana de extracontinentalidade, a diplomacia de Kubitschek constrói uma posição congruente com o interesse da comunidade doméstica portuguesa perante os ataques ao colonialismo do Estado Novo. O Brasil articula o discurso de um interesse extracontinental tanto na chave da exemplaridade quanto na da proteção.

Ao fazer isso, nossa diplomacia multilateral incorre no que designei uma importante ambivalência da reflexão freyriana: reivindica a posição cêntrica de um país do trópico ao mesmo tempo que aceita esse trópico como espaço inerentemente aberto à dominação imperial. Descobre uma brecha na compreensão colonizada da natureza do espaço tropical mas logo a recalca com uma visão colonialista sobre o ordenamento político-jurídico do trópico.

Sob o argumento de que fora formado sob a tutela colonial que melhor poderia modelar o seu caminho à vida nacional, o Brasil poderia se descobrir agora vocacionado a uma projeção até certo ponto imperial sobre o restante do trópico. O dilema pertence à obra de Freyre, mas impactará a política externa tão logo ela busque adotar uma linha extracontinental.

Como país independente, o Brasil deveria favorecer, na Ásia e na África, a descolonização; como ex-colônia de Portugal, o Brasil deveria favorecer a continuação de toda tutela imperial concebida como produtora de fraternidade por meio do assimilacionismo racial e cultural.

Antirracismo e colonialismo podiam andar juntos aqui. Premido entre as duas pontas desse dilema freyriano, Francisco Negrão de Lima, embaixador do Brasil em Lisboa em 1963 – já em plena Política Externa Independente –, dirá: "o anticolonialismo é uma das nossas constantes. Mas também o é o antirracismo".[205] O hibridismo podia modular o

---

[204] Freyre, *Arte, ciência e trópico*, p. 125.

[205] "Embaixada dos Estados Unidos do Brasil. Subsídios para a Comissão de Planejamento Político. Correspondência Especial. Confidencial n.º 22. Lisboa, 9 de janeiro de

anticolonialismo pela validação do legado colonizador. E frear o apoio à descolonização da África portuguesa, que se tornará, nos anos 1960, objeto de críticas agora aleivosas de Freyre.

Essa história, que não pertence a estas páginas, serve de qualquer modo à consideração final de que a obra de Freyre continuará a orientar a diplomacia brasileira a despeito das visões imediatas de Freyre sobre o quadro internacional. Uma das visões menos imediatas que se desprendem da obra de Freyre é a crítica àquilo que o próprio autor qualificaria de "mau provincianismo" de correntes intelectuais que negam a especificidade de perspectivas formuladas desde o trópico.[206]

Conquanto o internacionalismo imperial de Freyre, acolhido na Avenue Kléber, em Paris, esfuma-se em cerca de uma década na ribeira do East River, em Nova York, o capítulo seguinte da história da diplomacia multilateral brasileira registrará a pregnância do conceito de trópico e do empenho, a ele associado, de descentrar a geopolítica tradicional.

Pensada por um conservador no trópico, essa categoria espacial teria, apesar de sua inerente colonialidade, uma trajetória própria e fora do controle de seu propugnador. Depurado de um colonialismo obsoleto e de uma suposta democracia substantiva, encetaria uma tentativa de alargamento do campo brasileiro.

Reconfigurado como hemisfério sul político do mundo, o trópico servirá à concepção de uma nova geopolítica do país, predicada no independentismo e orientada a afirmar, em novos termos, um Brasil de vocação extracontinental. E essa própria concepção seria entendida – celebrada ou contestada – como uma ruptura do provincianismo da política externa.

Questionável e questionada, então e depois, dentro e fora de seu país, a obra de Freyre permanece uma referência tão controversa quanto canônica. Pensava nela um assessor de Mario Gibson Barboza ao acompanhar o chanceler no seu périplo de 1972 por países da África francófona e anglófona, um lance de política africana que cuidou de evitar todo contato com os (àquela altura) conflagrados territórios portugueses.

1962. Questionário da Circular n.º 4129. Carta do Embaixador Francisco Negrão de Lima", p. 8. Série telegráfica de Brasemb Lisboa. AHI.

[206] Freyre, "La importancia de una sociología panibérica", p. 202. Devo essa referência a Fabiano Bastos Moraes.

Esse diplomata, Alberto da Costa e Silva, diria muito depois: "Guardo da festa do reencontro, que foi a visita do Gibson a países da África Atlântica, a mais fina das emoções". E notaria que a política africana do Brasil não surgira de supetão com o reconhecimento da independência de Angola pelo governo Geisel, em 1975. Dividia-se, antes, "em muitos passos importantes".[207]

Reconstituímos alguns deles: modestos, equivocados, prenhes de futuro. Vimos, nestas páginas, a pré-história de nosso anticolonialismo, ou os últimos passos de nosso colonialismo. É apropriado concluí-las com uma observação sugestiva de Alberto da Costa e Silva sobre outra impressão que guardou da viagem com Gibson. Voltou da África Atlântica, também diria anos mais tarde, tendo se dado conta de que "Gilberto Freyre estava certo e estava errado".[208]

---

[207] As duas referências foram feitas em comunicação pessoal com o autor em 26 de agosto de 2020. Para considerações mais gerais sobre a lenta formação de uma política africana brasileira, ver Costa e Silva, *Das mãos do oleiro*.

[208] A citação é de Antonio da Costa e Silva, em comunicação pessoal com o autor em 27 de março de 2025.

Hemisfério sul: independência

diplomaciar v. (1925) 1 exercer a diplomacia; executar as funções de diplomata <ele diplomaciou junto à ONU>; 2 usar de tato e habilidade numa situação difícil <tente d. com ele antes de se confrontarem>.

Dicionário Houaiss da Língua Portuguesa

Nossa história diplomática registra a Política Externa Independente, antes de tudo, como um dissídio hemisférico. O fato crucial é a reunião de Punta del Este, de janeiro de 1962, em que San Tiago Dantas diverge de Dean Rusk quanto à melhor maneira de lidar com uma Cuba recém-declarada marxista-leninista: contendo-a por um estatuto de neutralização, como quer o chefe do Itamaraty, ou excluindo-a dos foros interamericanos, como quer, e obtém, o secretário de Estado.

O porém entre as diplomacias de Goulart e Kennedy expressa-se pela abstenção brasileira na resolução que decide expulsar a ilha revolucionária da Organização dos Estados Americanos. Isolar Cuba, aponta San Tiago, seria torná-la de vez um satélite soviético. Convicto disso, sustenta que a aliança hemisférica, o Tratado Interamericano de Assistência Recíproca, cujo órgão de consulta se reunia no litoral uruguaio, não podia funcionar por unanimidades impostas: "Mantemos o direito de discordar".[1]

O exercício dessa discordância costuma ser compreendido menos em seu resultado direto – nem a abstenção brasileira bloqueou a deliberação,

[1] Dantas, "Exposição feita em cadeia nacional de rádio e televisão, em 5 de fevereiro de 1962", p. 178.

nem foi tão incisiva comparada ao voto negativo do México – do que em seu significado simbólico, e de alta controvérsia política, de assentar um princípio de autonomia frente ao sistema hemisférico. Nosso grande historiador diplomático exprime bem essa visão: Punta del Este foi a prova de fogo de San Tiago, e, San Tiago, a Política Externa Independente em sua *finest hour*.

No capítulo que dedica a esse período em *A diplomacia na construção do Brasil*, Rubens Ricupero parte, com efeito, da centralidade incontornável das agendas hemisférica e bilateral com os Estados Unidos para sugerir um contraste, na Política Externa Independente, entre "questões conceituais ou multilaterais" e "questões vitais de política externa".[2] Os temas de Nações Unidas, por interessantes que fossem, não punham em jogo a própria existência do regime, como o faziam problemas como Cuba.

Nestas páginas, gostaria de abordar a atuação de Afonso Arinos como chefe da delegação do Brasil às sessões de 1961 e 1962 da Assembleia Geral das Nações Unidas e compreender em que medida também houve certa intersecção, e não apenas contraste, entre questões multilaterais e questões vitais da Política Externa Independente. Para isso reconstituiremos o fio de uma meada pouco conhecida da diplomacia da época, mas de considerável sensibilidade política, e que está a pedir, apesar de sua exiguidade no tempo, reflexão mais detida.

Falo de uma das principais iniciativas tocadas por Arinos em seus poucos meses à frente da missão em Nova York: o apoio à independência de Angola. O assunto é levantado com grande empenho em sua passagem inicial como representante brasileiro, de setembro de 1961 a fevereiro de 1962, e volta a ser abordado, já sem margem de manobra, durante seu retorno a Nova York, novamente de setembro de 1962 a fevereiro de 1963.

Nas duas vezes, Arinos é enviado a Nova York logo após deixar o cargo de chanceler, que ocupara de janeiro a agosto de 1961, sob Jânio Quadros, e de julho a setembro de 1962, no segundo gabinete parlamentar da presidência de João Goulart. As indicações a "chefe da delegação à XVI (e depois à XVII) sessão da Assembleia Geral", e não simplesmente a chefe da representação permanente do Brasil, eram para lhe conservar o posto de senador da República, do qual tirava licença para os cargos no governo.

---

[2] Ricupero, *A diplomacia na construção do Brasil*, p. 464.

Essa fase nova-iorquina de Arinos importa porque, em meio às idas e vindas, às linhas de ação e inação ditadas desde o ministério no Rio de Janeiro e à permissibilidade variável do ambiente parlamentar das Nações Unidas, o chefe da delegação brasileira atua decisivamente por uma expansão da própria agenda diplomática brasileira. Vazada, havia muito, na fôrma das longitudes do hemisfério ocidental, essa agenda expande-se com a inauguração de uma *política de latitude*, isto é, com uma abertura ao Sul.

A Política Externa Independente situa o Brasil não por uma, mas por duas coordenadas geopolíticas. O dissídio sustentado por San Tiago processa-se no *hemisfério ocidental*, ou na longitude, e é jogado, fundamentalmente, no plano bilateral; no plano multilateral, Arinos poderá reivindicar o interesse de uma projeção brasileira no *hemisfério sul*, ou na latitude. O direito à discordância terá que se exercer, sem dúvida, nos dois hemisférios, mas a atitude reativa, em um, torna-se, no outro, assertividade.

***

A questão do representante permanente do Brasil junto às Nações Unidas havia motivado uma das principais decisões de pessoal tomadas por Arinos como chanceler, em fins do primeiro semestre de 1961. Em agosto aposentava-se o embaixador Cyro de Freitas-Valle, no posto desde 1955, início do governo Kubitschek. Para substituí-lo, Arinos obtivera o assentimento de Jânio Quadros para o nome do deputado de oposição Francisco Clementino de San Tiago Dantas, petebista por Minas Gerais.

Em 24 de agosto de 1961, San Tiago faz um memorável discurso de renúncia ao mandato na Câmara dos Deputados, dando suas razões para atender, pela indicação dos udenistas Quadros e Arinos, ao "chamado do plenário das Nações Unidas".[3] No dia seguinte, 25, é o presidente da República quem renuncia ao cargo. Em meio à crise que se instala até a aprovação da emenda parlamentarista, a UDN não avaliza a permanência de Arinos no Itamaraty. Em Sete de Setembro, com Goulart já presidindo o país, o gabinete Tancredo Neves toma posse com San Tiago na pasta das Relações Exteriores.

Dois ou três dias antes, Arinos havia sido recebido na Granja do Torto pelo presidente, que oficializara o convite para Nova York, sacramentando

---

[3] Dantas, "Discurso de renúncia ao mandato, na Câmara dos Deputados", p. 71.

a dança de cadeiras com San Tiago. Goulart, lembra Arinos, sugere-lhe ser ministro sem pasta, "para que eu pudesse representar o Brasil no mesmo nível de Adlai Stevenson",[4] o ex-candidato democrata à Casa Branca que Kennedy fizera representante permanente com nível ministerial. Pensando na cadeira no Senado, Arinos declina da oferta.

Para o governo português, que esperava o abandono da política anticolonialista de Quadros pelo novo governo brasileiro, o anúncio do ex-chanceler para as Nações Unidas, ao corroborar uma linha continuísta, vem como o que um diplomata na embaixada do Brasil em Lisboa dirá ser uma "grande decepção".[5] Salazar conhecia bem a visão e o empenho de Arinos nessa matéria.

No início de 1961, Arinos chanceler, levanta-se a insurreição em Angola e o tema rapidamente entra na agenda da Assembleia Geral, em Nova York. Previa-se para abril a apreciação de uma resolução sobre o caso. À luz das declarações anticolonialistas de Quadros e Arinos, Lisboa temia perder o voto brasileiro, de alta valia simbólica e que nunca lhe havia faltado ao longo do governo Kubitschek, conforme as Nações Unidas discutiam, cada vez mais acidamente, aspectos gerais do colonialismo português.

Em março de 1961, ainda princípio do governo, Quadros e Arinos decidem que o chanceler devia realizar a sua primeira viagem oficial ao exterior em abril, comparecendo à cerimônia de independência do Senegal, em Dacar, e deslocando-se de lá para Lisboa, para conversas sobre Angola. O itinerário, que marca a primeira visita oficial de um chanceler brasileiro a uma nação africana, é significativo em si mesmo pela ordem das paradas. Sobre a conveniência da ida a Lisboa para tratar da crise angolana, Arinos diz a Quadros: "poderíamos tentar o diálogo e em caso de resistências intransponíveis liberarmo-nos de qualquer compromisso".[6]

---

[4] Franco, *Planalto*, p. 181.

[5] "Embaixada dos Estados Unidos do Brasil. Subsídios para a Comissão de Planejamento Político. Correspondência Especial. Confidencial n.º 22. Lisboa, 9 de janeiro de 1962. Questionário da Circular n.º 4129. Resposta apresentada por Carlos dos Santos Veras, Primeiro Secretário", p. 10. Série telegráfica de Brasemb Lisboa. AHI. Agradeço a Rogério de Souza Farias por me franquear o acesso a esse documento.

[6] "Secretaria de Estado das Relações Exteriores. Telex – Brasília. Para Maury Valente. 16 de março de 1961", p. 1. Série telegráfica para Brasília. AHI, com meu agradecimento a Ariadne Ferreira.

O plano transpira e gera uma "providência preventiva" por parte do embaixador português no Rio,[7] Manuel Rocheta, na forma de um pedido de audiência com Quadros. Recebido no Palácio do Planalto no fim de março, invoca o Tratado de Amizade e Consulta, de 1953, que estipulava que Brasil e Portugal se consultariam sobre "problemas internacionais de seu manifesto interesse comum". Consegue, com Quadros, que o país não vote imediatamente contra Portugal nas Nações Unidas, devendo processar-se, primeiro, a consulta.

As memórias de Arinos discorrerão mais sobre o velho fascínio de sua geração com a figura do professor Oliveira Salazar do que sobre o teor das conversas na visita a Lisboa em abril, no palácio das Necessidades, com seu homólogo Marcello Mathias, e depois na residência de S. Bento, com o chefe de Governo. Mas um alto funcionário da chancelaria portuguesa, Alberto Franco Nogueira, que um mês mais tarde, em maio, se tornará ministro do exterior, toma nota dos diálogos, que publica décadas depois.

Com Mathias e com Salazar, em 8 e 10 de abril, o chanceler brasileiro

> é nítido: o anticolonialismo é no mundo uma força muito viva e dinâmica; como antiga colônia, o Brasil sente essa força e sente que é seu dever apoiá-la; o conceito de autodeterminação e independência dos povos é sagrado para o governo brasileiro; decerto o Brasil compreende a posição especial dos portugueses em África, e presta homenagem à obra feita; mas entende que, sendo outros os tempos, há que fazer as adaptações apropriadas; para uma nova política, e para uma declaração de intenções quanto à independência futura de Angola, poderia Portugal contar então com o apoio do Brasil; de outro modo a atitude do governo de Brasília teria de corresponder aos sentimentos da opinião pública brasileira.

Salazar indaga de volta:

> Qual o interesse real do Brasil a longo prazo? Dominar a África portuguesa? [...] se a África portuguesa se tornar independente, pensa o Brasil que pode afrontar com sucesso a penetração das grandes forças políticas, militares e econômicas – americanas, russas, britânicas,

[7] Franco, *Planalto*, p. 145.

alemãs, francesas e outras – que imediatamente invadirão Angola e depois os demais territórios? Bem deveria ver o chanceler: quebrados os vínculos políticos com Portugal, todos os outros seriam também destruídos: e o Brasil, se era certo que com Portugal e através de Portugal poderia entrar em África, deveria ter como seguro que não lhe seria consentido, pelos grandes poderes do mundo, substituir-se a Portugal [...] Não há acordo. Dura mais de três horas a conversa. Pergunta no fim o ministro brasileiro: "que conta fazer, senhor professor?". Responde o chefe do Governo "tristemente": "Não sei bem... Em todo caso, lutar". Anota o chanceler: "esta última frase foi cheia de decisão".[8]

De volta ao Rio de Janeiro – que continuaria a sediar o Itamaraty até 1970 – Arinos anuncia, em coletiva de imprensa a 14 de abril, que, por instrução de Quadros logo após receber o apelo de Rocheta, no fim de março, o Brasil havia decidido se abster em qualquer resolução sobre as "províncias ultramarinas portuguesas" que fosse apresentada "no decorrer da segunda parte da sessão da Assembleia Geral, que ora se realiza".

Como as sessões da Assembleia contam-se a partir de setembro, Arinos queria dizer que o compromisso com a abstenção só duraria mais cerca de três meses, indo até agosto de 1961, fim da XV sessão. "Agora", acrescenta, que havia ido a Lisboa e "em obediência aos termos do Tratado de Consulta" dado as razões da posição brasileira, o Brasil estava em condições de declarar que "se reserva o direito de acompanhar o desenvolvimento da situação africana, com a liberdade de ação que corresponde à sua firme política de anticolonialismo".[9]

Seis dias depois, em 20 de abril de 1961, a Assembleia Geral aprova a resolução 1.603, que, tomando nota de recentes distúrbios e conflitos, pede a Portugal a realização de reformas com vistas à independência de Angola e estabelece uma subcomissão de cinco pessoas para estudar e relatar o quadro no país. O texto obtém 73 votos favoráveis, 2 contrários

---

[8] Nogueira, *Salazar*, v. V, p. 234-236. Os trechos entre aspas são citações, por Franco Nogueira, de Franco, *Planalto*, p. 149. Ver, a respeito, Valentim, *Os desastres da guerra*, p. 448n.

[9] "Secretaria de Estado das Relações Exteriores à Missão do Brasil junto às Nações Unidas. Despacho n.º 133. 14 de abril de 1961", p. 2. Série telegráfica para Delbrasonu. AHI.

e 9 abstenções, entre as quais a do Brasil. É o primeiro sinal de hesitação brasileira em uma resolução sobre o colonialismo português.

Um sinal que, para o diplomata de carreira João Augusto de Araújo Castro, deve ter deixado a desejar. Em carta de 19 de setembro de 1961 a um San Tiago recém-empossado chanceler, Castro aponta que a política externa de Quadros fizera "o máximo", em termos de declarações, entregando "o mínimo" em termos concretos, inclusive em matéria de anticolonialismo. E pondera: "uma política não se muda com declarações enfáticas e revelações prévias de intenções", mas, sim, "com pequenos atos, pequenos votos, pequenas gestões. Porque este é um jogo de nuances e de precisões, de ênfases e semitons".[10]

Castro, servindo àquela altura na embaixada do Brasil em Tóquio, tinha visto em primeira mão a dinâmica do movimento anticolonial ao ser enviado para o Cairo, em junho do mesmo ano de 1961, para observar a reunião dos países não alinhados. Relata, de seus contatos com o grupo africano durante o encontro, terem todos "consciência do nosso péssimo *record* na ONU em matéria de colonialismo" e julgarem que os casos de Angola, Congo e Argélia eram "o 'banco de prova' de nossas intenções".[11]

***

É esse o quadro quando Arinos chega a Nova York em meados de setembro de 1961. Já no dia 22 está diante do plenário para fazer o discurso de abertura do debate inicial da XVI sessão da Assembleia, seguindo a tradição que se vinha firmando de o Brasil ser o primeiro a falar.[12]

Quando indicam do protocolo que, ao subir à tribuna, devia fazer uma deferência ao presidente da Assembleia, o tunisiano Mongi Slim, não lhe escapa – político e pensador liberal que é – tratar-se de praxe "sem dúvida imitada dos costumes parlamentares da Inglaterra".[13] Lembrando-se dos tempos em que seu pai, Afrânio, fora representante permanente do Brasil

---

[10] Castro, "Carta do ministro João Augusto de Araújo Castro para o ministro de Estado San Tiago Dantas", p. 165-167.

[11] Castro, "Relatório do ministro João Augusto de Araújo Castro, observador do Brasil à reunião preliminar da conferência de chefes de Estado e governo de países não alinhados", p. 108.

[12] Ver Garcia, *O sexto membro permanente*, p. 309-402.

[13] Franco, *Planalto*, p. 187.

na Liga das Nações, notará que, se em Genebra a tonalidade da assembleia era dada por "cavalheiros de terno escuro", em Nova York "numerosos trajes nacionais" davam ao plenário "o seu aspecto famoso e inimitável".[14]

O discurso, redigido por Arinos a partir de orientações de San Tiago e dados da Secretaria de Estado, é lido em francês, língua de que se servirá nas Nações Unidas. Retomando um tema que depois indica ter tirado da leitura de Joaquim Nabuco, mais provavelmente uma desleitura, Arinos faz no pronunciamento esta afirmação capital: "O mundo não está somente dividido em Leste e Oeste. Esta separação faz esquecer a existência de outra divisão, não ideológica mas econômico-social, que distancia o hemisfério norte do hemisfério sul".[15]

O próprio discurso organiza-se por essas duas coordenadas, inscrevendo densidade conceitual na geografia. Começa tratando da ordem Leste-Oeste, em que as guerras são decididas por um "escasso grupo", mas com repercussões que, na era nuclear, recairiam na "grande maioria". Daí porque o Brasil, interessado em reduzir as tensões militares, é levado a "tomar posição independente". Esta, decerto, "não significa abandono dos valores de nossa formação, nem fuga aos compromissos internacionais".

Mas o apego a esses valores e a esses compromissos deve ser bem compreendido. A formação cristã e democrática em si mesma não justificaria, de acordo com o orador, uma "política rigidamente doutrinária"

---

[14] Franco, *Planalto*, p. 185 e p. 187.

[15] Franco, "XVI Sessão Ordinária da Assembleia Geral da Organização das Nações Unidas – 1961", p. 143; "A ideia veio-me daquela comparação de Joaquim Nabuco, segundo a qual o sul do Brasil é para nós o que o norte dos Estados Unidos são para eles, enquanto o nosso norte é o sul americano. Comecei a pensar que outros países do hemisfério norte, desenvolvidos ou semidesenvolvidos, tem o seu sul menos desenvolvido: a França, a Itália, a Espanha, Portugal. Daí o alargamento da ideia para o mundo, que apresenta, em conjunto, um norte desenvolvido e um sul empobrecido [...] Esta observação, puramente aproximativa, vulgarizou-se a ponto de ser, hoje [em 1968, quando escreve as memórias], contestada como lugar comum vazio de conteúdo. Repetida na ONU passou aos meios diplomáticos e jornalísticos internacionais, com o êxito que sempre acompanha as imagens simples". Franco, *Planalto*, p. 189. A origem da reflexão parece ter sido uma deslembrança de *O abolicionismo*. Nesse livro de 1883, Nabuco contrasta os Estados Unidos de antes da Guerra Civil, em que o norte livre se distinguia nitidamente do sul escravocrata, com o Brasil, em que a escravidão contaminava por igual todas as partes do país: "Entre nós não há linha alguma divisória: não há uma secção do país que seja diversa da outra". Nabuco, *O abolicionismo*, p. 172.

em matéria de relações com países de regimes políticos autoritários; da mesma forma, os compromissos de solidariedade e defesa hemisférica – aqui Arinos está falando do Tratado Interamericano de Assistência Recíproca, de 1947, em que os países das Américas fazem causa comum diante da União Soviética – deveriam ser entendidos a partir do preceito de que "A solidariedade é inseparável da independência; sem ela, chama-se subordinação".[16]

O tema da autodeterminação dos povos concatena as coordenadas Leste-Oeste e Norte-Sul. Segundo Arinos, há duas formas de colonialismo: o "contíguo", isto é, a imposição ideológica da União Soviética sobre o Leste Europeu, e o "oceânico", ou seja, o imperialismo econômico europeu subsistente na África e na Ásia. Nos dois casos adverte que a autodeterminação, "para ser autêntica, pressupõe o livre exercício da manifestação popular, pela única forma que é possível, a da apuração majoritária".[17]

As pontas desse raciocínio se encontram no caso da revolução cubana, em que se coloca o problema da satelitização, embora sem contiguidade territorial, pelo bloco soviético. Arinos esclarece que o Brasil respeitará a soberania do país conforme ao princípio da não intervenção, que deve ser a base do convívio hemisférico, mas sem deixar de expressar sua expectativa de que venham a prevalecer, na ilha, os "ideais e princípios democráticos".

Dito isso, chega ao núcleo de seu enunciado sobre a projeção brasileira no hemisfério austral: "O Brasil, antiga colônia, está construindo uma nova civilização, em território largamente tropical, habitado por homens de todas as raças. Seu destino lhe impõe, assim, uma conduta firmemente anticolonialista e antirracista".[18]

É preciso salientar como essa passagem do discurso de Arinos ecoa a abertura de *Casa-grande & senzala* – "de formação portuguesa é a primeira sociedade moderna constituída nos trópicos com características nacionais e qualidades de permanência"[19] –, sem, por isso, copiar Gilberto

---

[16] Franco, "XVI Sessão Ordinária da Assembleia Geral da Organização das Nações Unidas – 1961", p. 141.

[17] Franco, "XVI Sessão Ordinária da Assembleia Geral da Organização das Nações Unidas – 1961", p. 143.

[18] Franco, "XVI Sessão Ordinária da Assembleia Geral da Organização das Nações Unidas – 1961", p. 145.

[19] Freyre, *Casa-grande & senzala*, p. 17.

Freyre. Aceitando de seu velho adversário pernambucano a premissa da exemplaridade da colonização brasileira para outras sociedades da faixa quente do planeta, Arinos tira dela uma conclusão anticolonial diametralmente oposta ao programa lusotropical de Freyre, do qual se apropriara o Estado Novo português.[20]

Para Arinos, era natural que o Brasil se projetasse nessa faixa do globo em plena ebulição política. Mas não a concebia fundamentalmente como trópico, espaço aberto à incidência imperial e à combinação triangular lusotropical; pensava-a antes como um hemisfério sul capaz de forjar com independência os vínculos entre suas partes constitutivas. Pelo anticolonialismo, a Política Externa Independente começa a imaginar um nexo direto e horizontal Sul-Sul (termo posterior mas rigorosamente exato para o caso).

Ressalvando as "relações fraternais com Portugal", e também a "amizade tradicional" com a França, o discurso de Arinos perante a Assembleia erige os impérios remanescentes em alvo: aquelas duas metrópoles devem "assegurar a autodeterminação da Argélia e de Angola".[21] Os casos no "banco de prova" mencionado no Cairo iam sendo, assim, objeto de referência forte.

---

[20] Recorde-se que Arinos publicou uma das primeiras e mais ressonantes resenhas críticas a *Casa-grande & senzala*, em fevereiro de 1934 (o livro saíra em dezembro de 1933); Freyre devolveria a crítica em 1955, quando da publicação do grande livro de Arinos, a biografia de seu pai, *Um estadista da República*. Ver, respectivamente: Franco, "Uma obra rabelaisiana"; e Freyre, "Um estadista da República" (Agradeço a Alberto Schneider haver-me indicado a existência deste último texto). Em uma anotação sobre Freyre datada de março de 1962, isto é, logo que retorna de Nova York ao Rio, Arinos faz uma avaliação sintomática do respeito que tem por *Casa-grande & senzala* e do desapreço que nutre pela produção lusotropical: "Ninguém captou, como ele, o significado mais íntimo da nossa formação social [...] O que me deixa perplexo, diante da obra de Gilberto Freyre, é exatamente o chocante contraste entre a inventiva justa, penetrante e abrangente que ele revela na análise da formação histórico-social brasileira, e as suposições extremamente discutíveis que arrisca na observação do fato político institucional contemporâneo [...] É também levado pela teorização sociológica que ele tomou tão inaceitável posição no problema do colonialismo português, quando tudo indica o fim próximo do mercantilismo luso-quinhentista na África". Franco, *A escalada*, p. 26.

[21] Franco, "XVI Sessão Ordinária da Assembleia Geral da Organização das Nações Unidas – 1961", p. 145.

É verdade que, como advertira Castro a San Tiago na carta de 19 de setembro, três dias anterior ao discurso de Arinos na abertura da Assembleia Geral, mais do que pronunciamentos enfáticos, eram votos que dariam concretude à mudança de política brasileira. Ocorre que já o discurso de Arinos causa celeuma. As reações iniciais são entre agradáveis e expectáveis: estando Arinos no "salão de chá" da Organização, como chama o Delegates Lounge, chega-lhe telefonema de Goulart, cumprimentando-o; depois, é interpelado por francês que dá a saber a má repercussão, em Paris, da menção à Argélia.[22]

Mas é em um despacho telegráfico de San Tiago, em 26 de setembro, que se pode começar a aquilatar a sensibilidade do tratamento multilateral de Angola para a política interna brasileira. Diz o chanceler ao chefe da delegação sobre o trecho que juntara ao nome de Angola o conceito de autodeterminação, citado há um instante:

> Foi essa talvez a passagem do seu discurso que suscitou junto à imprensa brasileira e nos círculos parlamentares reações mais diversificadas. Existe como Vossa Excelência sabe uma grande influência portuguesa de caráter mais emocional do que objetivo em contraposição à atitude que nos dispomos a adotar em relação aos territórios não autônomos e que é inspirada apenas pela correta compreensão dos nossos objetivos políticos em face do mundo afro-asiático. Estou envidando esforços para diminuir as tensões divergentes e para evitar que nesse ponto se constitua uma reação demasiado polêmica em nosso país. Não preciso portanto encarecer quanto as palavras de Vossa Excelência necessitam neste momento ser medidas em benefício da execução da política adotada pelo nosso governo e de que ambos estamos convictos.[23]

Findo o debate geral, principiam as comissões. Na Quarta Comissão da Assembleia Geral, que tem sob sua alçada os assuntos coloniais, a primeira providência é a eleição da mesa diretora. No fim de setembro, um

---

[22] Ver Franco, "O chanceler", p. 186; e Franco, *Planalto*, p. 190.

[23] "Secretaria de Estado das Relações Exteriores à Delegação do Brasil junto à XVI Assembleia Geral das Nações Unidas. Despacho n.º 418. 26 de setembro de 1961", p. 3-4. Série telegráfica para Delbrasonu. AHI.

"movimento espontâneo" dos países membros faz eleger,[24] para o cargo de *rapporteur*, o relator dos trabalhos, Antônio Houaiss, diplomata da missão do Brasil e perito nos temas da Comissão.

A autoridade de Houaiss entre os seus pares depreende-se de um registro pouco anterior, datado de 31 de julho de 1961. Em um dos telegramas de despedida que expede naquele dia da missão em Nova York para a Secretaria de Estado, Cyro de Freitas-Valle, o representante permanente em vias de se aposentar, confessa o seu zelo pela boa escrita nos documentos produzidos pelo posto.

Para evitar problemas, observa, os diplomatas mais jovens da missão "vão saber de Houaiss, que também a mim pode ensinar, se esta ou aquela expressão está correta. E o conselho vem discretamente, silencioso e preciso".[25] Para Ramiro Elysio Saraiva Guerreiro, que, como chefe da Divisão de Nações Unidas àquela época, ia anualmente do Rio à sessão da Assembleia Geral, Houaiss, "brilhante" pelos conhecimentos linguísticos, era na missão profissional "cuidadoso e moderado".[26]

Sendo o perito brasileiro em assuntos de Quarta Comissão, e agora relator do órgão, Houaiss domina um cipoal de subcomissões, relatórios, precedentes e resoluções sobre o colonialismo. É, por isso, o assessor natural de Arinos para o tópico – colonialismo português em geral, e Angola em particular – em que o chefe da delegação vinha tentando mudar a posição do Brasil desde sua gestão como chanceler no início daquele ano de 1961.

Ficam próximos e, quinze anos mais tarde, já fora do Itamaraty, prefaciando um livro de Arinos, Houaiss se refere ao antigo chefe como a "negação da sinecura: raro ver um chefe de delegação diplomático-parlamentar tão cuidoso, tão enfronhado, tão vigilante, tão participante, tão preparado".[27]

Essencialmente, o que se joga em 1961 na Quarta Comissão, e na Assembleia Geral de forma mais ampla, é se as Nações Unidas têm a competência de supervisionar as possessões de Portugal na África e na Ásia, com vistas à sua emancipação política. Como se sabe, o debate em torno

---

[24] "Resumo das atividades da delegação do Brasil à XVI sessão da Assembleia Geral das Nações Unidas. 28 de dezembro de 1961", p. 260.

[25] Freitas-Valle, *Vale dico*, p. 69.

[26] Guerreiro, *Ramiro Saraiva Guerreiro (depoimento 1985/1991)*, p. 53 e p. 222.

[27] Houaiss, "Afonso Arinos: o político, o escritor e o homem", p. 17.

dessa questão havia se iniciado em 1956, logo após o ingresso de Portugal na Organização em fins de 1955.

Os argumentos da diplomacia salazarista são conhecidos: pela constituição vigente no país desde 1951, tratar-se-iam das "províncias ultramarinas" de um Estado unitário, não de colônias. Daí se ajuntava que a Carta de São Francisco reconheceria, em seu capítulo XI, artigo 73, caber a cada país o exercício da prerrogativa de declarar se tinha, ou não, "territórios não autônomos" (jargão para colônias).

A obrigação de prestar informações sobre as condições econômicas, sociais e educacionais nesses territórios, prevista no artigo 73, alínea "e", da Carta, seria, portanto, algo que um país contrairia voluntariamente.[28] Essa interpretação ressalta que é só no capítulo XII da Carta (e mais especificamente no artigo 76), dedicado aos territórios sob tutela das Nações Unidas, em geral as ex-colônias de países inimigos na Segunda Guerra Mundial, que se fixava um sistema de supervisão com o propósito explícito da independência. Ou seja, só territórios sob tutela deveriam ser necessariamente encaminhados à independência; as demais colônias, não necessariamente.

O campo anticolonial, que vai crescendo como bloco parlamentar ao longo dos anos 1950 com a independência de dezenas de novos Estados africanos e asiáticos, sustenta que, ao discorrer sobre o "autogoverno" das colônias por suas populações, o artigo 73 da Carta já apontava para o ideal de independência desses territórios. Assumindo o controle da maioria dos votos da Assembleia por volta de 1960, quando a Organização já tem mais do que o dobro de seus 51 membros fundadores, o grupo anticolonial adota resoluções que precisam (ou, na visão adversária, alteram ilegalmente) esses dispositivos do tratado fundacional das Nações Unidas, a Carta.

A resolução 1.514, de dezembro de 1960, estabelece o princípio geral de que todos os povos têm direito à autodeterminação e à independência, sem distinção entre os que habitam territórios não autônomos e territórios sob tutela. Com isso, nota um comentador, muda-se o terreno em que o artigo 73 havia colocado a questão quando da redação da Carta, na conferência de São Francisco.[29]

---

[28] Ver Moreira, *Portugal e o Artigo 73 da Carta das Nações Unidas*; e Nogueira, *The United Nations and Portugal.*

[29] Ver Fastenrath, "Chapter XI: Declaration Regarding Non-Self-Governing Territories: Article 73".

A resolução 1.541, do mesmo mês, reivindica a competência da Assembleia Geral para determinar se um Estado membro tem a obrigação de prestar informações sobre um território não autônomo, nos termos do artigo 73, alínea "e". Um dos princípios a orientar essa determinação é, segundo a mesma resolução 1.541, dar-se o caso de um território "geograficamente separado e étnica e culturalmente distinto" do Estado que o administra.[30] É óbvio o impacto dessa tese sobre a doutrina portuguesa das "províncias ultramarinas".

O governo Kubitschek tinha votado, junto à grande maioria da Assembleia, a favor dessas duas resoluções de cunho geral. Quando, porém, aprecia-se a resolução 1.542, também em dezembro de 1960, na qual esses princípios são aplicados diretamente a Portugal, o Brasil vota em minoria contra o texto, aprovado por 68 a favor, 6 contra e 17 abstenções. A resolução 1.542 enumera individualmente os territórios não autônomos sob controle luso e declara que Portugal tem a obrigação de prestar informações sobre eles.[31]

Um memorando de 1959 de Franco Nogueira já dava conta de que Freitas-Valle percebia como um óbice o apoio incondicional a Lisboa determinado por Juscelino Kubitschek. O embaixador Freitas-Valle, diz, "não se tem coibido de aludir ao 'fardo' que representa para a atuação brasileira na ONU o alinhamento com Portugal".[32]

Nos meses finais de 1961, o Brasil começará a romper essa linha política que na própria diplomacia lusa se qualifica de alinhamento. Arinos,

---

[30] *Documentos Oficiales de la Asamblea General – Decimoquinto Periodo de Sesiones*, Resoluciones aprobadas sobre la base de los informes de la Cuarta Comisión. 1541 (XV). Principios que deben servir de guía a los Estados Miembros para determinar si existe o no la obligación de transmitir la información que se pide en el inciso e del Artículo 73 de la Carta. 948ª sesión plenaria, 15 de diciembre de 1960, Anexo, p. 31. DHL.

[31] A resolução elenca os seguintes territórios: "a) Arquipélago de Cabo Verde; b) Guiné, chamada Guiné Portuguesa; c) São Tomé e Príncipe e suas dependências; d) São João Batista de Ajudá; e) Angola (inclusive o enclave de Cabinda); f) Moçambique; g) Goa e suas dependências, chamados Estado da Índia; h) Macau e suas dependências; i) Timor e suas dependencias". *Documentos Oficiales de la Asamblea General – Decimoquinto Periodo de Sesiones*, Resoluciones aprobadas sobre la base de los informes de la Cuarta Comisión. 1542 (XV). Transmision de información en virtud del inciso e del Articulo 73 de la Carta. 954ª sesión plenaria, 18 de diciembre de 1960, p. 33. DHL.

[32] *Apud* Valentim, *Contra o vento*, p. 603.

assessorado por Houaiss e em coordenação com San Tiago, levará a efeito o "direito de discordar" – para lembrar a expressão do chanceler a propósito do problema cubano – durante a apreciação, pela Quarta Comissão, do item 79 da agenda: "Descumprimento pelo governo de Portugal do Capítulo XI da Carta das Nações Unidas e da resolução 1.542 (XV) da Assembleia Geral".

Em Punta del Este, San Tiago dissentirá, em minoria, de uma proposta de Dean Rusk, ainda que frisando como os seis países divergentes (Argentina, Bolívia, Brasil, Chile, Equador e México) conformam "a grande maioria da população, a grande maioria da renda, a grande força da cultura da América Latina".[33] Em Nova York, Arinos pretende se juntar à maioria crítica a Portugal, ainda que primando por não se diluir nela, devido à singularidade dos laços históricos entre o Brasil e Portugal.

Sua contraparte nesse fim de 1961 será menos o representante permanente de Portugal, Vasco Garin, do que Franco Nogueira, há poucos meses no cargo de ministro do Exterior. O chanceler de Salazar vai pessoalmente a Nova York participar do debate na Quarta Comissão sobre o item 79, a iniciar-se em 1º de novembro.

Em 31 de outubro, por solicitação de Franco Nogueira, Arinos recebe-o na missão do Brasil, à época localizada na Park Avenue entre as ruas 54 e 55, para uma conversa que se estende por duas horas e quinze minutos. O telegrama de relato do diálogo entre os dois mostra que o português se orienta por um argumento similar ao que havia sido levantado por Salazar, em abril, na audiência com Arinos em Lisboa:

> Em resumo, sua exposição foi a seguinte: processa-se na ONU uma grande transformação, devida à entrada de dezenas de novos membros imaturos, de maneira a dar à Organização um caráter político cada vez mais distante das bases jurídicas da Carta. As decisões tomadas por maioria de votos nas comissões e na Assembleia falseiam os resultados, pois as maiorias de nações inexpressivas não traduzem as verdadeiras tendências mundiais. Sem insistir nas conhecidas vinculações luso-brasileiras, os próprios interesses do Brasil aconselham-nos

[33] Dantas, "Exposição feita em cadeia nacional de rádio e televisão, em 5 de fevereiro de 1962", p. 178.

> a uma ação extremamente prudente. Nossa liderança africana, se bem que compreensível como ideal, é inexequível. Não temos nem técnicos, nem capitais, nem excesso demográfico, nem produção industrial que nos permita penetrar realmente na África. Restaria uma espécie de anticolonialismo aceitável como estado de espírito.[34]

O anticolonialismo não deriva de interesses econômicos, responde Arinos, e sim "da evolução natural e interna da nossa democracia", que impunha à diplomacia expressar a visão "historicamente antirracista e anticolonialista" da sociedade brasileira. Mas não faltaria medida às palavras do Brasil sobre Portugal: "não participamos do grupo vituperante que o invectiva e todo o nosso esforço estaria em apoiá-lo em uma linha evolucionista", cujo cerne era a "prestação de informações" consoante ao artigo 73, alínea "e".[35]

Franco Nogueira replica que a transmissão de informações seria aceitável como "etapa final", mas que esse nunca seria o caso, pois novas exigências tendentes à independência daqueles territórios seriam feitas, e então "Portugal não poderá resistir, pois terá cedido nos princípios". "Diante disso", nota Arinos, "lamentei a rigidez da posição portuguesa, tal como fiz diretamente com Salazar, e declarei que, sem qualquer ânimo hostil, os nossos interesses e as nossas convicções determinavam nossa conduta".

Franco Nogueira faz, então, o que chama uma "contraproposta", "mas que de fato não o é", agrega Arinos: "competiria ao Brasil exprimir energicamente sua posição anticolonialista e favorável à independência dos povos africanos, mas, ao mesmo tempo, assegurar a tipicidade da situação portuguesa, afirmando [...] que as relações entre Portugal e a África lusa são de natureza típica e especial". Avalia o senador pela Guanabara: "Seria afinal uma defesa de Portugal feita à custa da nossa autoridade".[36]

---

[34] "Delegação do Brasil à XVI Sessão da Assembleia Geral das Nações Unidas à Secretaria de Estado das Relações Exteriores. Telegrama n.º 140. 31 de outubro de 1961", p. 1. Série telegráfica de Delbrasonu. AHI.

[35] "Delegação do Brasil à XVI Sessão da Assembleia Geral das Nações Unidas à Secretaria de Estado das Relações Exteriores. Telegrama n.º 140. 31 de outubro de 1961", p. 2. Série telegráfica de Delbrasonu. AHI.

[36] "Delegação do Brasil à XVI Sessão da Assembleia Geral das Nações Unidas à Secretaria de Estado das Relações Exteriores. Telegrama n.º 140. 31 de outubro de 1961", p. 3. Série telegráfica de Delbrasonu. AHI.

É evidente que essa "tipicidade" pretendida por Franco Nogueira se ampara em Freyre, que em livro de 1953 falava na "singularidade da posição dos lusitanos entre os poderes imperiais da Europa: uma potência menos europeia – intransigentemente europeia – que lusotropical – flexivelmente lusotropical – em seus métodos ou formas de expansão".[37] Adriano Moreira, ministro do Ultramar em 1961, já havia combinado o ângulo lusotropical com a crítica portuguesa às maiorias parlamentares nas Nações Unidas. Dizia haver, nelas, "um grande número de países [que] não teve [a] possibilidade nem a preocupação de enfrentar e suportar os riscos e os encargos que a sua política fez surgir no mundo".[38]

Arinos, reconhecendo no fim do telegrama de 31 de outubro o "abismo" diplomático que o separa de Franco Nogueira,[39] nem por isso se coloca fora do campo freyriano, a partir do qual exaltara a "nova civilização" tropical e multirracial semanas antes no discurso perante a Assembleia Geral; mas de fato repudia a conclusão lusotropical disponível nesse campo, isto é, nega tributo àqueles "riscos e encargos" pelos quais se havia erguido o império lusitano. Contra a "tipicidade" portuguesa que molda um trópico peculiar, Arinos vislumbra no anticolonialismo uma vinculação direta entre países do Sul.

---

[37] Freyre, *Um brasileiro em terras portuguesas...*, p. 46.

[38] Moreira, *Portugal e o Artigo 73 da Carta das Nações Unidas*, p. 35; em livro dado à estampa em maio de 1962, Franco Nogueira aprofunda a ideia dizendo que "Portugal e a Assembleia não falam a mesma língua". Nota que uma linha dura parlamentar contra Portugal forma-se ao mesmo tempo que esmorece o apoio a Lisboa: "a possibilidade de se tomar uma linha enérgica em um debate sempre depende, qualquer que seja a circunstância parlamentar, da força política de uma delegação [...] Às vezes causa surpresa que as delegações de pequenos países como a Guiné ou Gana possam ocasionalmente adotar uma linha enérgica e aparentemente se saírem incólumes [*and apparently get away with it*]. Isso explica-se facilmente: ambos os países, como todos os demais cuja política tem a mesma orientação, desfrutam automaticamente do apoio de grandes potências como a Índia ou a União Soviética [...] Do lado ocidental, países como a Holanda ou a Bélgica só poderiam tomar uma atitude assim se recebessem o apoio dos Estados Unidos, ou do Reino unido, ou do Brasil; mas não recebem esse apoio quando os assuntos coloniais são discutidos". A gravitação de delegações latino-americanas (inclusive o Brasil, àquela altura) rumo à maioria é explicada, entre outros, pelo "desejo de manter prestígio e influência no jogo parlamentar das Nações Unidas". Nogueira, *The United Nations and Portugal...*, p. 120, p. 112-113 e p. 55.

[39] "Delegação do Brasil à XVI Sessão da Assembleia Geral das Nações Unidas à Secretaria de Estado das Relações Exteriores. Telegrama n.º 140. 31 de outubro de 1961", p. 4. Série telegráfica de Delbrasonu. AHI.

O diário de Franco Nogueira registra, quinze dias depois do encontro na Park Avenue, sua antipatia por Arinos: "inteligente, sem dúvida, e vaidoso até ali; [...] arrasta a sua intelectualidade com absoluta convicção; e procura fazer-nos acreditar em que só por dever para com o destino implacável se deixa vergar e sacrificar à fatalidade penosa de ser um homem de gênio". Mas o principal a notar é como o situa, com Dean Rusk, Adlai Stevenson e o belga Paul-Henri Spaak, entre os interlocutores de peso nas Nações Unidas: "Estes homens têm largas fatias na direção e no destino dos povos. É temeroso".[40]

No Rio de Janeiro, do dia 1º ao 5 de novembro de 1961, San Tiago Dantas está reunido com seus principais assessores fora da sede do Itamaraty, na Casa das Pedras, residência de um amigo na Gávea Pequena. Nessa espécie de retiro, de que também participam o secretário-geral, Carlos Alfredo Bernardes, o chefe do gabinete do ministro, Mario Gibson Barboza, e o agora diretor de organismos internacionais, Araújo Castro, o problema de Angola ocupa praticamente um dia inteiro. Um aspecto anedótico das discussões ajuda a mostrar o caráter labiríntico do tratamento do tema nas Nações Unidas.

Discute-se na Casa das Pedras como o Brasil deve votar em resolução sobre a situação de Angola, supondo-se, erroneamente, que é esse o tema que se discutirá brevemente em Nova York. Na verdade, Angola, que já havia sido objeto da resolução 1.603 em abril, na qual o Brasil se abstivera devido ao apelo de Manuel Rocheta a Jânio Quadros, só voltaria a ser tratada, e tratada diretamente no plenário da Assembleia, em janeiro de 1962. Arinos terá que esclarecer dias depois que a discussão agora era na Quarta Comissão e sobre o item 79, o descumprimento, por Portugal, do capítulo XI (artigo 73) e da resolução 1.542.

O que San Tiago diz na Casa das Pedras é importante, em todo caso, para se compreender a sensibilidade que cerca qualquer resolução crítica a Portugal nas Nações Unidas. A ata das discussões sigilosas registra que, segundo o chanceler, por um lado "temos grande reação contrária no Senado, Salazar tem tido êxito em 'capturar', para sua área, senadores brasileiros"; e, por outro, há "dificuldades nas Nações Unidas: Afonso Arinos quer manter, com certa rudeza, a sua política anticolonialista".[41]

---

[40] Nogueira, *Um político confessa-se...*, p. 17-18.

[41] "Colóquios da Casa das Pedras (Secreto)", p. 324.

Do encontro sai um despacho para Nova York com instruções sobre o voto brasileiro (pensadas para o debate da situação de Angola e não do item 79). Nele, San Tiago declara a Arinos:

> tomo a liberdade de recordar a Vossa Excelência as dificuldades internas que encontrou, durante a sua brilhante gestão no Itamaraty, para concretizar o voto brasileiro, tendo em vista as reações da opinião pública nacional e a impressão produzida por essas reações sobre diversos setores do nosso governo, notadamente sobre o Congresso, mas também sobre o Executivo. Recordo a abstenção que Vossa Excelência foi levado a recomendar, depois que a sua visita a Lisboa dera integral satisfação às disposições do Tratado de Consulta e parecia haver removido os últimos entraves à retificação da linha brasileira. Não são menores, no momento atual, as dificuldades a que tenho de fazer face.[42]

San Tiago dá a impressão, a pouco mais de dois meses da reunião decisiva de Punta del Este, de escolher suas batalhas, escolher "de quem é que queremos receber pedradas", como dizia, ainda que sua atitude crítica ao salazarismo fosse bem conhecida.[43] Tem-se a sensação de que Angola, estando na agenda das Nações Unidas, é um assunto em que Arinos sente poder ser o protagonista, enquanto o chanceler, sem discordar da linha geral, precisa enquadrar esse tema pela perspectiva de seus demais problemas, a começar por Cuba.

Arinos responde em 6 de novembro à instrução de San Tiago, recordando que, em um despacho anterior da Secretaria de Estado, haviam sido dadas instruções, sobre a aplicação do artigo 73, alínea "e", a Portugal, do seguinte teor: "a Delegação do Brasil votará a favor das resoluções, no sentido de concitar Portugal a assumir atitude mais realista no que se refere aos seus territórios ultramarinos. Reconhecer o Estatuto Não Autônomo dos mesmos e, por consequente, fornecer informações". Arinos diz que tenciona se ater a isso.[44] Agrega o chefe

---

[42] "Colóquios da Casa das Pedras (Secreto)", p. 328-329.

[43] Dantas, "II Registro da Comissão de planejamento...", p. 239. Sobre o salazarismo: Dutra, *San Tiago Dantas: a razão vencida*, p. 407-409.

[44] Essa resposta lembra a observação de Marcos Azambuja, evocando exatamente a época de Freitas-Valle e Arinos na missão em Nova York, que viveu como diplomata mais

da delegação: "Não participaremos dos debates a não ser pela necessidade de moderar declarações".[45]

É nesses termos que chegamos à tarde do dia 8 de novembro, quando Franco Nogueira discursa na Quarta Comissão sobre o item 79. As notas taquigráficas reproduzem assim a sua intervenção, feita em inglês:

> 12. O Sr. NOGUEIRA (Portugal) declarou que [...] estava a ser feita uma tentativa de aplicar o artigo 73 da Carta a Portugal. A sua delegação já havia reiterado os fundamentos legais, processuais e constitucionais da interpretação portuguesa do artigo 73 e apresentado as suas conclusões sobre o assunto. Assim como Portugal não tentaria impor as suas conclusões a outros, também não permitiria que outros impusessem as suas conclusões a Portugal. Não era verdade que Portugal estivesse isolado nas suas opiniões: muitas delegações, incluindo as do Reino Unido, França, Brasil, Suécia, Estados Unidos, Turquia, Chile, Japão e Paquistão, em algum momento expressaram opiniões semelhantes às de Portugal a respeito do artigo 73. Essas delegações tinham, evidentemente, o direito de mudar a sua interpretação da Carta, mas isso não significava que Portugal fosse obrigado a mudar a sua.[46]

O lado português também aludiria ao Brasil no debate do dia seguinte, quando outro delegado, José Manuel Fragoso, instado pela delegação do Mali a elencar intelectuais que apoiassem a causa portuguesa, assinala, entre outros, o "Dr. Gilberto Freyre, um sociólogo brasileiro de renome".[47]

---

jovem do posto, de que "negociávamos para fora e para dentro". AZAMBUJA, "Videla é a mãe".

[45] "Delegação do Brasil à XVI Sessão da Assembleia Geral das Nações Unidas à Secretaria de Estado das Relações Exteriores. Telegrama n.º 155. 6 de novembro de 1961", p. 3. Série telegráfica de Delbrasonu. AHI.

[46] *Official Records of the General Assembly – Sixteenth Session*, Fourth Committee, 1202nd meeting, Wednesday, 8 November 1961, at 3.35 pm, New York. Documento A/C.4/SR.1202, p. 284. DHL.

[47] *Official Records of the General Assembly – Sixteenth Session*, Fourth Committee, 1203rd meeting, Thursday, 9 November 1961, at 3.40 pm, New York. Documento A/C.4/SR.1203, p. 292. DHL.

Mas é a formulação do dia 8 sobre a posição oficial brasileira que suscita um pedido de direito de resposta, na mesma sessão, cinco discursos depois do de Franco Nogueira, por parte de Houaiss, até ali silente. A intervenção, feita em francês, foi transcrita na íntegra em telegrama posterior. Seu cerne é este:

> [...] o ilustre delegado de Portugal considerou necessário referir-se à posição do Brasil no que diz respeito à não observância, por parte do governo português, do capítulo XI da Carta das Nações Unidas e da resolução 1.542 (XV) da Assembleia Geral. O distinto representante de Portugal citou o Brasil entre outros Estados membros que "em algum momento ou outro partilharam opiniões semelhantes às da delegação portuguesa". Vejo-me, portanto, no dever de fazer a seguinte declaração. O Brasil reconhece, por um lado, que no que se refere particularmente à resolução 1.542 (XV), a sua posição evoluiu desde a XVI Sessão da Assembleia Geral. O Brasil orgulha-se disso, ademais, porque sua posição atual está em conformidade com um movimento de opinião de alcance mundial, que se reflete de forma notável nesta Comissão – uma posição que lhe permitiu, agora, estar absolutamente coerente com seu voto sobre as resoluções 1.514 (XV) e 1.541 (XV). [...] Ao evoluir da sua posição anterior, o Brasil considera dever lamentar, por outro lado, que o governo de Portugal não tenha querido ou não tenha podido fazer o mesmo.[48]

[48] "Delegação do Brasil à XVI Sessão da Assembleia Geral das Nações Unidas para o Ministro San Tiago Dantas. 12 de novembro de 1961", p. 2-3. Telegramas pessoais. APD. Registro aqui minha gratidão a Pedro Dutra pela colaboração generosa, inclusive pelo acesso ao material de seu arquivo. Para as notas taquigráficas da IV Comissão, ver *Official Records of the General Assembly – Sixteenth Session*, Fourth Committee, 1202nd meeting, Wednesday, 8 November 1961, at 3.35 pm, New York. Documento A/C.4/SR.1202, p. 289. DHL. O que se revelará a frase-chave de Houaiss tem a seguinte redação original: "*Le Brésil en est fier, par ailleurs, parce que sa position actualle* [*sic*] *est conforme a un mouvement d'opinion de portée mondiale qui se reflète d'une façon remarquable dans cette commission, une position qui lui a permis d'être maintenant absolument consèquent avec son vote sur les résolutions 1514 (XV) et 1541 (XV)*" (APD). O mesmo trecho é taquigrafado da seguinte maneira no documento e página citados dos *Official Records*: "*Brazil was proud of the fact that its new position was in line with the world-wide movement of opinion which was so strongly felt in the Committee*" (DHL).

No dia seguinte, 9 de novembro, *O Globo* noticia no Rio de Janeiro, em chamada sobre as Nações Unidas, que "O delegado do Brasil, Antônio Houaiss, causou certa surpresa ontem à tarde no debate da IV Comissão, ao anunciar [...] que sua delegação não estaria de acordo com Portugal [...] Prosseguiu dizendo que sua delegação se sentia orgulhosa de haver mudado de atitude para colocar-se, assim, ao lado da opinião mundial".[49]

No dia 10, San Tiago indaga por escrito sobre o episódio a Arinos, que responde a 12 subscrevendo a atitude de Houaiss. De acordo com o telegrama de Arinos, a alusão de Franco Nogueira ao apoio do Brasil ocorrera "Apesar de em nossa conversa anterior haver-lhe eu comunicado nossa posição".[50] O próprio Houaiss, alguns anos mais tarde, observará que, na reunião com Franco Nogueira, Arinos havia indicado ser conveniente que o ministro português, "ao postular a causa de seu país no seio da IV Comissão, não invocasse, como fazia no passado, o apoio político e jurídico do Brasil".[51]

Como a invocação é feita, Houaiss, instruído a reagir, rascunha sua resposta e, não podendo obter o assentimento imediato de Arinos ao texto, lê o pequeno direito de resposta na mesma sessão vespertina do dia 8 de novembro, "pois o tempo urgia".[52] À noite, no mesmo dia 8, Arinos avaliza o texto de improviso e telegrafa ao Rio de Janeiro: "por instruções minhas", diante da menção a um apoio do Brasil, Houaiss havia intervindo "em termos comedidos, reconhecendo que a nossa posição evoluíra e lamentando que outro [tanto] não se verificara com a de Portugal".[53]

No telegrama posterior, do dia 12, em que responde a San Tiago, Arinos reproduz as notas taquigráficas das falas de Franco Nogueira e de Houaiss bem como a íntegra das palavras do delegado brasileiro. Alonga-se sobre o caso:

---

[49] Munn, "O Brasil em posição contrária a Portugal nas Nações Unidas", p. 8.

[50] "Delegação do Brasil à XVI Sessão da Assembleia Geral das Nações Unidas para o Ministro San Tiago Dantas. 12 de novembro de 1961", p. 1-2 e p. 4. Telegramas pessoais. APD.

[51] Houaiss, *A defesa*, p. 45.

[52] Houaiss, *A defesa*, p. 46.

[53] "Delegação do Brasil à XVI Sessão da Assembleia Geral das Nações Unidas à Secretaria de Estado das Relações Exteriores. Telegrama n.º 164. 9 de novembro de 1961", p. 1. Série telegráfica de Delbrasonu. AHI. Apesar de grafado o dia "9", evidentemente o telegrama é de 8, pois se inicia indicando "quarta-feira, 20hs30", e dizendo que o "O Ministro das Relações Exteriores de Portugal falou na tarde de hoje à IV Comissão", o que corresponde ao dia 8.

> Por instruções minhas, o Secretário Antônio Houaiss estava autorizado a fazer breve definição da nossa posição, a fim de evitar presunção possível continuávamos defendendo posição portuguesa. Se não a proferi pessoalmente, foi porque acredito que na conjuntura Houaiss era o porta-voz mais indicado, tal o ambiente de respeito que criou na Comissão na presente atuação e nas anteriores. Impossível, contudo, evitar explorações ou deformações da imprensa interessada em subverter a natureza dos pronunciamentos [...] Como informação complementar comunico-lhe que questões semelhantes foram levadas a efeito na imprensa italiana contra o delegado deste país, segundo ele próprio comunicou [...] Dos países citados pelo chanceler português nenhum votará com ele, pois a votação será provavelmente unânime, salvo pouquíssimas abstenções colonialistas [...] Ninguém é mais sensível aos vínculos luso-brasileiros do que eu. Mas considero que cedermos aos grupos de pressão [ilegível] no Rio de Janeiro é colocar o Brasil em posição já não direi penosa, senão que francamente lamentável. Seguindo seu conselho passarei a intervir pessoalmente em casos de igual importância, nos quais procurarei agir com a prudência recomendada pelos seus despachos e seguida, invariavelmente, por Houaiss, a quem não se pode acusar pelo emprego menos adequado de uma única palavra, ao cabo de numerosas e úteis intervenções.[54]

As memórias de Arinos são vagas nesse período e nada dizem sobre o episódio na Quarta Comissão. Indicam que, em um "caso grave", San Tiago "autorizou-me a votar de maneira diferente da sua opinião, por confiar na minha, que estava mais perto dos fatos", o que creio aludir ao voto brasileiro no item 79, a respeito do qual deve ter sido o telefonema entre os dois que menciona Arinos em *Planalto*.[55]

---

[54] "Delegação do Brasil à XVI Sessão da Assembleia Geral das Nações Unidas para o Ministro San Tiago Dantas. 12 de novembro de 1961", p. 1-2 e p. 4. Telegramas pessoais. APD.

[55] Franco, *Planalto*..., p. 182; ver também p. 196: escrevendo em 1968, Arinos julga estar falando da "votação do projeto referente a Angola", mas agora é ele quem comete o mesmo engano de San Tiago e seus assessores na Casa das Pedras, pois o projeto a que de fato alude é o referente ao item 79 da agenda da Quarta Comissão, não o projeto posterior sobre Angola, no plenário da Assembleia. Isso fica claro quando reproduz, nessa página, um trecho da resolução afinal aprovada, a 1.699, de dezembro de 1961,

Em 9 de novembro, uma quinta-feira, San Tiago anuncia, na Comissão de Relações Exteriores do Senado, que o Brasil "não se absterá mais de votar, como no passado", em resoluções sobre Portugal nas Nações Unidas, esclarecendo, por outro lado, que o país não corroboraria qualquer "censura violenta" a Lisboa,[56] no que devia estar reagindo à repercussão, n'*O Globo* daquela manhã, do discurso de Houaiss na tarde de quarta-feira.

Até o sábado, dia 11 de novembro, San Tiago hesita: nesse dia está autorizado para expedição um despacho telegráfico a Nova York instruindo Arinos a se abster se o verbo "condenar" seguisse presente no projeto de resolução.

Deve ter sido exatamente aí a chamada telefônica com Arinos, pois a minuta do despacho de San Tiago leva este acréscimo datilografado fora do corpo do texto: "minha preferência seria, na votação global do projeto, pela abstenção, mas deixo ao tato e ao critério superior de Vossa Excelência decidir se deve abster-se ou votar favoravelmente".

Logo após essa passagem há a seguinte nota escrita à mão, por redatora cuja identidade não pude apurar: "Ditado pelo telefone, às 21 hs do dia 11-XI-61, pelo Ministro de Estado. Vera".[57] (Aqui transparece diretamente na fonte primária evidência da divisão de gênero na burocracia ministerial, o que sublinha como a história diplomática cinge-se ferreamente ao universo masculino).

No dia 13 de novembro, a segunda-feira subsequente, vai a voto, na Quarta Comissão, um projeto de resolução de origem afro-asiática que, em seu cerne, "Condena a atitude do Governo de Portugal, que segue se negando a cumprir as obrigações que lhe impõem o capítulo XI da Carta das Nações Unidas e as disposições da resolução 1.542 (XV) da Assembleia Geral".[58] A resolução é aprovada na Quarta Comissão, à tarde, por 83 votos favoráveis, inclusive o do Brasil, 3 contrários e 2 abstenções.

---

que condena Portugal pelo descumprimento da obrigação de prestar informações. Aponto isso não porque as memórias careçam de reparo, mas para frisar como a reconstrução histórica tampouco as pode tomar como guia único.

[56] "O Brasil não censurará frontalmente a Portugal", p. 5.

[57] "Secretaria de Estado das Relações Exteriores à Delegação do Brasil junto à XVI Assembleia Geral das Nações Unidas. Despacho n.º 91, 11 de novembro de 1961", p. 2. Série telegráfica para Delbrasonu. AHI.

[58] *Documentos Oficiales de la Asamblea General – Decimosexto Periodo de Sesiones*, Resoluciones aprobadas sobre la base de los informes de la Cuarta Comisión. 1699

A explicação de voto, feita por Arinos no mesmo 13 de novembro, menciona um pronunciamento anterior da delegação do Reino Unido segundo o qual era possível votar a favor de uma resolução mesmo sem concordar com cada aspecto particular do texto. É o caso, diz Arinos, da expressão "condenar", que o Brasil preferiria ver substituída por "lamentar" (*regrets* em vez de *condemns*). O delegado da Guiné (Conakri) redargue: "O tempo de lamentar já passou". E Arinos: "é importante fazer todo o possível para persuadir o governo português a aceitar a evolução pacífica dos territórios pelos quais é responsável rumo à independência e à autodeterminação".[59] Mas a maioria prossegue com *condemns*.

Em 8 de dezembro, editorial na capa de *O Globo* sobre a crise em torno ao enclave de Goa, na Índia, volta ao caso de exatamente um mês antes em Nova York, quando Houaiss responde a Franco Nogueira dizendo que "o Brasil orgulha-se" de sua nova posição. Omite-se, agora, o sujeito original da frase do delegado brasileiro: "chegamos ao ponto de um diplomata nosso, o sr. Houaiss, ter-se abalançado a dizer a Comissão da ONU que 'sentia orgulho de votar contra Portugal'. Esta absurda tirada felizmente partiu de um funcionário notoriamente esquerdista".[60] Como nota Gelson Fonseca sobre a Política Externa Independente, "Numa situação interna polarizada, a política externa naturalmente se tornava também polêmica. Cada gesto encontra imediatamente a sua crítica, o seu limite".[61]

Fast forward. Em 15 de julho de 1964, defendendo-se perante uma Comissão de Investigações do Ministério das Relações Exteriores, Houaiss dirá que a suspensão de seus direitos políticos pelo Ato Institucional do dia 9 de abril daquele ano "probabilissimamente" se devia ao episódio aludido na peça acusatória da mesma Comissão como uma "'intervenção desrespeitosa em relação a Portugal, na IV Comissão da Assembleia Geral

---

(XVI). Incumplimiento por parte del Gobierno de Portugal del Capítulo XI de la Carta de las Naciones Unidas y de la resolución 1542 (XV) de la Asamblea General. 1083ª sesión plenaria, 19 de diciembre de 1961, p. 40. DHL.

[59] *Official Records of the General Assembly – Sixteenth Session*, Fourth Committee, 1207th meeting, Thursday, 13 November 1961, at 3.25 pm, New York. Documento A/C.4/SR.1207, p. 313. DHL. Traduz-se do inglês, embora Arinos falasse em francês, porque as notas taquigráficas em certas ocasiões só estão disponíveis nessa língua.

[60] "Goa ameaçada pela Índia", p. 1.

[61] Fonseca Júnior, *A legitimidade e outras questões internacionais*..., p. 308.

em 8 de novembro de 1961'".[62] Nas Nações Unidas, em si, diz Houaiss em sua defesa, o incidente simplesmente "não existiu".[63]

De volta a dezembro de 1961. No dia 19, o plenário da Assembleia Geral vota a resolução sobre Portugal já aprovada na Quarta Comissão. A contagem definitiva é de 90 votos a favor (Brasil, Estados Unidos, Reino Unido e União Soviética incluídos), 3 contra (África do Sul, Espanha e Portugal) e 2 abstenções (Bolívia e França). Sob o número 1.699, é a primeira resolução em que o Brasil está com a maioria contra Portugal.

Estava feita uma pequena gestão, a reunião Arinos-Franco Nogueira na Park Avenue; estava feito um pequeno ato, o direito de resposta de Houaiss na Quarta Comissão; e estava dado um pequeno voto, junto à maioria no plenário.

Mas faltava à nova linha política africanista, além de gestões, atos e votos, a palavra, o argumento diplomático, aquele que "começa quando os princípios se tornam insuficientes para orientar a ação".[64] Não era possível ancorar a linha brasileira em uma simples oposição de princípio ao colonialismo. Ao observar na Casa das Pedras ser "débil posição dizer que o Brasil vota contra Portugal apenas por coerência de política anticolonialista",[65] San Tiago está domando o impulso de se pensar a postura multilateral brasileira só em função de um principismo,[66] ou mesmo algum moralismo baseado nas virtudes da consistência. Cumpria formular um discurso do interesse concreto do Brasil em assuntos extracontinentais, e especificamente em Angola.

---

[62] Houaiss, *A defesa*, p. 42 e *apud* p. 60, onde se reproduz a integralidade da peça.

[63] Houaiss, *A defesa*, p. 47.

[64] Fonseca Júnior, "Os Colóquios da Casa das Pedras: argumentos da diplomacia de San Tiago Dantas", p. 306.

[65] "Colóquios da Casa das Pedras (Secreto)", p. 326.

[66] A lógica principista fica evidente em um relatório posterior de Houaiss, no qual diz, sobre a linha do Brasil na Quarta Comissão que "as brechas parciais de sua posição parecem por vezes excessivamente sentimentais, quando não ilógicas"; por isso, "na medida em que os fatores de nossa política interna o permitissem", "capitalizaríamos mais respeito ainda, se prosseguíssemos sem essas brechas, visto como os interesses maiores do Brasil parecem ser mais bem atendidos com uma posição claramente e consequentemente anticolonial, inclusive no jogo inevitável, no mundo de hoje, de expansão de nossos mercados, nossa cultura e de nosso desenvolvimento nacional. No quadro das Nações Unidas – até onde ele pode ser apreciado em si mesmo – os efeitos disso seriam, seguramente, enormes". Houaiss, "Conclusões do conselheiro Antônio Houaiss sobre os trabalhos da quarta comissão da XVII Assembleia Geral das Nações Unidas", p. 104.

É preciso notar pelo menos um antecedente dessa formulação. No final dos anos 1950 já estava elaborada, no pensamento nacional-desenvolvimentista, campo intelectual na cercania da Política Externa Independente, a crítica sistemática da ideia de um Brasil adstrito ao ordenamento do hemisfério ocidental. Em *O nacionalismo na atualidade brasileira*, de 1958, Hélio Jaguaribe postula, com efeito, um interesse geoestratégico do Brasil na conformação de um espaço sul-americano, em particular, e latino-americano, em geral.

Para Jaguaribe, o continente do Brasil era a América do Sul e a América Latina, coordenadas políticas decisivas para uma futura "política exterior independente" (o autor antecipa a expressão, sem as maiúsculas),[67] por terem o Brasil como centro. O corolário disso é que reconceitua a noção de hemisfério como categoria extracontinental.

Na lógica de Jaguaribe, uma aliança Brasil-Argentina devia dar forma à ordem continental que, difundindo-se do sul ao norte da América do Sul, e daí à América Latina, reverteria a "satelitização" de países da região.[68] À base disso, para o autor, estava uma prova futura da independência do Brasil no hemisfério, nomeadamente sua capacidade de "descomprometimento" nas "relações bilaterais" com Washington.[69] Para ele, o hemisfério não era – ou teria que deixar de ser – o continente do Brasil.

Isso sugere que a noção de "continente" não era objeto de uma referência estável no início dos anos 1960, podendo remeter tanto ao hemisfério ocidental quanto à América Latina, e mesmo à América do Sul. Por conseguinte, tampouco estava estabilizada àquela altura a referência da noção do "extracontinental", que significaria coisas diferentes, por exemplo, na perspectiva da defesa hemisférica, centrada no TIAR, ou do desenvolvimento latino-americano, que ganha corpo com a CEPAL.

O dissídio hemisférico visível na reunião de Punta del Este emana portanto de uma tensão conceitual mais básica em torno à própria ideia de "continente". Em julho de 1961, por exemplo, Arinos diz da América Latina: "este continente se formou na orla, na fímbria marítima, voltado

[67] Jaguaribe, *O nacionalismo na atualidade brasileira*, p. 270. Ver, a propósito da atualidade das coordenadas básicas do programa de Jaguaribe: Vieira, "Discurso na sessão solene da Academia Brasileira de Letras pelo lançamento da Coleção Hélio Jaguaribe".

[68] Jaguaribe, *O nacionalismo na atualidade brasileira*, p. 278.

[69] Jaguaribe, *O nacionalismo na atualidade brasileira*, p. 287.

para o mar", seus países "de costas voltadas uns para os outros". Agora, o esforço de desenvolvimento industrial, que exigia inclusive a abertura de novos mercados fora da região, supunha uma "homogeneização política e econômica" das nações latino-americanas, em "uma espécie de volta para o continente, para dentro de si mesmo".[70]

Mais tarde, em dezembro de 1963, discursando como paraninfo na formatura de uma turma do Instituto Rio Branco, San Tiago dirá mais amplamente estar em curso, frente ao "pan-americanismo", a "afirmação paralela de um latino-americanismo". Sua essência, de acordo com San Tiago, era "não uma restrição ou hostilidade aos Estados Unidos, mas a posição comum dos povos subdesenvolvidos americanos em face do grande Estado industrializado, cujos interesses, na mesma área geopolítica, se diferenciam dos nossos".[71]

Esses exemplos indicam que o dissídio político à volta de Punta del Este alcança, como forma superior de controvérsia, o próprio conceito de continente. A noção do que seja o "continente" bifurca-se, por um lado, no sentido da longitude, rumo à inteireza geográfica de hemisfério; e, por outro, no sentido da latitude, rumo às peculiaridades étnicas, culturais e históricas dos povos caracterizados como de origem latina (com suas decorrências econômicas). A opção de Arinos e San Tiago pela América Latina como continente em que se situa Brasil, como algo distinto do espaço hemisférico, tem como contraparte uma abertura a novas categorias sobre o que fosse o extracontinental.

Aqui as contribuições de Arinos e de San Tiago para nosso assunto são altamente consequentes. San Tiago, mais dado às categorias jurídicas e à abstração, deixará como legado um conceito de longa vigência no discurso diplomático brasileiro: o universalismo.

O diálogo sem prevenções com todos era, em parte, uma exigência para a paz, como diz ao defender o reatamento de relações com a União Soviética, já como chanceler, no fim de 1961: "todo isolacionismo político, nos dias de hoje, é uma atitude belicosa".[72]

---

[70] Franco, "Discurso na Câmara dos Deputados, 28 de julho de 1961", p. 746.

[71] Dantas, "Política exterior e desenvolvimento...", p. 280. Ver, adicionalmente, Dutra, *San Tiago Dantas: escritos, passim.*

[72] Dantas, "Discurso pronunciado na Câmara dos Deputados, em 23 de novembro de 1961", p. 72.

Mas a formulação canônica do universalismo está no discurso de despedida da Câmara, em que conjuga a dimensão política à econômica, em um pragmatismo que lhe parece imprescindível à – e não incompatível com a – política externa de um país democrático. "Durante muito tempo", começa,

> habituamo-nos a considerar nosso país um protagonista de segundo plano na cena internacional [...] não é mais hoje o nosso país, como podia parecer àquela geração idealista que participou das esperanças e dos fracassos da Liga das Nações, um país de segunda ordem, fadado apenas a assistir como comparsa, ainda que, muitas vezes, como comparsa ilustre, aos lances da política mundial [...] Hoje, sobretudo, estamos aptos a levar uma contribuição imparcial, em que não apenas nos voltamos para a solução dos problemas em que nos achamos diretamente implicados, mas também para a solução dos outros, que, contemplados à distância, mas por cujo bom encaminhamento, como qualquer outro povo amadurecido, já nos sentimos responsáveis.[73]

Predica então San Tiago

> a necessidade de estender o campo das nossas relações internacionais até as fronteiras do próprio universo. Pois, na verdade, um país não pode atingir o grau de amadurecimento político e de expansão econômica a que chegamos sem universalizar suas relações, e sem entrar em contato, altivamente, preservado pelas suas próprias convicções, e até – digamos – pelas suas próprias idiossincrasias culturais, com todos os sistemas, com todos os regimes, com [todas] as ideologias, para, em face de cada nação e em face de cada área, observar estritamente a linha de seu próprio interesse e de realização do destino de seu próprio povo.[74]

---

[73] Dantas, "Discurso de renúncia ao mandato, na Câmara dos Deputados", p. 70.

[74] Dantas, "Discurso de renúncia ao mandato, na Câmara dos Deputados", p. 74. Para a visão do jovem Merquior sobre o que chamava o nacionalismo instrumental de San Tiago Dantas, ou a propensão ao humanismo de sua obra diplomática, ver Pereira, "El fenómeno Merquior".

Arinos, por sua vez, pende naturalmente para as categorias históricas e o particularismo que lhes é inerente. Daí que, em vez da generalidade geográfica à base do conceito santiaguino de universalismo, em Arinos há absoluta concretude geográfica à base do conceito de hemisfério sul, pelo qual delineia espaços singulares, a leste, como vizinhança brasileira: o Atlântico Sul e a África Ocidental.

Já notamos que, em sua ótica austral, o "continente" brasileiro será antes – na latitude – a América Latina do que – na longitude – o hemisfério ocidental. Agora, vê a emancipação das nações afro-asiáticas como "uma espécie de réplica, no tempo", das independências na América Latina, às quais "assistiram os nossos antepassados no século XIX". Mesmo ele, para quem a "verdade, muitas vezes, parece inatual", nesse caso não tem dúvida sobre o paralelo América Latina-África-Ásia: "não compreender isso é não compreender o nosso tempo".[75] A verdade do caso estava, para Arinos, na atualidade da descolonização, não na inatualidade do lusotropicalismo.

Na Câmara dos Deputados, em audiência como chanceler a 27 de julho de 1961, Arinos enunciara o elo de união desse Brasil fundamente vincado pela coordenada austral (e permeado pela tropical) com o espaço externo do Atlântico Sul e da África, que não deseja ver enquadrado pelo filtro da confrontação Leste-Oeste:

> O Brasil, no hemisfério sul, na zona tropical, contraria as tradições dos geógrafos pessimistas, a partir de Lactâncio, que diziam da impossibilidade de se erguer uma grande nação com as condições da nossa. O Brasil desmente o pessimismo da História. O Brasil enfrenta o negativismo dos céticos. O Brasil realiza uma grande obra de progresso e de civilização. É esta obra que queremos oferecer aos nossos irmãos africanos que conosco dividem o uso da janela do Atlântico Sul. Com ela encarecemos as possibilidades do progresso econômico, político e social, encerrando ao mesmo tempo à opressão do capitalismo predatório e à pressão do totalitarismo ideológico.[76]

---

[75] Franco, "Chefia da Delegação à XVI Sessão da Assembleia Geral das Nações Unidas, 19 de fevereiro de 1962", p. 777.

[76] Franco, "Discurso na Câmara dos Deputados, 28 de julho de 1961", p. 757. A referência rara a Lactâncio, autor do século IV, poderia explicar-se pelo fato de Arinos ter ido buscar, em um livro que conhecia bem, não só a menção ao velho geógrafo como

A 15 e 19 de fevereiro de 1962, em discursos no Senado prestando contas de sua primeira missão em Nova York, Arinos precisará esse raciocínio do ano anterior. Talvez informado pela experiência multilateral recente, nota um perigo maior de conquista da África ocidental pelo totalitarismo. Compreende agora a operação de paz das Nações Unidas no Congo, a ONUC, pelo seu

---

o tópico do pessimismo etnogeográfico com a chamada zona tórrida. *Visão do paraíso*, tese que Sérgio Buarque de Holanda apresenta à Universidade de São Paulo com vistas a assumir uma cátedra de história, havia sido examinada em novembro de 1958 em uma banca composta, entre outros, justamente por Afonso Arinos. *Visão do paraíso* discute aquele ancestral pessimismo com o trópico tendo, entre seus propósitos, o de rechaçar a exaltação oposta, "compensatória", do trópico por uma linhagem de pensadores lusitanos ou lusófilos que vai ter sua máxima expressão moderna em Gilberto Freyre. Redigida em 1958, em plena fase lusotropical do escritor pernambucano, a tese de cátedra faz uma crítica velada, mas inconfundível, à ideia freyriana do trópico luso como âmbito imperial moldado por uma fraternidade edênica. O Buarque de Holanda da década de 1950 levava a crítica ao otimismo etnogeográfico com a civilização tropical mais longe do que o seu amigo e colega de universidade Arinos, entusiasta declarado de *Casa-grande & senzala*, talvez admitisse, a julgar por suas colocações sobre uma positiva "cordialidade tropical" do povo brasileiro (Franco, *A escalada*, p. 130), nas quais revela uma leitura freyriana totalmente congruente com o conceito de homem cordial do livro *Raízes do Brasil*, àquela altura rejeitada, contudo, pelo próprio Buarque de Holanda. Mas o chanceler de Jânio Quadros decerto compartilhava com o autor de *Visão do paraíso* o sentido geral de rejeição do argumento do Estado Novo salazarista sobre uma excepcionalidade histórica que seguiria justificando, em 1961, a colonização portuguesa na África e na Ásia. Diz o historiador paulista sobre a louvação das virtudes paradisíacas do trópico: "A exaltada reabilitação das regiões tropicais popularizara-se desde cedo, aliás, entre portugueses, como consequência de suas explorações da costa ocidental do continente africano. Depois que o saber de experiências feito, as experiências de seus rudes marinheiros, derrogara o saber especulativo e aéreo de tantos doutores antigos e modernos, os mimos das novas terras descobertas passavam a formar naturalmente uma grinalda para a vaidade nacional. O ostentá-los tinha quase o valor simbólico de uma chancela que servisse para acreditar a glória dos grandes descobrimentos: da mesma forma o simples gesto triunfal nos parece hoje dar segurança e realidade à vitória. A par disso, compreende-se como, por uma tendência compensatória, àquele excessivo crédito que, durante longo tempo, obtivera a doutrina de que os lugares cortados pela equinocial hão de repelir os viventes de boa compleição ou, quando menos, os seres humanos, sucedesse o pendor invencível e não menos exagerado, para só se distinguir em tais lugares o que eles pudessem oferecer de salutar e aprazível" (Buarque de Holanda, *Visão do paraíso*, p. 161-162). Na segunda edição do livro, de 1969, vale dizer cinco anos antes do 25 de Abril, Buarque de Holanda acrescentaria a palavra "ainda" antes de "hoje", na terceira frase do trecho, enfatizando o sentido anacrônico do discurso lusotropical.

valor em uma geopolítica brasileira também atenta à expansão comunista, embora nem por isso concluindo pelo alinhamento a um lado da Guerra Fria, como se a divisão ideológica se plasmasse em realidade pura.[77]

Diante da crise do Congo, em meio à qual falecera Dag Hammarskjöld em setembro de 1961, o que por sua vez dera fôlego à proposta soviética de enfraquecimento da autoridade do secretário-geral, diz Arinos: "O que as Nações Unidas ali fizeram foi evitar a bipartição do Congo, a transformação numa Coreia, num Vietnã, num Laos; isto é, evitar trazer a guerra comunista para a fronteira ocidental da África, em frente ao nosso território. A união do Congo depende, diretamente, da unidade do Secretariado".[78]

O campo brasileiro vai emergindo, nisso tudo, como um âmbito não limitado ao território, mas abarcando um entorno que abrange não somente a vizinhança latino-americana como também o além-mar africano. Entorno de desenvolvimento e segurança, não de expansão, na linha do nacionalismo do Instituto Superior de Estudos Brasileiros: seja na vertente do programa diplomático de Jaguaribe, seja na da sociologia crítica de Alberto Guerreiro Ramos, para quem o poder nacional devia fundamentar-se na sociedade brasileira como "centro de referência".[79]

Nessa perspectiva nacionalista, o campo brasileiro emerge da latitude como resultado da busca de uma referência mais própria, autocentrada,

---

[77] Cf., por exemplo, a crítica da Política Externa Independente pelo general Golbery do Couto e Silva, em 1967: "No mundo de hoje, o antagonismo dominante entre os EUA e a Rússia, polarizando todo o conflito, de profundas raízes ideológicas, entre a civilização cristã do Ocidente e o materialismo comunista do Oriente, e no qual se joga pelo domínio ou pela libertação do mundo, arregimenta todo o planeta sob o seu dinamismo avassalante a que não podem, não poderão sequer escapar, nos momentos decisivos, os propósitos mais reiterados e honestos de um neutralismo, afinal de contas, impotente e obrigatoriamente oscilante" (Couto e Silva, *Geopolítica do Brasil*, p. 186-187). É preciso notar que esse livro foi publicado na prestigiosa Coleção Documentos Brasileiros, da editora José Olympio, dirigida, àquela altura de 1967, por Afonso Arinos de Melo Franco. O ex-chanceler escreve uma "Nota introdutória", datada de junho de 1966, quando a concepção do general Golbery já inspira a diplomacia de Castello Branco, em que aborda a necessidade de "uma revisão da nossa atual concepção da política exterior, [...] não submetendo-a a um sistema abstrato de pressões ideológicas". Franco, "Nota introdutória", p. xiii.

[78] Franco, "Chefia da Delegação à XVI Sessão da Assembleia Geral das Nações Unidas, 15 de fevereiro de 1962", p. 781.

[79] Ramos, *A redução sociológica...*, p. 49.

para o posicionamento do país. Daí apontar ao Sul político, cuja marca é a afirmação de uma linha histórica de separação frente ao norte.

Arinos elabora melhor, agora, suas considerações sobre o contraste Leste-Oeste *versus* Norte-Sul. Além de dominar a obra de Freyre e de conhecer as de Jaguaribe e de Guerreiro Ramos (enviado anualmente para a missão em Nova York, por essa época, como delegado à Segunda Comissão da Assembleia Geral), Arinos versava com segurança a do historiador Jaime Cortesão, e especificamente sua discussão sobre os efeitos diferenciais das culturas da latitude e da longitude na história da expansão portuguesa.[80]

Dessa confluência conceitual de lusotropicalismo, nacionalismo crítico e história da expansão portuguesa, reprocessada à sua maneira e com seus elementos originais, Arinos tira uma conclusão decisiva: a associação da política nas longitudes (os meridianos Leste-Oeste) à abstração, à intangibilidade doutrinária, e a política nas latitudes (os paralelos Norte-Sul) à concretude, às particularidades históricas:

> para nós, o mundo não é apenas o oriente e o ocidente, divididos por ideologias estratificadas, cristalizadas e irredutíveis. O mundo é também norte e sul, divididos pelas fronteiras do desenvolvimento, da técnica, dos recursos financeiros; do adiantamento e da plenitude, no hemisfério norte, e do abandono, da miséria, do atraso, do subdesenvolvimento, no hemisfério sul.[81]
>
> Todo nosso interesse em fazer principalmente com que as nações da chamada África negra – quer dizer, a África que fica ao sul do Saara e ao norte da antiga colônia do Cabo – sejam nações livres, estáveis e prósperas, corresponde precisamente a um esforço democrático de fazer com que se impeça o domínio, que de outra maneira seria muito mais provável, da ideologia marxista nas fronteiras e no litoral ocidental do continente africano, em face do nosso litoral oriental. Brasil e África

---

[80] Ver Franco, *Estudos e discursos*, p. 344-355. Agradeço a Christian Lynch ter-me franqueado o acesso a esse livro. Para a discussão do mesmo historiador, lido por Arinos, sobre a "cultura da latitude" que orienta o império lusitano rumo à Ásia nos séculos XV e XVI, ver Cortesão, *Influência dos descobrimentos portugueses na história da civilização.*

[81] Franco, "Chefia da Delegação à XVI Sessão da Assembleia Geral das Nações Unidas, 19 de fevereiro de 1962", p. 776.

> são como janelas que se defrontam sobre uma imensa região marítima. Nós olhamos para a África ocidental como vizinhos do hemisfério sul. Dizia eu no meu discurso da última semana que esta apresentação dos problemas da política internacional moderna em termos de hemisfério norte e hemisfério sul e não em termos de Leste e Oeste é uma tentativa realística de se colocar o desenvolvimento da política internacional em termos históricos, e não mais em termos ideológicos. Em termos ideológicos, sim. O mundo está dividido entre uma concepção arraigada e profunda, pretendidamente científica, até mais do que pretendidamente, exclusivamente científica, nos países que fundamentam a sua organização política na doutrina marxista. E, do lado ocidental, do lado dos países que a fundamentam nas velhas tradições intelectuais, que não preciso rememorar porque corresponde à nossa própria formação, mas o mundo está dividido ideológica e doutrinariamente. Não deixa de ser uma divisão abstrata, que não chamarei artificial mas que não é sempre histórica, que não corresponde permanentemente às mutações da realidade.[82]

A política externa, ou ao menos a Política Externa Independente, toma consciência do sentido político das coordenadas básicas de longitude e latitude em que procura posicionar o país. É um momento-chave por explicitar-se a perspectiva do hemisfério sul como habilitadora da projeção extracontinental brasileira, sul-atlântica e africana. E por afirmar-se a continuidade política da latitude, isto é, que o Brasil integra o espaço do hemisfério austral e não apenas o espaço de um continente austral, como a América do Sul. Subsumido, antes, na continuidade política da longitude, isto é, do hemisfério ocidental, o continente brasileiro pode repensar-se, agora, lançado em outra coordenada.

Arinos especifica o sentido histórico – não ideológico – dessa projeção extracontinental centrada em Angola. Assim se refere à longa duração do nexo Brasil-Angola:

> Tenho a impressão de que o Brasil terá [...] uma participação eminente na organização política, técnica e administrativa de Angola. O fato de

[82] Franco, "Chefia da Delegação à XVI Sessão da Assembleia Geral das Nações Unidas, 19 de fevereiro de 1962", p. 795-796.

> podermos oferecer, quando se fizer oportuno, a equipe de técnicos, de administradores e outros colaboradores para a organização daquele país, é a certeza de que, sem qualquer interesse da nossa parte, estaremos aparelhados para desempenhar um papel importante, como já desempenhamos no passado, desde o século XVII, na vida daquela nação africana.[83]

Entre Arinos e San Tiago, as discussões anteriores de Freyre e Jaguaribe são reprocessadas como matéria prima para a formulação de um interesse extracontinental que orienta a Política Externa Independente nesse menos conhecido episódio da afirmação de uma política própria para a África.

Em Jaguaribe, encontram a brecha na perspectiva do hemisfério ocidental como continente; em Freyre, o giro para uma perspectiva extracontinental marítima e africanista; na junção originalíssima dessas perspectivas sob condições de alta temperatura política interna, forjam o argumento diplomático de um interesse nacional que excede o continente e se torna oceânico e intercontinental. Em uma palavra – retemperada pela acepção independentista –, forjam um *interesse ultramarino* brasileiro.

San Tiago resumirá tudo isso depois, ao falar da "política externa que amplia a área de suas responsabilidades e iniciativas, que já não pode contentar-se com questões de fronteira e vizinhança, nem descansar à sombra de alianças, sem tomar sua quota de risco na avaliação das mais remotas questões internacionais".[84] Questões geograficamente distantes não seriam motivo de indiferença se concebidas a partir de um interesse fundado na maturidade política, econômica e cultural de um país responsável.

Assim se arma naqueles anos, com ressonâncias por muitas décadas à frente, o argumento diplomático de um Brasil com interesses ultramarinos. Não se trata de orientar os votos na Assembleia Geral por coerência anticolonial, mas, sim, por consistência com certa compreensão da trajetória histórica do Brasil no mundo. Angola condensa essa formulação naquele momento. Vejamos o desfecho do caso.

O pequeno engano da cúpula do Itamaraty na Casa das Pedras, julgando que se discutiria em Nova York em novembro o que só viria à baila em janeiro

---

[83] Franco, "Chefia da Delegação à XVI Sessão Assembleia da Geral das Nações Unidas, 19 de fevereiro de 1962", p. 801.

[84] Dantas, "Política exterior e desenvolvimento...", p. 287-288.

seguinte, teve o benefício de antecipar, para Arinos, o despacho de instruções por que se devia orientar na resolução de plenário (isto é, não emanada da Quarta Comissão) sobre a situação de Angola. Essa nova resolução teria o propósito de cobrar a anuência de Portugal à resolução 1.603, de abril de 1961, que pedira reformas e estabelecera a subcomissão para estudar os problemas do país, subcomissão cuja entrada em Angola fora vetada por Lisboa.

No despacho de novembro de 1961, San Tiago pauta-se por três pontos. O primeiro é, por assim dizer, teórico: avalia que as Nações Unidas têm um papel nulo sobre a realidade dos fatos em Angola. Nem os projetos de resolução "contumeliosos", como os de autoria afro-asiática, nem os de "forma mais suave" que o Brasil poderia tabular, representariam "uma solução da questão angolana", mas meramente "um julgamento da posição portuguesa e uma preparação da opinião internacional".[85]

Essa sua descrença na efetividade da organização internacional contrasta, diga-se de passagem, com o temor de Franco Nogueira pelas "fatias no destino dos povos" (especialmente o das possessões portuguesas, é óbvio), detidas por Arinos, Stevenson e Spaak. O caso faz pensar na constatação, feita à época da criação das Nações Unidas, de que os otimistas quanto à efetividade da Organização eram os seus adversários, ao passo que os seus defensores tinham pouca crença em seus efeitos reais.[86]

Daí o segundo ponto de San Tiago, de natureza parlamentar: é "plenamente aceitável" que o Brasil apresente um projeto de resolução sobre Angola com "linguagem mais recatada" do que a "crua e direta" de outros.[87] Com pouca chance de aprovação, o projeto teria "grande transcendência para a nossa política interna e para as nossas relações com Portugal".[88] Se endossa o projeto brasileiro, Portugal permite ao Brasil se abster no texto afinal aprovado; se o rechaça, dá cobertura a um voto brasileiro com a maioria: "ficaremos livres para votar o projeto de resolução que venha a exprimir a média da opinião".[89]

Terceiro e último ponto de San Tiago, de substância política: a iniciativa consistiria em formular um apelo a Portugal para que acolhesse em Angola

---

[85] "Colóquios da Casa das Pedras (Secreto)", p. 331.

[86] Ver MORGENTHAU, *Peace, security & the United Nations.*

[87] "Colóquios da Casa das Pedras (Secreto)", p. 331.

[88] "Colóquios da Casa das Pedras (Secreto)", p. 330.

[89] "Colóquios da Casa das Pedras (Secreto)", p. 331.

a visita da subcomissão sob a égide da resolução 1.603, tudo no marco de uma aceitação por Salazar da "fórmula política evolutiva" de "emancipação progressiva da nação angolana".[90] Esse gradualismo poderia admitir, mesmo, alguma solução federativa entre Portugal e Angola, pois Salazar "não pode dar às colônias portuguesas mais facilidades ou mais liberalidades democráticas do que aquelas que existem na própria metrópole".[91]

Para San Tiago, o certo é que a linha de intransigência do Estado Novo português "constitui hoje um fator de exacerbação, que agrava consideravelmente os riscos a que se acha exposta a cultura portuguesa na África Atlântica".[92] E o futuro da cultura portuguesa na África Atlântica – expressão que mostra como ele encara um problema geograficamente concreto – não poderia ser um tema indiferente a um país lusófono, sul-atlântico e disposto a tomar sua quota de risco no trato de remotas questões internacionais.

Frustrada a iniciativa de um projeto de resolução brasileiro na Assembleia Geral sobre Angola, como era para se esperar, haveria ainda que reivindicar, perante os Estados membros, a legitimidade do interesse brasileiro no assunto.

"O discurso de Vossa Excelência na Assembleia será, estou certo", reza ainda o despacho de San Tiago a Arinos em novembro de 1961, "a expressão hábil e construtiva de todas essas preocupações, pois ninguém mais do que Vossa Excelência, com a sua dupla sensibilidade de diplomata e de historiador, sentirá a projeção histórica do pronunciamento brasileiro numa hora em que se delineia o futuro da cultura portuguesa nos territórios africanos".[93]

Na embaixada do Brasil em Lisboa, entrementes, havia modos contrastantes de ver esse futuro. Em memorando de 9 de janeiro de 1962 destinado a subsidiar a reflexão na Secretaria de Estado sobre a política para Angola, o chefe do posto, embaixador Francisco Negrão de Lima, exprimiria seu entendimento de que "nosso mais legítimo interesse" consiste "em ver formar-se em Angola um país com as características do Brasil, uma sociedade plurirracial mantendo os valores cristãos para ali levados pela colonização lusitana".[94]

---

[90] "Colóquios da Casa das Pedras (Secreto)", p. 329-330.

[91] "Colóquios da Casa das Pedras (Secreto)", p. 325.

[92] "Colóquios da Casa das Pedras (Secreto)", p. 329.

[93] "Colóquios da Casa das Pedras (Secreto)", p. 331.

[94] "Embaixada dos Estados Unidos do Brasil. Subsídios para a Comissão de Planejamento Político. Correspondência Especial. Confidencial n.º 22. Lisboa, 9 de janeiro de 1962. Questionário da Circular n.º 4129. Carta do Embaixador Francisco Negrão de Lima", p. 10. Série telegráfica de Brasemb Lisboa. AHI.

O acento freyriano dessas palavras fica ainda mais nítido considerando-se a carta que, logo após a viagem que fez a Angola em maio de 1961 por instrução de Jânio Quadros, Negrão de Lima havia dirigido ao ex-ministro Marcello Mathias. Nela, cogita de uma "Angola luso-afro-brasileira", querendo com isso "indicar o tipo de comunidade conveniente a nós e ao mundo ocidental".[95] Seria difícil não ver, aí, alguma referência ao objetivo, inscrito no artigo 8º do Tratado de Amizade e Consulta de 1953, de se "desenvolver o processo, a harmonia e o prestígio da Comunidade Luso-Brasileira no mundo".

No mesmo memorando da embaixada em Lisboa exprime-se individualmente, assinando sua opinião, o segundo secretário Alberto da Costa e Silva. O futuro vencedor do Prêmio Camões apresenta o quadro nada lusotropicalista de uma funda divergência entre a vida oficial portuguesa, estagnada em um "europeísmo" erigido em "única forma aceitável de cultura", e a cultura brasileira, estuante de vida africana, indígena, plural.[96]

A isso Costa e Silva agrega um enquadramento fortemente crítico da Comunidade Luso-Brasileira, em cujo programa devia discernir a intenção – explícita nas palavras do chanceler Vicente Rao ao assinar o Tratado de Amizade e Consulta em 1953 – de que o Brasil estabelecesse "relações de segurança com as nações europeias".[97]

Vale dizer, enquanto para Rao, em 1953, o tratado com Portugal permitiria a articulação do Brasil e do Atlântico Sul "com o sistema de

---

[95] Negrão de Lima, "Carta do Embaixador Negrão de Lima a M. M., Lisboa, 20 de junho de 1961", p. 633; a carta retoma conclusões do relatório da missão a Angola: "Embaixada dos Estados Unidos do Brasil. Viagem a Angola. Embaixador Negrão de Lima. Relatório. Correspondência Especial. Confidencial n.º 226. Lisboa, 20 de junho de 1961". Série telegráfica de Brasemb Lisboa. AHI.

[96] "Embaixada dos Estados Unidos do Brasil. Subsídios para a Comissão de Planejamento Político. Correspondência Especial. Confidencial n.º 22. Lisboa, 9 de janeiro de 1962. Questionário da Circular n.º 4129. Resposta apresentada por Alberto Vasconcelos da Costa e Silva, Segundo Secretário", p. 5. Série telegráfica de Brasemb Lisboa. AHI. Para o tema da apropriação seletiva do lusotropicalismo pelo Estado Novo, ver a análise do discurso de 30 de junho de 1961 do presidente do Conselho de Ministros em Valentim, *No fio da navalha*, p. 134-140.

[97] Rao, "Reatar com a URSS? A palavra oficial do Itamaraty sobre o problema", p. 7. Agradeço a Thiago Nicodemo por me haver propiciado o acesso a esse documento no Arquivo Público do Estado de São Paulo.

segurança do Atlântico Norte",[98] para Costa e Silva, em 1962, o interesse geoestratégico brasileiro devia ser circunscrito ao Atlântico Sul, sem interferência de associações bilaterais ou comunitárias com participação de países do hemisfério norte.[99]

Costa e Silva conjuga as divergências cultural e geoestratégica preocupado com a especificidade do espaço sul-atlântico, em que se poderia desenvolver uma "aliança" no sentido horizontal Sul-Sul:

> Nossa missão é, mantendo e ampliando nossa presença em Portugal, vencer o conflito ideológico luso-brasileiro, que se desencadeará certamente em futuro próximo, estender nossa penetração cultural e evitar que em outras áreas, sobretudo africanas e, destacadamente, em Angola e Moçambique, a Comunidade Luso-Brasileira se transforme num elemento contra nossos interesses na outra margem do Atlântico Sul e implique em cumplicidade com a ação lusitana [...] O problema número um é o da independência de Angola. Temos de estar preparados para, proclamada a independência daquele território, ser dos primeiros, senão o primeiro, a reconhecê-la e usar todo o nosso prestígio internacional no sentido de sermos acompanhados pela maioria dos países. Devemos também estar prontos a fornecer imediata e

---

[98] Gonçalves, *O realismo da fraternidade*, p. 123.

[99] Dois anos antes da assinatura do Tratado de Amizade e Consulta, o então chanceler João Neves da Fontoura, um dos propugnadores desse acordo com Portugal, expressava-se de forma ainda mais nítida sobre uma desejável associação entre a dinâmica do Atlântico Sul à do Atlântico Norte, sob a égide da OTAN: "Como sabem os nobres Senadores e Deputados uma das peças mestras da arquitetura panamericana é o chamado 'Tratado do Rio de Janeiro', Tratado de Assistência Recíproco [*sic*], verdadeiro monumento de sabedoria política, tal modo exemplar no direito internacional que mereceu ser a base sobre a qual se organizou o Pacto do Atlântico Norte. Transplantou-se, assim, a criação do gênio americano para a velha Europa, servindo de modelo àquele outro grande monumento de previdência e sabedoria política – o Pacto do Atlântico Norte. Sou daqueles que ainda acreditam e esperam ver estabelecido o Pacto do Atlântico Sul, no qual teremos ser parte, e de apreciável magnitude. Esse Pacto compreenderá, não só os países que se encontram na margem americana do Oceano, senão também os ribeirinhos do outro lado, entre os quais partes do Império lusitano. É sempre de lembrar que, ao tempo da invasão holandesa, tropas saídas do Brasil e transportadas para a África contribuíram para livrar aquelas possessões portuguesas da agressão estrangeira". Neves da Fontoura, João, *Exposição do Ministro João Neves da Fontoura*, p. 15.

significativa assistência técnica a Angola, se não desejarmos assistir à invasão da língua francesa naquele território [...] O interesse pelo Brasil em Angola é enorme. Perder sua aliança, um ato incompreensível.[100]

Esses elementos da embaixada em Lisboa, lidos por San Tiago embora não necessariamente por Arinos, mostram em todo caso a densidade que ia assumindo a reflexão sobre um interesse extracontinental brasileiro em Angola. Significativamente, Arinos remete ao Rio, no dia 12 de janeiro de 1962, um relatório sobre suas atividades até ali em Nova York que contém, no capítulo sobre colonialismo, a afirmação taxativa de que o Brasil "adotou uma nova política africana e colocou-se, dentro das Nações Unidas, na órbita do anticolonialismo".[101] O trecho é expressivo dos primórdios multilaterais da política africanista brasileira, e poderia ser visto como um caso do que se designa o poder generativo propiciado ao Brasil pelos foros multilaterais.[102]

Em 15 de janeiro de 1962 iniciam-se os debates sobre Angola no plenário da Assembleia Geral. Arinos, em seu discurso (que San Tiago depois incluirá como capítulo de seu próprio livro *Política Externa Independente*), afirma ter o Brasil "plena consciência de suas especiais responsabilidades nesta questão", à qual está vinculado por "fraternidade racial", "posição geográfica" e "interesses econômicos".

Para marcar o sentido de dinamismo histórico com que entende o caso, inverte a função intuitiva de uma referência ao século XVII e ao Padre Vieira: o Brasil, indica, "proclama sua inalterável amizade a Portugal, que nos vem da História do passado; mas afirma nitidamente a sua posição anticolonialista,

---

[100] "Embaixada dos Estados Unidos do Brasil. Subsídios para a Comissão de Planejamento Político. Correspondência Especial. Confidencial n.º 22. Lisboa, 9 de janeiro de 1962. Questionário da Circular n.º 4129. Resposta apresentada por Alberto Vasconcelos da Costa e Silva, Segundo Secretário", p. 5 e p. 7. Série telegráfica de Brasemb Lisboa. AHI.

[101] "Relatório sobre a primeira parte da XVI sessão da Assembleia Geral. Nova York, 12 de janeiro de 1962", p. 7. APD.

[102] Lafer, *A identidade internacional do Brasil e a política externa brasileira*. A propósito disso, Franco Nogueira observou, como crítica, o que Arinos provavelmente tomaria como constatação realista, mas positiva, à luz das condições então vigentes do desenvolvimento brasileiro: "os países inclinam-se a tentar fazer avançar, por meio das Nações Unidas, os objetivos nacionais que elas não podem realizar por seus próprios recursos". Nogueira, *The United Nations and Portugal...*, p. 96.

que lhe é imposta pelo que um grande escritor português do século XVII, o padre jesuíta Antônio Vieira, chamou a 'História do Futuro'".[103]

Lamenta que Lisboa não permitisse a visita a Angola da subcomissão criada pela resolução 1.603, embora sem revelar que Negrão de Lima fizera gestões infrutíferas, junto ao governo português, oferecendo bons ofícios nesse sentido.[104] Insiste na expectativa de alguma flexibilização metropolitana, dizendo que "o reconhecimento, por Portugal, do direito do povo angolano à autodeterminação, facilitaria enormemente a cessação imediata da luta e do derramamento de sangue".

Em uma passagem um pouco menos acomodatícia do que sugeririam as considerações de San Tiago sobre uma "federação" Angola-Portugal e de Negrão de Lima sobre a "Angola luso-afro-brasileira", e mais na linha do "problema número um" de Costa e Silva, Arinos exorta Portugal "a assumir a direção do movimento pela liberdade de Angola e pela sua transformação em um país independente, tão amigo de Portugal quanto o é do Brasil".[105]

A atitude compreensiva de Arinos quanto à autodeterminação angolana liga-se à apreciação do anticolonialismo como força "viva e dinâmica" (segundo diz a Salazar) na sociologia afro-asiática, como o fora um dia na latino-americana (segundo diz no Senado). Mas o temperamento político também predispõe Arinos a fazer uma analogia entre a Angola de 1961 e o Brasil de 1822: na linha da historiografia liberal brasileira formada nas décadas seguintes à independência, entende a emancipação, no século XIX como, agora, no XX, como o ponto em que o amadurecimento político nacional desagua no anseio por autogoverno e torna inevitável a ruptura com a metrópole lusa.[106]

Por tudo isso, Arinos explicita uma não indiferença brasileira quanto ao futuro do país vizinho, ligando a solução pacífica do conflito à preservação

---

[103] Franco, "O Brasil e a questão de Angola na ONU", p. 195; as notas taquigráficas constam de *Official Records of the General Assembly – Sixteenth Session*, 1088th Plenary meeting, Monday, 15 January 1962, at 3 pm, New York. Documento A/PV.1088, p. 1189-1190. DHL.

[104] Ver "Embaixada dos Estados Unidos do Brasil. Subsídios para a Comissão de Planejamento Político. Correspondência Especial. Confidencial n.º 22. Lisboa, 9 de janeiro de 1962. Questionário da Circular n.º 4129. Resposta apresentada por Donatello Grieco, Ministro-Conselheiro". Série telegráfica de Brasemb Lisboa. AHI.

[105] Franco, "O Brasil e a questão de Angola na ONU", p. 198.

[106] Ver Lynch, "Matrizes ideológicas da historiografia brasileira".

> de elementos culturais e humanos que são característicos da presença portuguesa na África. O Brasil não pode ser alheio à sorte desses elementos, que também são parte de sua vida e se situam na fonte de sua formação histórica. Nisso tudo, tem o Brasil um grande interesse e, talvez mesmo, uma parcela de responsabilidade. O Brasil não pode aceitar com indiferença que a língua e a cultura portuguesa venham a desaparecer da África [...] Por isso mesmo, o Brasil, caso se apresente a oportunidade, não hesitará em prestar toda a cooperação e toda assistência no encaminhamento da questão de Angola.[107]

Por fim, em matéria parlamentar, reconhece que as consultas prévias mostraram a inviabilidade de um projeto de resolução brasileiro. (Portugal não aceita nem a visita da subcomissão, tentada em Lisboa, nem a linguagem de uma possível resolução, em Nova York). Critica, mesmo assim, abordagens baseadas em "condenações não somente inúteis, mas ainda prejudiciais" ao encaminhamento da "questão angolense" (opção estilística que certamente delata a participação de Houaiss na preparação do texto). Conclui advogando "Firmeza nos propósitos e moderação nos processos".[108]

O Brasil fica livre para votar o texto que exprima a média da opinião, no critério de San Tiago. O projeto de resolução que vinga no plenário "reafirma solenemente o direito inalienável do povo angolano à autodeterminação e à independência", "encarece" ao governo de Portugal a realização de reformas amplas com vistas a esse fim e "decide" renovar o trabalho do subcomitê.[109]

Expressando algumas reservas pontuais, Arinos faz novo discurso a 30 de janeiro, apoiando a resolução.[110] Votada no mesmo dia, a resolução 1.742 é aprovada por 99 votos a favor (incluídos Brasil, Estados Unidos, Reino Unido, União Soviética), 2 contra (África do Sul e Espanha) e 1 abstenção (França), ausente Portugal.

---

[107] Franco, "O Brasil e a questão de Angola na ONU", p. 197.

[108] Franco, "O Brasil e a questão de Angola na ONU", p. 199.

[109] *Documentos Oficiales de la Asamblea General – Decimosexto Periodo de Sesiones*, Resoluciones aprobadas sobre la base de los informes de la Cuarta Comisión. 1742 (XVI). La situación en Angola. 1102ª sesión plenaria, 30 de enero de 1962, p. 73. DHL.

[110] Ver *Official Records of the General Assembly – Sixteenth Session*, 1102nd Plenary meeting, Thursday, 30 January 1962, at 3 pm, New York. Documento A/PV.1102, p. 1344. DHL.

***

Enquanto isso ocorre em Nova York, San Tiago está nos dias finais de Punta del Este. Em 19 de janeiro, véspera da sua partida para o Uruguai, Arinos lhe enviara, de Nova York, um telex com "melhores votos de êxito", associando a política externa "orientada no sentido da independência" à "nossa maturidade política". Deixando transparecer o fragor da época, diz ainda: "Interesses materiais[,] falsos temores e paixão reacionária não [...] impedirão que Brasil cumpra seu ascendente destino".[111]

Nem todos os ex-chanceleres pensavam dessa maneira, para usar um eufemismo. Dois dias antes, a 17 de janeiro, José Carlos de Macedo Soares, João Neves da Fontoura, Vicente Rao e Horácio Lafer assinam uma nota em *O Globo* cobrando do governo que resguardasse a "posição tradicional do Brasil, sempre na primeira linha dos construtores da OEA, de sustentáculo da unidade continental, sob a égide de duas grandes memórias – Rio Branco, Joaquim Nabuco".[112]

É reagindo a isso que, em seu discurso em cadeia nacional de rádio e televisão a 5 de fevereiro, recém-retornado do Uruguai, San Tiago invoca a tradição sob prisma distinto ao desse "continentalismo" (para lembrarmos o termo de Maurício Nabuco).[113] San Tiago afirma, como é sabido, uma analogia entre as conferências da Haia e de Punta del Este, dando a esta o pano de fundo extracontinental daquela.

Erige, além do barão do Rio Branco, Rui Barbosa – em vez de Joaquim Nabuco – em nomes tutelares da linha autonomista nacional. Era à sombra desses dois que o Brasil poderia fazer frente aos desafios do futuro, nas palavras de Paranhos Júnior, tomando francamente "a defesa do nosso direito".[114] No longo jogo de controvérsia e cânone, o universalismo, ou independentismo, arreda o monroísmo e reivindica os seus títulos à tradição.

---

[111] "De Delbrasonu NY para Exteriores – 19/01/1962. Particular Ministro San Tiago Dantas", [s.p.]. Telex via Radional. APD.

[112] Soares, Neves da Fontoura, Rao e Lafer *apud* Dantas, "Declaração sobre a nota dos ex-ministros das Relações Exteriores, publicada em *O Globo* de 17 de janeiro de 1962", p. 114n.

[113] Nabuco *apud* Farias, "O diplomata pelo seu inédito arquivo", p. 155.

[114] Paranhos Júnior *apud* Dantas, "Exposição feita em cadeia nacional de rádio e televisão, em 5 de fevereiro de 1962", p. 182.

Caberá a Arinos, em discurso de 8 de fevereiro em uma comissão das Nações Unidas que discutia a situação cubana, defender a linha adotada pelo chanceler. É aí que formula o argumento da prioridade das Nações Unidas em relação ao sistema interamericano – ou, por outra, da memória de Rui frente à de Nabuco –, sob o preceito de que a Carta de São Francisco determina o princípio mais amplo da convivência pacífica entre diferentes regimes políticos, que não poderia ser desrespeitado no âmbito regional pelo uso unilateral da força em prol do ideal democrático.[115]

Conferir prioridade ao ordenamento sistêmico simbolizado pelas Nações Unidas parece, em si, um indício da vontade de enquadrar a política internacional a partir da latitude, isto é, da concreção histórica, e não da longitude, entendida a partir da intransigência ideológica: pelo particular e não pelo abstrato.

Um sinal desse pendor pela concreção é como, na reflexão de Arinos desse período, transita-se da categoria de "América" para a de "América Latina" ao abordar o peso específico do Brasil no âmbito multilateral.[116] A América Latina começa a contrastar diplomaticamente com a concepção de hemisfério.

Outro sinal de um discurso orientado pelo particularismo histórico é a sustentação da lógica da autodeterminação. Como vimos, Arinos já usava a autodeterminação para firmar uma crítica brasileira tanto à esfera de influência soviética (o colonialismo "contíguo") quanto aos impérios coloniais europeus (o colonialismo "oceânico").

---

[115] Ver *Official Records of the General Assembly – Sixteenth Session*, First Committee, 1234th meeting, Thursday, 8 January 1962, at 10.30 pm, New York. Documento A/C.1/SR.1234, p. 388-390. DHL. Em 1965, diante da intervenção na República Dominicana, o autor enfatizará a tradição latino-americana de interpor uma leitura regionalista à Doutrina Monroe: Franco, "Remessa de tropas à República Dominicana".

[116] Arinos conhecia bem a crise de 1926 em torno à não seleção do Brasil como membro permanente do Conselho da Liga das Nações, em que seu pai fora um dos protagonistas. Em *Um estadista da República*, de 1955, justifica o pleito brasileiro ao Conselho da Liga em razão dos "direitos da América"; já em fevereiro de 1962, de volta de Nova York ao Senado, tece idênticas considerações sobre a crise de 1926 na Liga mas faz esta significativa mudança: fala agora no "reconhecimento dos direitos inerentes à América Latina de poder participar [...] dos conselhos da política internacional". Respectivamente, Franco, *Um estadista da República*, p. 952; e Franco, "Chefia da Delegação à XVI Sessão da Assembleia Geral das Nações Unidas, 15 de fevereiro de 1962", p. 774.

Em inícios de 1962, deve voltar essa lógica para o caso cubano. O espectro de uma intervenção armada de natureza hemisférica o faz relativizar o chamado a que a autodeterminação nacional, para ser autêntica, se manifeste pelo processo democrático. Liberal em suas crenças, via nesse caso o imperativo maior de evitar um conflito militar que, a seu juízo, se internacionalizaria e traria a dinâmica bélica da Guerra Fria para o entorno – latino-americano – do Brasil.

A solução defendida por San Tiago seria o estatuto de neutralização, em que se imporiam ao regime revolucionário obrigações de não ingerência nas demais repúblicas americanas.[117] Indo além da solução específica do caso, o chanceler frisa a importância do respeito à autodeterminação e à não intervenção notando que esses princípios estavam "na área dos compromissos" gerais inscritos no direito internacional do pós-guerra, ao passo que a fidelidade ao regime democrático, inscrita na normativa hemisférica, estava "na área das aspirações".[118]

Refletindo em termos gerais sobre o problema em 1963, San Tiago enquadra o princípio da autodeterminação de um modo que, na realidade, o torna a consequência jurídica do particularismo histórico que guia Arinos em sua concepção de independência brasileira no hemisfério sul. Diz San Tiago, já fora do Itamaraty:

> Os princípios de não intervenção e de autodeterminação não são simples construções jurídicas, nem se acham necessariamente relacionados com a vigência de instituições democráticas e a prática de eleições livres, embora encontrem, numa e noutra, as condições mais perfeitas e favoráveis à sua aplicação. Há no mundo de hoje, como houve em outras épocas, países sob regimes totalitários, ou sob governos apoiadas em partidos únicos, que nem por isso deixam de estar sob a proteção internacional do princípio de não intervenção e ao abrigo da intromissão da vontade de outros povos em seus negócios internos. É que esses princípios protegem, vertendo-o para a ordem jurídica, o próprio processo histórico, ao longo do qual os povos se transformam

---

[117] Ver Dantas, "Primeira entrevista de San Tiago Dantas como ministro". Ver, ainda, Soares de Lima, "Política Externa Independente de San Tiago Dantas".

[118] Dantas, "Reunião da Comissão de Planejamento de Assuntos Ligados à VIII Reunião de Consulta", p. 195.

> sob o ditame exclusivo de suas experiências e aspirações. Muitas vezes, estas os afastam temporariamente do primado da lei e do respeito às liberdades. Não seria, porém, uma forma válida de "corrigir-lhes" a história, submetê-los à vontade de um outro povo, ou de uma organização de povos, que lhes ditasse, de fora, mesmo temporariamente, os rumos nacionais. Daí a necessidade de nos conformarmos com as vicissitudes da história de cada povo, e de esperarmos que ele próprio, pelos mecanismos múltiplos de elaboração e transformação de sua consciência, encontre os rumos que lhe convém, e que só são legítimos, só são autênticos, se representarem uma experiência e uma escolha, e não uma entrega ou uma imposição.[119]

Não ia nisso nada excessivamente controverso para um liberal com senso histórico como Arinos, que, conhecedor de John Stuart Mill, devia se lembrar da advertência geral do *On Liberty* sobre o intervencionismo (*I am not aware that any community has a right to force another to be civilized*).[120]

Arinos coincidia com San Tiago em que a democracia tinha que se formar de dentro para fora, não ser imposta por armas estrangeiras; coincidia também em que a ausência de democracia não era para se celebrar; era algo com que se conformar. Creem ambos no que alguma vez se chamou a "dignidade moral do interesse nacional", no sentido de um interesse que responda a circunstâncias específicas, mais que a critérios de validade universal desligados de cada situação concreta.[121] Ser independente exigiria, precisamente, distinguir e defender as peculiaridades do próprio interesse, perto ou longe.

Ainda em fevereiro de 1962 Arinos volta ao Brasil, onde faz os mencionados discursos de prestação de contas no Senado. Em março é enviado por San Tiago a Genebra, para representar o Brasil no Comitê dos 18 sobre desarmamento nuclear. Em julho retorna ao Rio para sua segunda e última gestão como chanceler. Em setembro, seu sucessor, Hermes Lima, o envia a Nova York, outra vez a tempo de discursar na abertura da Assembleia Geral.

---

119 DANTAS, "Política exterior e desenvolvimento", p. 281-282.

120 MILL, *On Liberty*, p. 161. ("Não me consta que qualquer comunidade tenha o direito de forçar outra a ser civilizada"). Ver, contudo, a modulação do raciocínio no restante do trecho.

121 MORGENTHAU, *In Defense of the National Interest.*

O discurso de 1962 é uma consolidação conceitual do texto do ano anterior, com reflexões sobre anticolonialismo e desarmamento na ótica preferencial do hemisfério sul. De inovador, acusa o anacronismo da composição do Conselho de Segurança, cobrando o "aumento do quadro" de seus membros.[122] Em outubro vem a crise dos mísseis, em cujo rescaldo propõe, com rápido apoio dos Estados Unidos, mas sem resultados imediatos, uma área livre de armas nucleares na América Latina.[123]

Esses aspectos escapam, contudo, ao propósito desta reconstrução. Concluamo-la em três lances de 1962 e uma reflexão final. No discurso de 19 de fevereiro no Senado, recém-chegado de Nova York, Arinos é indagado, em um aparte, sobre se o Brasil não se devia ter abstido, em vez de votar a favor, nas duas resoluções críticas a Portugal (1.699 e 1.742). Responde que, ao Brasil, não cabe omissão:

> Os pequenos países caudatários, países satélites, subordinados, secundários – e não estou fazendo nenhum julgamento de valor, não estou querendo deprimir ninguém, estou verificando uma situação histórica – esses, sim, podem omitir responsabilidades, podem evitar manifestações. Mas um país que adquiriu posição de destaque e, quase posso dizer, a liderança que atingiu no mundo, não pode, de maneira alguma, furta[r]-se a assumir as suas responsabilidades e a dar a sua definição nos problemas de interesse geral. Esta é que é a razão pela qual não nos podemos mais abster.[124]

Quase quatro meses depois, a 10 de junho de 1962, quando Arinos já está em Genebra, o Gabinete Português de Leitura, no Rio, sedia uma conferência de Gilberto Freyre depois publicada com o título *O Brasil em face das Áfricas negras e mestiças*. O encarregado das palavras de saudação a Freyre, tornadas prefácio do livro, situa a ocasião: "A Comunidade

[122] Franco, "XVII Sessão Ordinária da Assembleia Geral da Organização das Nações Unidas – 1962", p. 150.

[123] Ver *Official Records of the General Assembly – Seventeenth Session*, First Committee, 1269th meeting, Thursday, 8 November 1962, at 10.50 am, New York. Documento A/C.1/SR.1269, p. 131-132. DHL.

[124] Franco, "Chefia da Delegação à XVI Sessão da Assembleia Geral das Nações Unidas, 19 de fevereiro de 1962", p. 802-803.

Luso-Brasileira, que V. Exa. definiu, proclamou e exaltou, está em crise. Crise de inteligência emocional, que é a mais grave das crises".[125]

Crise de inteligência emocional, diz o porta-voz da comunidade portuguesa no Rio; conflito ideológico, diz o luminar do africanismo brasileiro em Lisboa: o momento é áspero.

Em sua alocução, acerbamente polêmica, Freyre reconhece que a orientação africana da política externa recente era, em si, um sinal encorajador de "renovação", desencaminhado, contudo, pela concepção equivocada do Itamaraty de que a "presença" lusitana na África e na Ásia fosse equiparável às "formas cruamente 'colonialistas' de relações de europeus com não europeus".[126]

Todo o contrário, para ele: lembrando um discurso de Nabuco no mesmo Gabinete Português de Leitura, em 1880, sobre a pátria linguística comum sob a égide de Camões, Freyre afirma que, no lusotropicalismo, o sentimento de pátria se espraiaria pelos continentes com terras portuguesas: "Povos enlaçados numa federação de pátrias e de quase pátrias que se completem tanto com suas diferenças como com suas semelhanças".[127]

Certamente, as aspirações independentistas das "quase pátrias", como julga ser o caso de Angola, não podem ser desconhecidas. Mas, segundo o famoso escritor, os povos lusotropicais estão em perigo, antes de tudo, pela pressão de dois "novos imperialismos": a absorção "pela violência comunista" e a descaracterização cultural "pela força capitalista".[128]

Parece-lhe "injusto" o que "certos diplomatas, certos políticos e certos jornalistas" fazem, "alguns do alto de responsabilidades oficiais", ao favorecer a ruptura das fraternas sociedades de formação portuguesa em terras quentes pela infiltração daqueles imperialismos exógenos.[129]

---

[125] Lopes, "Mestre Gilberto Freyre", p. 15.

[126] Freyre, *O Brasil em face das Áfricas negras e mestiças*, p. 39.

[127] Freyre, *O Brasil em face das Áfricas negras e mestiças*, p. 44.

[128] Freyre, *O Brasil em face das Áfricas negras e mestiças*, p. 42.

[129] Freyre, *O Brasil em face das Áfricas negras e mestiças*, p. 39 e p. 45. Cinco meses depois de proferir essas palavras não isentas de insinuação no Rio de Janeiro, Freyre está em Lisboa para receber uma homenagem oficial. O diário de Franco Nogueira registra o seguinte sobre o caso: "Lisboa, 20 de novembro [de 1962] – Almoço no Ritz em honra de Gilberto Freire [*sic*]. Parece ávido de honrarias, homenagens, elogios de cinco em cinco minutos. Diz-me que concorda inteiramente com nossa política africana". Nogueira, *Um político confessa-se*, p. 47.

Diferentemente do liberalismo político de Arinos, que aceita 1822 e 1961 como pontos de ruptura cá e lá, a sociologia conservadora de Freyre busca postergar e mesmo evitar toda cisão, enfeixando razões para que a autodeterminação mature autenticamente e não venha antes do devido tempo: "Que Angola e Moçambique se tornem novos Brasis: mas pela vontade da sua gente e não por imposição de agentes deste ou daquele império".[130]

Em entrevista de agosto de 1962, ao sair da chancelaria, San Tiago afiança que a política externa brasileira, tendo uma tradição de anticolonialismo, havia sofrido "desvios" em anos recentes (o governo Kubitschek), agora "retificados" em Nova York "pela voz do Embaixador Afonso Arinos".[131] (Ao renunciar ao mandato de deputado, havia mesmo dito que o anticolonialismo era mais que uma "tradição diplomática observada pela nossa Secretaria de Estado", era consentânea com a "própria índole do nosso povo").[132]

Ocorre que em dezembro do mesmo ano de 1962, as duas resoluções que acompanhamos, sobre prestação de informações (1.699) e sobre a situação em Angola (1.742), devem ser reapreciadas, indo novamente a voto, segundo a prática da Assembleia Geral. As duas resoluções aprovadas para as substituírem, respectivamente de números 1.807 e 1.819, empregam linguagem fortemente condenatória de Portugal.

O Brasil, sempre representado por Arinos e Houaiss, mas já sem San Tiago à frente do Itamaraty, abstém-se nos dois casos. Se em 13 de novembro de 1961 Arinos indicara apoiar a resolução 1.699 e lera uma explicação de voto para se distanciar do uso do verbo "condenar", agora, em 18 de dezembro de 1962, manda Houaiss indicar a abstenção brasileira na resolução 1.819 e ler uma explicação de voto para se distanciar da resolução como um todo pelo uso do verbo "condenar" em vez de "deplorar".[133]

O período criativo no tema fica para trás. Pelo critério de Arinos em fevereiro, no Senado, o Brasil, sem dar sua definição nos problemas de "interesse geral" – aqueles em que a distância geográfica é relativizada

---

[130] Freyre, *O Brasil em face das Áfricas negras e mestiças*, p. 42.

[131] Dantas, "Política Externa Independente", p. 1016.

[132] Dantas, "Discurso de renúncia ao mandato, na Câmara dos Deputados", p. 84.

[133] *Official Records of the General Assembly – Seventeenth Session*, 1196th Plenary meeting, Tuesday, 18 December 1962, at 10.30 am, New York. Documento A/PV.1196, p. 1166. DHL.

por força do nexo extracontinental –, está desprovido de política própria. Em breve o assunto desaparecerá de vez da agenda diplomática, para só retornar por volta de uma década depois, quando o país reenceta uma política africana e se efetiva como primeiro a reconhecer a independência de Angola.[134]

A aparição final da descolonização durante a Política Externa Independente é tímida, mas, paradoxalmente, é também a que a imortaliza. Último chanceler de Goulart, Araújo Castro faz em 1963 o seu célebre discurso de abertura da Assembleia Geral sugerindo que nem tudo é Leste e Oeste nas Nações Unidas: "O mundo possui outros pontos cardeais".[135] Insiste, dessa ótica, em três agendas prioritárias do Sul (termo que não usa): desarmamento, desenvolvimento e descolonização.

Pela qualidade de sistematização, é um dos discursos com maior ressonância na série histórica. Quando aborda a descolonização, contudo, o tom não pode deixar de contrastar com o Arinos de dois anos antes: "O Brasil reconhece que os elementos residuais de colonialismo oferecem resistência e exigirão por algum tempo ainda esforços e sabedoria coletivos concentrados".[136] Não há menção a situações específicas nem se insta potência colonial alguma a aceitar a realidade dos tempos.

Castro, no fundo, avalia que o Brasil só pode ser assertivo em dois Ds, desarmamento e desenvolvimento; em descolonização, as ressonâncias do Gabinete Português de Leitura deixam o novo chanceler de guarda alta. E não será fortuito que, na historiografia da Política Externa Independente, a coordenada Norte-Sul acabe sendo associada à agenda do desenvolvimento.[137] Não há, é claro, um erro nisso: é no eixo Norte-Sul que, de fato, se processarão causas econômicas e comerciais cuja defesa será feita sem distinção de regimes políticos. Mas isso não é tudo.

O Arinos diplomata multilateral lega-nos a coordenada Norte-Sul como causa geopolítica. Movendo-se no limiar em que as questões

---

[134] Ver Bitelli, "A política brasileira para a África e a descolonização dos territórios portugueses"; e Dávila, *Hotel trópico*.

[135] Castro, "XVIII Sessão Ordinária da Assembleia Geral das Nações Unidas – 1963", p. 162.

[136] Castro, "XVIII Sessão Ordinária da Assembleia Geral das Nações Unidas – 1963", p. 175.

[137] Ver Fonseca Júnior, *A legitimidade e outras questões internacionais*, p. 316-318.

multilaterais eram vitais, ou ao menos profissionalmente fatais, Arinos, em coordenação com San Tiago e com a colaboração de Houaiss, reivindica um interesse extracontinental do Brasil no hemisfério sul. Isso sugere que a Política Externa Independente, afirmando autonomia nas *longitudes*, onde não descansava em alinhamentos automáticos (San Tiago), reconhece "especiais responsabilidades" nas *latitudes* (Arinos), consentindo mesmo, aí, casos de "aliança" (Costa e Silva).

Esse campo, marcado pelo particularismo histórico e pela lógica conexa da autodeterminação, estende-se da região, entendida como América Latina, ao âmbito extracontinental, os espaços sul-atlântico e africano do hemisfério sul. O entorno, pensado assim em escala correspondente à grandeza brasileira, não excluirá um Sul político mais amplo, que em tempo será percebido como indispensável para a afirmação da independência através da maior diversificação possível de relações: hemisfério austral e universalismo andam juntos. Mas nesse momento inicial é o entorno imediato que a Política Externa Independente está demarcando.

E, nas décadas seguintes, as iniciativas do Brasil no campo da segurança internacional tenderão realmente a pleitear ordenamentos orientados rumo ao oceano e ao continente adjacentes: o caso, por exemplo, da proposta de dissuadir presenças militares estrangeiras no Atlântico Sul, como reação à Guerra das Malvinas; e da retomada do argumento da vocação africana do Brasil, como credencial a um assento permanente do país em um Conselho de Segurança reformado.[138] A lógica extracontinental, convidando o país aos afãs do multilateralismo, sugere-lhe, ao mesmo tempo, uma política geográfica para além do continente: surgem os rudimentos de uma maritimidade brasileira.

---

[138] Ver, respectivamente, Sodré, "Carta do Ministro de Estado das Relações Exteriores, Roberto de Abreu Sodré, ao Secretário-Geral das Nações Unidas, Javier Pérez de Cuéllar, enviada em 29 de maio de 1986"; e Amorim, "O Brasil e o Conselho de Segurança das Nações Unidas".

Conclusão

A diplomacia atua no real. Mas, na fina observação de Hannah Arendt, a imaginação é a "peculiar densidade que cerca todo o real".[1]

Este livro reconstitui a imaginação espacial da diplomacia brasileira, de meados do século XIX a meados do XX, historiando concepções relevantes de ordem regional e interesse extracontinental que a orientaram. Sem pressupor um avanço linear de umas às outras, registra, antes, como se estratificam em distintas camadas semânticas: noções diferentes, mais ou menos contrapostas, sobre o que sejam o continente e o âmbito extrarregional do Brasil.

Apontam todas, cada uma à sua maneira, a um *campo brasileiro* no mundo. Uma "brecha",[2] como diria a mesma autora ao refletir sobre os campos de força históricos, onde o país pode se isolar buscando proteção e a partir do qual pode buscar influência incidindo no jogo geopolítico.

Estes capítulos entendem a política externa em um sentido básico de imaginar e posicionar concretamente o país em um campo que abrange o seu território soberano e certa dimensão diplomática de seu exterior. Situando a historiografia como "ato compreensivo, mais que sentencioso",[3] estudam as proporções e direções com que o campo brasileiro foi imaginado ao longo do tempo, e como demarcou e modelou o real por efeitos tangíveis em termos de convergência regional e de projeção extracontinental.

Procuram compor um panorama histórico das *coordenadas básicas* do Brasil no mundo. Tomam à reflexão de Jaime Cortesão,[4] para isso, as

---

1 Arendt, *Essays in Understanding*, p. 322.

2 Arendt, *Between Past and Future*, p. 13.

3 Zermeño, "La metáfora de la historia como tribunal de justicia y su crítica".

4 Cortesão, *Alexandre de Gusmão e o Tratado de Madrid*, t. I.

ideias de política de longitude e política de latitude, prolongando-as da história diplomática portuguesa à brasileira.

A *política de longitude* comunica-se como legado, do Setecentos ao Oitocentos, pela linha do domínio do território continental na antiga América portuguesa. Reprocessada à luz da ruptura da vertente oceânica do Estado luso-brasileiro e do consequente encurtamento do espaço geográfico disponível à ação diplomática do novo país, essa política funda-se no *posicionamento do Brasil no segmento terrestre do hemisfério ocidental.*

O raio de ação do país determina-se, inicialmente, por uma modulação de latitude que busca circunscrever o Brasil ao continente austral do hemisfério: a América do Sul. Em um momento posterior, afirma-se, por assim dizer, a inteireza longitudinal do meridiano, situando-se o Brasil no que passa a ser entendido como um continente único: o hemisfério ocidental.

A concepção saquarema de ordem regional pela grandeza sul-americana assenta-se nas diretrizes do *status quo*, da convivência e ingerência e do rechaço à intromissão extrarregional. Assistimos, nela, à operação fria de uma política de equilíbrio de poder pelo visconde do Uruguai, orientado pelo senso *circunstancialista* próprio do partido conservador do Segundo Reinado. Forma-se aí, como escreve o marquês de São Vicente em 1865, a tradição diplomática de contenção da Argentina.

Passado o apogeu saquarema, a América do Sul permanece como campo inercial do Segundo Reinado. Políticos liberais como Tavares Bastos não conseguem dar ao hemisfério ocidental mais do que um sentido periférico na ação da monarquia, e será preciso aguardar a República para uma maior abertura da noção de continente ao significado hemisférico.

A concepção monroísta de ordem regional pela aliança hemisférica assenta-se nas diretrizes do exemplo institucional norte-americano, da linha de autoisolamento e da rejeição a ordenamentos entendidos como abstratos. Assistimos, nela, a uma política de amizade bilateral conduzida com afã por Joaquim Nabuco, cujo estilo *moralista* enseja sugestões de alinhamento que Rio Branco avalia e modula com o circunstancialismo típico da linhagem saquarema. É tradição diplomática agora, no dizer de Rui Barbosa em 1907, o hábito da independência.

De espaço restituído à prioridade com o barão, a América do Sul vai sendo subsumida, com o tempo, ao hemisfério; vira "subcontinente". O hemisfério ocidental firma-se como campo em décadas posteriores, quando se arquitetam regimes como o de defesa continental, no Tratado Interamericano de Assistência Recíproca, concluído no Rio de Janeiro em 1947.

A *política de latitude* inventa-se, no Novecentos, pela reivindicação de maritimidade e de uma vocação extracontinental africana do Brasil. Associada a uma investida polêmica de gama ampla, do conservador Gilberto Freyre ao nacional-desenvolvimentista Hélio Jaguaribe, contra a categoria de hemisfério ocidental, depois magnificada por um dissídio político da diplomacia autonomista frente à gestão do espaço interamericano, essa política funda-se no *posicionamento do Brasil na escala transoceânica do hemisfério sul.*

O raio de ação do país determina-se, a princípio, pela postulação do trópico como cinturão global em que incide um expansionismo não só europeu como brasileiro. Mais adiante afirma-se, por assim dizer, a integridade latitudinal do paralelo do Equador, que segmenta dois hemisférios politicamente distintos: norte e sul.

A concepção colonialista de interesse extracontinental pela liderança tropical assenta-se na diretriz da exemplaridade brasileira para a conformação de uma ordem mundial mais harmônica pelo hibridismo racial e cultural, bem como na diretriz da proteção brasileira a essa ordem em suas manifestações lusotropicais. Assistimos, nela, ao esforço pessoal e miúdo, mas tenaz e gradualmente coberto de oficialidade, por algum controle da agenda das burocracias das Nações Unidas e da Unesco. Assistimos também à incorporação das noções de Gilberto Freyre, com seu estilo *ambivalente*, por um discurso padronizado e simplificado por parte da diplomacia multilateral de seu país.

Pleiteado nos interstícios do cânone monroísta, no qual, como nota Oswaldo Aranha em 1943, é tradicional seguir os Estados Unidos em temas mundiais, o trópico não alcança mais que um estatuto acessório ao campo hemisférico, para desagrado do autor pernambucano. Tem, de qualquer forma, sentido concreto: não só ao moldar a defesa do colonialismo português nas Nações Unidas como ao deixar entrever, até pelo menos a virada para a década de 1970, um possível interesse brasileiro na dominação da África portuguesa, a ponto de ressabiar a própria diplomacia salazarista.

A concepção anticolonialista de interesse extracontinental pela independência no hemisfério austral assenta-se na diretriz de um entorno de desenvolvimento e segurança composto por duas dimensões:

a regional latino-americana e a extrarregional do Atlântico Sul e da África Ocidental. Assistimos, nela, ao candente jogo parlamentar conduzido por Afonso Arinos e Antônio Houaiss na Assembleia Geral, em que se formula, com senso *particularista*, o argumento diplomático pela autodeterminação de Angola.

Enfrentando fortes adversidades internas, que depois cobrarão o seu preço, essa posição em Nova York é sustentada do Rio de Janeiro enquanto (e apenas enquanto) é ministro San Tiago Dantas, que em 1961 lança mão, entre outros meios de defesa de sua política, da afirmativa de que o anticolonialismo decorre tanto da tradição diplomática de autodeterminação brasileira quanto da índole livre do povo brasileiro.

Apesar da brevidade da Política Externa Independente e de sua rápida reversão nos anos imediatamente seguintes, é sabido como, com o passar do tempo, o seu programa é retomado e ampliado. Na expressão consagrada da literatura: surgem, em mundos diversos, argumentos afins.[5] Nas décadas seguintes, assim, o hemisfério sul anuncia-se como campo brasileiro.

Em 1971, ao mesmo tempo que, no Recife, Mario Gibson Barboza exalta o "mundo que o português criou" em pleno ocaso do campo lusotropical, o embaixador do Brasil em Washington, João Augusto de Araújo Castro, falando naquela cidade a oficiais da Escola Superior de Guerra, discerne na diplomacia nacional um ecumenismo diametralmente oposto ao internacionalismo imperial promovido de Apipucos por Gilberto Freyre.

Aceitando as particularidades de cada região do mundo, em vez de querer integrá-las em grandes unidades imperiais e culturais intercontinentais, Araújo Castro recupera o argumento da vocação universalista brasileira ao falar em uma "linguagem natural para todos os continentes". Propondo uma distinção entre "política externa" e "política internacional", pleiteia o fim do insulamento brasileiro no campo do hemisfério ocidental (e em qualquer âmbito regional) e a efetiva projeção extracontinental do país.

Diz o embaixador:

> A manutenção do *status quo* no Prata, a constância de nossas relações amistosas com os Estados Unidos da América, nossa posição e contribuição nas duas guerras mundiais [...] – todos esses são elementos históricos positivos que configuram e caracterizam uma

---

[5] Fonseca Júnior, *A legitimidade e outras questões internacionais.*

política externa, atuante e consistente, a serviço do Brasil. Cumpre notar, entretanto, que insensivelmente estamos sendo levados à definição de uma *política internacional* ou, em outras palavras, de uma norma de conduta brasileira no âmbito da comunidade das nações. Já não basta definir os termos da política brasileira em relação aos outros países do hemisfério e aos outros países do mundo. Torna-se indispensável definir e precisar uma política brasileira – e ela já se encontra em pleno desenvolvimento – frente aos problemas do mundo contemporâneo [...] Como massa territorial, massa geográfica, sociedade multirracial, formação cultural, estágio de desenvolvimento econômico e cultural, e, até mesmo como atitude psicológica de interesse e de participação, o Brasil tem pontes naturais e uma linguagem natural para todos os continentes. O que não tínhamos, até há a pouco tempo, era a vontade de utilizar essas pontes e essa linguagem. É claro que, sem o trabalho anteriormente realizado no campo da política externa, sobretudo no campo da afirmação geográfica e da consagração cartográfica, o Brasil de hoje não seria o que é. Nem estaria hoje em condições de indagar – como hoje estamos indagando, com toda a seriedade e profundidade – o papel que nos cabe desempenhar no cenário internacional. Não podemos – e não queremos – fugir aos problemas de nossos dias, nem podemos omitir-nos, seja no continente, seja no mundo.[6]

É digno de nota que, finda a Guerra Fria e instalada a Nova República, a política externa reorganizará os seus argumentos com os de Araújo Castro à vista, atualizados para a nova fase.[7] Haverá, nessa quadra histórica, concordância sobre o sentido global da ação brasileira: ao perseguir os seus objetivos em um ambiente de ordem internacional, o país cada vez mais pensará em "seu papel em um sistema mais amplo";[8] as escolas de pensamento se dividirão quanto à ênfase em matéria comercial (*global trader*) ou em matéria política (*global player*) no interior dessa ordem.[9]

---

[6] Castro, "O congelamento do poder mundial (1971)", p. 198, cursivas no original.

[7] Lamazière, *Ordem, hegemonia e transgressão*.

[8] Kratochwil, "On the Notion of 'Interest' in International Relations", p. 21.

[9] Ver, a propósito, Milani, Pinheiro e Soares de Lima, "Brazil's Foreign Policy and the 'Graduation Dilemma'".

Uma política orientada aos "problemas do mundo contemporâneo" poderá, é claro, pensar mais nas urgências do sistema internacional do que nos interesses da extracontinentalidade brasileira, arriscando-se a dispensar a ancoragem geopolítica de outros tempos. Poderá, alternativamente, lastrear a "norma de conduta brasileira" na universalização de contatos pelo engajamento com o Sul político, fazendo da diversificação externa – e em última análise do equilíbrio de poder mundial – um horizonte de independência.

Mas essas leituras sobre Araújo Castro em fins do século XX já se afastam em demasia de nosso terreno. Recapitulemos. Começamos esta história com uma ruptura da vertente marítima do Estado luso-brasileiro e o estreitamento das longitudes disponíveis para a ação diplomática nacional; cumpre encerrá-la voltando ao momento em que Arinos convoca o sentido político da latitude, levantando propositadamente a questão das coordenadas básicas do Brasil no mundo.

Em uma espécie de estalo de autoconsciência da política externa quanto à revisão da escala em que se vinha imaginando o campo brasileiro, Arinos afirma ao Senado: "não devemos hoje ter em vista a divisão do mundo somente em termos de meridianos, mas temos que considerá-lo atentamente, também, em termos de paralelos".[10] Além da divisão Leste-Oeste, que considerava abstrata, a divisão Norte-Sul: aqui a *brecha histórica* para a projeção brasileira.

Na longitude, o campo poderia ser caracterizado pelo que uma vez se chamou "sensibilidade continental",[11] bifurcada entre a autossuficiência austral apregoada pelo visconde do Uruguai e a caução setentrional afiançada por Joaquim Nabuco. Na latitude, embora Freyre tenha postulado uma "tradição [...] de oceanicidade",[12] a diplomacia afinal rejeita o senso de continuidade direta com o passado português e de liderança em sua defesa. Em um paradoxo retórico brilhante, Arinos recorre ao Padre Antônio Vieira para colocar a projeção ultramarina brasileira, vislumbrada no caso de Angola em 1961, sob o signo de uma "História do futuro" que representa independência, antes de tudo, frente ao passado.

---

[10] Franco, "Chefia da Delegação à XVI Sessão da Assembleia Geral das Nações Unidas, 19 de fevereiro de 1962", p. 776.

[11] Lezama Lima *apud* Rojas, *La vanguardia peregrina*, p. 188.

[12] Freyre, *Continente e ilha*, p. 28.

O que Afonso Arinos retoma sim, conscientemente ou não, é uma política já propriamente brasileira: a do visconde do Uruguai que interrompe o meridiano por um paralelo e restringe o entorno regional americano do Brasil ao entorno sul-americano. Circunstancialismo e particularismo encontram-se na latitude. Mas Arinos pensará o entorno como América Latina; e é a América Latina que, por essa e muitas outras razões, contrastará, como "região, com o hemisfério ocidental nos anos 1960 e nas décadas imediatamente seguintes.

É só com Alberto Guerreiro Ramos e Hélio Jaguaribe, de terreno adjacente ao da Política Externa Independente, que a herança sul-americana do visconde do Uruguai será explicitamente recuperada e promovida. Desataviada de suas componentes social e politicamente regressivas, essa herança subsidiará o projeto isebiano de nacionalismo democrático no fim dos anos 1950. E "um povo que projeta", diz um Guerreiro Ramos imbuído da tradição sul-americanista, "enfrenta a sua circunstância de modo ativo".[13]

Quase meio século mais tarde, ao ser reimaginada na virada para o século XXI, a concepção de América do Sul envolverá uma categoria que contrasta mais amplamente com a de hemisfério ocidental: a de hemisfério sul. Como a demarcação dos hemisférios exigiu, historicamente, tanto referências naturais como convenções políticas, esse Sul geopolítico do globo pensa-se abarcando uma porção do Norte geográfico.[14] É como plataforma de ação diplomática em todos os quadrantes que se afirmará a noção mais recente de América do Sul, eivada, ainda, do ideário isebiano de fundo saquarema.

O recurso à tradição não é, como se vê, mero caso do que o modernismo estético brasileiro julgou "beatice".[15] As concepções de espaço afirmam, invariavelmente, uma memória legitimadora do posicionamento que advogam. É certo, de outra parte, que essas memórias não se equivalem. Na República, o barão do Rio Branco entremeia a obra de reconstrução institucional do ministério com a obra geopolítica de atualização da herança sul-americanista. Fazendo do Itamaraty guardião da "arca das

---

[13] Ramos, *A redução sociológica...*, p. 64.

[14] Ver Ardao, "Naturaleza y cultura en los puntos cardinales".

[15] Andrade, *Aspectos da literatura brasileira*, p. 138.

tradições", molda a sua política externa por uma tradição em particular: a de grandeza nacional.

Se o legado colonial, pensado como dependência renitente quanto às raízes históricas, impõe um "matiz de fatalismo",[16] o barão do Rio Branco nega-o ao se afastar da diplomacia lusitana de fraqueza. Rejeita o fatalismo da debilidade. Invoca outro legado, nacional, que o habilita a afirmar um destino de autossuficiência continental e mesmo a cogitar um interesse de projeção extracontinental. Não por acaso, no instante máximo do dissídio interamericano, a Política Externa Independente reivindica, pela voz de San Tiago Dantas, a tradição que Rio Branco prolonga a ponto de encarnar. É que já está posto o dilema, ou o imbricamento, entre os hemisférios ocidental e sul. Agora a diplomacia da latitude começa a reinvenção, em escala global, do *campo de grandeza brasileira*.

[16] O'Gorman, *La idea del descubrimiento de América*, p. 11.

Referências

Arquivos

Arquivo Histórico do Itamaraty (AHI) – Brasília e Rio de Janeiro

Arquivo Pedro Dutra (APD) – São Paulo

Biblioteca Azeredo da Silveira (BAS) – Brasília

Dag Hammarskjöld Library (DHL) – Nova York

Fundação Joaquim Nabuco (Fundaj) – Recife

Instituto Histórico e Geográfico Brasileiro (IHGB) – Rio de Janeiro

Unesco Digital Library (UDL) – Paris

Bibliografia primária

ARANHA, Oswaldo. Homenagem das Nações Unidas (1947). *In*: LIMA, Sérgio Eduardo Moreira; ALMEIDA, Paulo Roberto de; FARIAS, Rogério de Souza (Org.). *Oswaldo Aranha: um estadista brasileiro*. Brasília: Fundação Alexandre de Gusmão, 2017. v. 1.

ARANHA, Oswaldo. Planejando o pós-guerra (1943). *In*: LIMA, Sérgio Eduardo Moreira; ALMEIDA, Paulo Roberto de; FARIAS, Rogério de Souza (Org.). *Oswaldo Aranha: um estadista brasileiro*. Brasília: Fundação Alexandre de Gusmão, 2017. v. 1.

BARBOSA, Rui. Carta de Rui Barbosa ao barão do Rio Branco, 16/1/1908. In: LACOMBE, Américo Jacobina. *Rio Branco e Rui Barbosa*. Rio de Janeiro: Ministério das Relações Exteriores, 1948. (Comissão Preparatória do Centenário do Barão do Rio Branco, III).

BARBOSA, Rui. Discurso de Rui Barbosa em Paris, em 31 de outubro de 1907, agradecendo a homenagem que os brasileiros lhe prestaram em função de sua participação em Haia. *In*: *Obras completas*. Rio de Janeiro: Ministério da Educação e Cultura, 1962. v. XXXIV, 1907. t. I: Discursos parlamentares.

BARBOSA, Rui. O novo tribunal de arbitramento (1907). *In*: STEAD, William T. *O Brasil em Haia: dez discursos de Ruy Barbosa na Segunda Conferência da Paz*. Ed. def. Rio de Janeiro: Imprensa Nacional, 1925.

BARBOSA, Rui. *Cartas de Inglaterra*. Rio de Janeiro: Leuzinger, 1896.

BARBOZA, Mario Gibson. Gilberto Freyre homem do seu e de outros tempos. *In*: FREYRE, Gilberto. *Além do apenas moderno: sugestões em torno de possíveis futuros do homem, em geral, e do homem brasileiro, em particular*. Rio de Janeiro: José Olympio, 1972.

BASTOS, Aureliano Candido Tavares. *Cartas do solitário: estudos sobre reforma administrativa, ensino religioso, africanos livres, tráfico de escravos, liberdade de cabotagem, abertura do Amazonas, comunicações com os Estados Unidos, etc*. Rio de Janeiro: Typ. da Actualidade, 1863.

BRANCO, Humberto de Alencar Castello. Discurso de Sua Excelência o Senhor Presidente da República Marechal Humberto de Alencar Castello Branco, no Palácio Itamaraty, por ocasião da entrega de diplomas aos candidatos aprovados por concurso à Carreira de Diplomata, em 31 de julho de 1964. *In*: *A política exterior da revolução brasileira*. Rio de Janeiro: Ministério das Relações Exteriores, 1968.

BRASIL. *Atas do Conselho de Estado: terceiro Conselho de Estado, 1857-1864*. Brasília, Centro Gráfico do Senado Federal, 1973. v. 5.

BRASIL. *O Conselho de Estado e a política externa do Império: consultas da Seção de Negócios Estrangeiros – 1842-1845*. Brasília: Fundação Alexandre de Gusmão; Câmara dos Deputados, 2023. v. 1.

BRASIL. *O Conselho de Estado e a política externa do Império: consultas da Seção de Negócios Estrangeiros – 1846-1848*. Brasília: Fundação Alexandre de Gusmão; Câmara dos Deputados, 2023. v. 2.

BRASIL. *O Conselho de Estado e a política externa do Império: consultas da Seção de Negócios Estrangeiros – 1854-1857*. Brasília: Fundação Alexandre de Gusmão; Câmara dos Deputados, 2023. v. 4.

BRASIL. *O Conselho de Estado e a política externa do Império: consultas da Seção de Negócios Estrangeiros – 1858-1862*. Brasília: Fundação Alexandre de Gusmão; Câmara dos Deputados, 2023. v. 5.

BRASIL. *O Conselho de Estado e a política externa do Império: consultas da Seção de Negócios Estrangeiros – 1863-1867*. Brasília: Fundação Alexandre de Gusmão; Câmara dos Deputados, 2023. v. 6.

CALÓGERAS, João Pandiá. Conferência da Paz: diário (1919). *In*: SIMONSEN, Roberto; CARVALHO, Antônio G.; OLIVEIRA, Francisco S. (Ed.). *Pandiá Calógeras na opinião de seus contemporâneos*. São Paulo: Siqueira Salles Oliveira, 1934.

CÂMARA DOS DEPUTADOS. *Anais do parlamento brasileiro. Câmara dos Srs. Deputados, primeiro ano da quinta legislatura, primeira sessão de 1843: coligidos por Antonio Henoch dos Reis em virtude da resolução da mesma Câmara*. Rio de Janeiro: Hippolyto J. Pinto, 1881. t. I.

CANTRIL, Hadley. The Human Sciences and World Peace. *The Public Opinion Quarterly*, v. 12, n. 2, 1948.

CASTRO, João Augusto de Araújo. Carta do ministro João Augusto de Araújo Castro para o ministro de Estado San Tiago Dantas. *In*: FRANCO, Álvaro Costa (Org.).

Documentos da Política Externa Independente. Rio de Janeiro; Centro de História e Documentação Diplomática; Brasília: Fundação Alexandre de Gusmão, 2007. v. 1.

CASTRO, João Augusto de Araújo. O congelamento do poder mundial (1971). *In*: AMADO, Rodrigo (Org.). *Araújo Castro*. Brasília: Ed. UnB, 1982.

CASTRO, João Augusto de Araújo. Relatório do ministro João Augusto de Araújo Castro, observador do Brasil à reunião preliminar da conferência de chefes de Estado e governo de países não alinhados. *In*: FRANCO, Álvaro Costa (Org.). *Documentos da Política Externa Independente*. Rio de Janeiro; Centro de História e Documentação Diplomática; Brasília: Fundação Alexandre de Gusmão, 2007. v. 1.

CASTRO, João Augusto de Araújo. XVIII Sessão Ordinária da Assembleia Geral das Nações Unidas – 1963. *In*: CORRÊA, Luiz Felipe de Seixas (Org.). *A palavra do Brasil nas Nações Unidas: 1946-1995*. Brasília: Fundação Alexandre de Gusmão, 1995.

CHEVALIER, Michel. *Lettres sur l'Amérique du Nord*. Bruxelas: Société Belge de Libraire, etc. Hauman, Cattoir et Cie., 1837. t. I.

COLÓQUIOS da Casa das Pedras (Secreto). *In*: DANTAS, Francisco Clementino de San Tiago. *Política Externa Independente*. Ed. atual. Brasília: Fundação Alexandre de Gusmão, 2011.

COMPROMISSOS com a vocação de escritor levaram Freyre à recusa do Ministério. *Diário de Pernambuco*, 2º caderno, 17 abr. 1964.

CORTÉS, Juan Donoso. Discurso sobre relaciones de España con otras potencias. *In*: *Obras de Don Juan Donoso Cortés, marqués de Valdegamas*. Madri: Imprenta de Tejado, Editor, 1854. t. III.

COUTO E SILVA, Golbery do. *Geopolítica do Brasil*. 2. ed. Rio de Janeiro: José Olympio, 1967.

CUNHA, Euclides da. *Contrastes e confrontos*. Porto: Empresa Literária e Typographica – Editora, 1907.

DANTAS, Francisco Clementino de San Tiago. Declaração sobre a nota dos ex-ministros das Relações Exteriores, publicada em *O Globo* de 17 de janeiro de 1962. *In*: *Política Externa Independente*. Rio de Janeiro: Civilização Brasileira, 1962.

DANTAS, Francisco Clementino de San Tiago. Discurso de renúncia ao mandato, na Câmara dos Deputados. *In*: LESSA, Renato; HOLLANDA, Cristina Buarque de (Org.). *San Tiago Dantas: coletânea de textos sobre política externa*. Brasília: Fundação Alexandre de Gusmão, 2009.

DANTAS, Francisco Clementino de San Tiago. Discurso pronunciado na Câmara dos Deputados, em 23 de novembro de 1961. *In*: *Política Externa Independente*. Rio de Janeiro: Civilização Brasileira, 1962.

DANTAS, Francisco Clementino de San Tiago. Exposição feita em cadeia nacional de rádio e televisão, em 5 de fevereiro de 1962. *In*: *Política Externa Independente*. Rio de Janeiro: Civilização Brasileira, 1962.

DANTAS, Francisco Clementino de San Tiago. II Registro da Comissão de Planejamento sobre Assuntos Ligados à VIII Reunião de Consulta dos Ministros das Relações Exteriores. *In*: FRANCO, Álvaro Costa (Org.). *Documentos da Política Externa Independente*. Rio de Janeiro; Brasília: Centro de História e Documentação Diplomática; Fundação Alexandre de Gusmão, 2007. v. 1.

DANTAS, Francisco Clementino de San Tiago. Política exterior do Brasil – 1962. *In*: *Poder nacional, cultura política e paz mundial: conferências na Escola Superior de Guerra (1951-1962)*. Rio de Janeiro: ESG, 2014.

DANTAS, Francisco Clementino de San Tiago. Política exterior e desenvolvimento: discurso de paraninfo da turma de diplomatas de 1963. *In*: LESSA, Renato; HOLLANDA, Cristina Buarque de (Org.). *San Tiago Dantas: coletânea de textos sobre política externa*. Brasília: Fundação Alexandre de Gusmão, 2009.

DANTAS, Francisco Clementino de San Tiago. Política Externa Independente: uma síntese. *In*: DUTRA, Pedro (Org.). *San Tiago Dantas: escritos*. São Paulo: Singular, 2024. v. 2: 1946-1964.

DANTAS, Francisco Clementino de San Tiago. Primeira entrevista de San Tiago Dantas como ministro. *In*: LESSA, Renato; HOLLANDA, Cristina Buarque de (Org.). *San Tiago Dantas: coletânea de textos sobre política externa*. Brasília: Fundação Alexandre de Gusmão, 2009.

DANTAS, Francisco Clementino de San Tiago. Reunião da Comissão de Planejamento de Assuntos Ligados à VIII Reunião de Consulta. *In*: LESSA, Renato; HOLLANDA, Cristina Buarque de (Org.). *San Tiago Dantas: coletânea de textos sobre política externa*. Brasília: Fundação Alexandre de Gusmão, 2009.

DE ANGELIS, Pedro. *De la navegación del Amazonas: respuesta a una memoria de M. Maury, oficial de la Marina de los Estados Unidos*. Caracas: T. Antero, 1857.

DU BOIS, W. E. B. Colonies as Cause of War. *In*: GETACHEW, Adom; PITTS, Jennifer (Ed.). *W. E. B. Du Bois: International Thought*. Cambridge: Cambridge University Press, 2022.

ELIOT, T. S. *The Idea of a Christian Society*. Londres: Faber and Faber, 1939.

FEBVRE, Lucien. Brésil, terre d'histoire. *In*: FREYRE, Gilberto. *Maîtres et esclaves: (Casa grande e senzala)*. Traduit du portugais par Roger Bastide, collection La Croix du Sud dirigée par Roger Caillois. Paris: Gallimard, 1952.

FÉNÉLON, François de Salignac de la Mothe. *Directions pour la conscience d'un roi, ou examen de conscience sur les devoirs de la royauté, par Fénélon: trois lettres du même à Louis XIV, a Madame de Maintenon et a M. de Louville*. Paris: Antoine-Augustin Rendouard, 1825.

FERNANDES, Raul. *Joaquim Nabuco: diplomata*. Rio de Janeiro: Ministério das Relações Exteriores, [s.d.].

FRANCO, Afonso Arinos de Melo. Chefia da Delegação à XVI Sessão da Assembleia Geral das Nações Unidas, 15 de fevereiro de 1962. *In*: ARINOS FILHO, Afonso (Org.). *Afonso Arinos no Congresso: cem discursos parlamentares*. Brasília: Senado Federal, 1999.

FRANCO, Afonso Arinos de Melo. Chefia da Delegação à XVI Sessão da Assembleia Geral das Nações Unidas, 19 de fevereiro de 1962. *In*: ARINOS FILHO, Afonso (Org.). *Afonso Arinos no Congresso: cem discursos parlamentares*. Brasília: Senado Federal, 1999.

FRANCO, Afonso Arinos de Melo. Discurso na Câmara dos Deputados, 28 de julho de 1961. *In*: ARINOS FILHO, Afonso (Org.). *Afonso Arinos no Congresso: cem discursos parlamentares*. Brasília: Senado Federal, 1999.

FRANCO, Afonso Arinos de Melo. Nota introdutória. *In*: COUTO E SILVA, Golbery do. *Geopolítica do Brasil*. 2. ed. Rio de Janeiro: José Olympio, 1967.

FRANCO, Afonso Arinos de Melo. O Brasil e a questão de Angola na ONU. *In*: DANTAS, Francisco Clementino de San Tiago. *Política Externa Independente*. Rio de Janeiro: Civilização Brasileira, 1962.

FRANCO, Afonso Arinos de Melo. O chanceler. *In*: CAMARGO, Aspásia; TEIXEIRA, Maria Tereza Lopes; MARIANE, Maria Clara. *O intelectual e o político: encontros com Afonso Arinos*. Brasília: Senado Federal; FGV/CPDOC, 1983.

FRANCO, Afonso Arinos de Melo. Remessa de tropas à República Dominicana. *In*: ARINOS FILHO, Afonso (Org.). *Afonso Arinos no Congresso: cem discursos parlamentares*. Brasília: Senado Federal, 1999.

FRANCO, Afonso Arinos de Melo. Uma obra rabelaisiana. *In*: NERY DA FONSECA, Edson (Org.). *Casa-grande & senzala e a crítica brasileira de 1933 a 1934*. Recife: CEPE, 1985.

FRANCO, Afonso Arinos de Melo. XVI Sessão Ordinária da Assembleia Geral da Organização das Nações Unidas – 1961. *In*: CORRÊA, Luiz Felipe de Seixas (Org.). *A palavra do Brasil nas Nações Unidas: 1946-1995*. Brasília: Fundação Alexandre de Gusmão, 1995.

FRANCO, Afonso Arinos de Melo. XVII Sessão Ordinária da Assembleia Geral da Organização das Nações Unidas – 1962. *In*: CORRÊA, Luiz Felipe de Seixas (Org.). *A palavra do Brasil nas Nações Unidas: 1946-1995*. Brasília: Fundação Alexandre de Gusmão, 1995.

FRANCO, Afonso Arinos de Melo. *A escalada: memórias*. Rio de Janeiro: José Olympio, 1965.

FRANCO, Afonso Arinos de Melo. *Estudos e discursos*. São Paulo: Comercial, 1961.

FRANCO, Afonso Arinos de Melo. *Planalto: memórias*. Rio de Janeiro: José Olympio, 1968.

FRANCO, Afonso Arinos de Melo. *Um estadista da República: Afrânio de Melo Franco e o seu tempo*. Rio de Janeiro: Nova Aguilar; Brasília: Instituto Nacional do Livro, 1976.

FREITAS-VALLE, Cyro de. *Vale dico: despedida do Itamaraty*. Brasília: Fundação Alexandre de Gusmão, 2001.

FREYRE, Gilberto. A missão da ONU. *O Cruzeiro*, 3 dez. 1949.

FREYRE, Gilberto. Afrânio e Gilberto Amado. *O Cruzeiro*, 26 mar. 1949.

FREYRE, Gilberto. Com Mrs. Roosevelt em New York. *O Cruzeiro*, 7 jan. 1950.

FREYRE, Gilberto. El negro en la cultura de Brasil. *Unesco Courier*, v. 8-9, 1952.

Freyre, Gilberto. Eliminação de conflitos e tensões entre raças. *In*: Nery da Fonseca, Edson (Org.). *Gilberto Freyre: palavras repatriadas*. São Paulo: Imprensa Oficial de São Paulo; Brasília: Ed. Universidade de Brasília, 2003.

Freyre, Gilberto. Internacionalizando a ciência social. *In*: Nery da Fonseca, Edson (Org.). *Gilberto Freyre: palavras repatriadas*. São Paulo: Imprensa Oficial de São Paulo; Brasília: Ed. Universidade de Brasília, 2003.

Freyre, Gilberto. Internationalizing Social Science. *In*: Cantril, Hadley (Ed.). *Tensions that Cause War: Common Statement and Individual Papers by a Group of Social Scientists Brought Together by Unesco*. Urbana: University of Illinois Press, 1950.

Freyre, Gilberto. La importancia de una sociología panibérica. *Revista de Occidente*, a. 2, 2. ép., n. 11, 1964.

Freyre, Gilberto. O Brasil – suas atuais responsabilidades fora da América. *O Cruzeiro*, 7 jul. 1956.

Freyre, Gilberto. Um estadista da República. *Revista Cruzeiro*, n. 1, 22 out. 1955.

Freyre, Gilberto. *Arte, ciência e trópico: em torno de alguns problemas de sociologia da arte – conferências proferidas, umas no Museu de Arte de São Paulo, outras nas Universidades do Recife e da Bahia*. São Paulo: Martins, 1962.

Freyre, Gilberto. *Aventura e rotina: sugestões de uma viagem à procura das constantes portuguesas de caráter e ação, com 22 ilustrações*. Rio de Janeiro: José Olympio, 1953.

Freyre, Gilberto. *Brazil: an Interpretation*. Nova York: Alfred A. Knopf, 1945.

Freyre, Gilberto. *Cartas do próprio punho sobre pessoas e coisas do Brasil e do estrangeiro*. Brasília: Ministério da Educação e Cultura, 1978.

Freyre, Gilberto. *Casa-grande & senzala: formação da família brasileira sob o regime de economia patriarcal*. Rio de Janeiro: Maia & Schmidt, 1933.

Freyre, Gilberto. *Continente e ilha: conferência lida no Salão de Conferências da Biblioteca do Estado do Rio Grande do Sul, no dia 19 de novembro de 1940*. Rio de Janeiro: Casa do Estudante do Brasil, 1943.

Freyre, Gilberto. *Guerra, paz e ciência*. Rio de Janeiro: Ministério das Relações Exteriores, 1948.

Freyre, Gilberto. *Interpretação do Brasil: aspectos da formação social brasileira como processo de amalgamento de raças e culturas*. Rio de Janeiro; São Paulo: José Olympio, 1947.

Freyre, Gilberto. *Interpretación del Brasil*. México: Fondo de Cultura Económica, 1945.

Freyre, Gilberto. *Joaquim Nabuco*. Rio de Janeiro: José Olympio, 1948.

Freyre, Gilberto. *Na Bahia em 1943*. Rio de Janeiro: Companhia Brasileira de Artes Gráficas, 1944.

Freyre, Gilberto. *O Brasil em face das Áfricas negras e mestiças: conferência proferida no Gabinete Português de Leitura do Rio de Janeiro a 10 de junho de 1962, a convite da Federação das Associações Portuguesas do Brasil*. Rio de Janeiro: Federação das Associações Portuguesas, 1962.

FREYRE, Gilberto. *O mundo que o português criou: aspectos das relações sociais e de cultura do Brasil com Portugal e as colônias portuguesas*. Rio de Janeiro: José Olympio, 1940.

FREYRE, Gilberto. *Ordem, liberdade, mineiridade*. Rio de Janeiro: Vida Turfista, 1946.

FREYRE, Gilberto. *Pessoas, coisas & animais*. São Paulo: MPM, 1979.

FREYRE, Gilberto. *Prefácios desgarrados: 50 anos de prefácios*. Rio de Janeiro; Brasília: Ed. Cátedra; Instituto Nacional do Livro, 1978. v. 1.

FREYRE, Gilberto. *Quase política: 9 discursos e 1 conferência*. Rio de Janeiro; São Paulo, José Olympio, 1950.

FREYRE, Gilberto. *Sociologia: introdução ao estudo dos seus princípios*. Rio de Janeiro; São Paulo: José Olympio, 1945. Segunda parte: sociologias e sociologia.

FREYRE, Gilberto. *Tempo morto e outros tempos: trechos de um diário de adolescência e primeira mocidade*. São Paulo: Global, 2006.

FREYRE, Gilberto. *The Masters and the Slaves: a Study in the Development of Brazilian Civilization*. Berkeley; Los Angeles; Londres: University of California Press, 1986.

FREYRE, Gilberto. *Um brasileiro em terras portuguesas: introdução a uma possível lusotropicologia, acompanhada de conferências e discursos proferidos em Portugal e em terras lusitanas e ex-lusitanas da Ásia, da África e do Atlântico*. Rio de Janeiro: José Olympio, 1953.

FREYRE, Gilberto. *Uma política transnacional de cultura para o Brasil de hoje*. Belo Horizonte: Revista Brasileira de Estudos Políticos, 1960.

FREYRE, Gilberto. *Ingleses*. Rio de Janeiro: José Olympio, 1942.

FREYRE, Gilberto. *Problemas brasileiros de antropologia*. Rio de Janeiro: Casa do Estudante do Brasil, 1943.

FREYRE, Gilberto. *Região e tradição*. Rio de Janeiro: José Olympio, 1941.

FREYRE, Gilberto. *Uma cultura ameaçada: a luso-brasileira*. Recife: Ed. Autor, 1940.

GOA ameaçada pela Índia. *O Globo*, 8 dez. 1961.

GRIECO, Donatello. *Defesa de Portugal na ONU: 30 de janeiro de 1957*. Lisboa; Rio de Janeiro: Acadêmica de D. Filipa e H. Antunes, 1957.

HAMMARSKJÖLD, Dag. The International Civil Servant in Law and in Fact. *In*: KAY, David A. (Ed.). *The United Nations Political System*. Nova York; Londres; Sidnei: John Wiley & Sons, 1967.

HAMMARSKJÖLD, Dag. Two Differing Concepts of United Nations Assayed. *In*: KAY, David A. (Ed.). *The United Nations Political System*. Nova York; Londres; Sidnei: John Wiley & Sons, 1967.

HORKHEIMER, Max. Remarks on "Internationalizing Social Science". *In*: CANTRIL, Hadley (Ed.). *Tensions that Cause War: Common Statement and Individual Papers by a Group of Social Scientists Brought Together by Unesco*. Urbana: University of Illinois Press, 1950.

HOUAISS, Antônio. Afonso Arinos: o político, o escritor e o homem. *In*: FRANCO, Afonso Arinos de Melo Franco. *Um estadista da República: Afrânio de Melo Franco e o seu tempo*. Rio de Janeiro: Nova Aguilar; Brasília: Instituto Nacional do Livro, 1976.

HOUAISS, Antônio. Conclusões do conselheiro Antônio Houaiss sobre os trabalhos da quarta comissão da XVII Assembleia Geral das Nações Unidas. *In*: FRANCO, Álvaro Costa (Org.). *Documentos da Política Externa Independente*. Rio de Janeiro; Centro de História e Documentação Diplomática; Brasília: Fundação Alexandre de Gusmão, 2008. v. 2.

HOUAISS, Antônio. *A defesa*. Rio de Janeiro: Avenir, 1979.

JAGUARIBE, Hélio. *O nacionalismo na atualidade brasileira*. Rio de Janeiro: Instituto Superior de Estudos Brasileiros, 1958.

LINS DO REGO, José. Prefácio. *In*: FREYRE, Gilberto. *Ingleses*. Rio de Janeiro: José Olympio, 1942.

LOPES, Leonardo Jorge Pessoa. Mestre Gilberto Freyre. *In*: FREYRE, Gilberto. *O Brasil em face das Áfricas negras e mestiças: conferência proferida no Gabinete Português de Leitura do Rio de Janeiro a 10 de junho de 1962, a convite da Federação das Associações Portuguesas do Brasil*. Rio de Janeiro: Federação das Associações Portuguesas, 1962.

MACHADO DE ASSIS, Joaquim Maria. *Esaú e Jacó*. Rio de Janeiro; Paris: H. Garnier; Livreiro-Editor, 1904.

MACHADO DE ASSIS, Joaquim Maria. *Memorial de Aires*. Rio de Janeiro; Paris: H. Garnier; Livreiro-Editor, 1908.

MARTINS, Joaquim Pedro de Oliveira. *O Brasil e as colônias portuguesas*. 5. ed. aum. Lisboa: Parceria António Maria Pereira Livraria Editora, 1920.

MAURY, Matthew. *The Amazon, and the Atlantic Slopes of South America: a Series of Letters Published in the National Intelligencer and Union Newspapers, Under the Signature of "Inca"*. Washington: Franck Taylor, 1853.

MÉTRAUX, Alfred. Informe sobre las relaciones raciales en el Brasil. *Unesco Courier*, v. 8-9, 1952.

MILL, John Stuart. *On Liberty*. Londres: Penguin, 1985.

MONROE, James. The Original Monroe Doctrine, Contained in the President's Message of December 2, 1823. *In*: PERKINS, Dexter. *Hands Off: a History of the Monroe Doctrine*. Boston: Little, Brown and Company, 1943.

MOREIRA, Adriano. *Portugal e o Artigo 73 da Carta das Nações Unidas*. Lisboa: Revista do Gabinete de Estudos Ultramarinos, 1957.

MUNN, Bruce W. O Brasil em posição contrária a Portugal nas Nações Unidas. *O Globo*, 9 nov. 1961.

NABUCO, Joaquim. A aproximação das duas Américas. *In*: *Camões e assuntos americanos*. São Paulo: Instituto Progresso Editorial, 1949. (Obras completas de Joaquim Nabuco, v. X).

NABUCO, Joaquim. A parte da América na civilização. *In*: *Camões e assuntos americanos.* São Paulo: Instituto Progresso Editorial, 1949. (Obras completas de Joaquim Nabuco, v. X).

NABUCO, Joaquim. Documento 39. Carta de JN a RB, 3 ago. 1908. FCRB (inédita). *In*: ALENCAR, João Almino de; SANTOS, Ana Maria Pessoa dos (Org.). *Meu caro Rui, meu caro Nabuco.* Rio de Janeiro: Casa de Rui Barbosa, 1999.

NABUCO, Joaquim. Latin Republics Now Independent. Joachim Nabuco, New Ambassador from Brazil, Says Southern Nations are no Longer in Need of Sponsor. *Chicago Tribune,* 10 jul. 1905.

NABUCO, Joaquim. O sentimento da nacionalidade na história do Brasil. *In*: *Camões e assuntos americanos.* São Paulo: Instituto Progresso Editorial, 1949. (Obras completas de Joaquim Nabuco, v. X).

NABUCO, Joaquim. *A intervenção estrangeira durante a Revolta: a intimação das potências; o controle naval na baía do Rio; a ação do almirante Benham; o asilo a bordo das corvetas portuguesas.* Rio de Janeiro: Leuzinger, 1896.

NABUCO, Joaquim. *Balmaceda.* Rio de Janeiro: Leuzinger, 1895.

NABUCO, Joaquim. *Camões e assuntos americanos.* São Paulo: Instituto Progresso Editorial, 1949. (Obras completas de Joaquim Nabuco, v. X).

NABUCO, Joaquim. *Cartas a amigos II.* São Paulo: Instituto Progresso Editorial, 1949. (Obras completas de Joaquim Nabuco, v. XIV).

NABUCO, Joaquim. *Diários.* Prefácio e notas de Evaldo Cabral de Mello. Recife: Massangana; Rio de Janeiro: Bem-Te-Vi, 2005. v. II: 1889-1910.

NABUCO, Joaquim. *Escritos e discursos literários.* São Paulo: Instituto Progresso Editorial, 1949. (Obras completas de Joaquim Nabuco, v. IX).

NABUCO, Joaquim. *Joaquim Nabuco, embaixador.* Rio de Janeiro: Fundação Alexandre de Gusmão, 2011. v. I: 1905-1907.

NABUCO, Joaquim. *Joaquim Nabuco, embaixador.* Rio de Janeiro: Fundação Alexandre de Gusmão, 2011. v. II: 1908-1910.

NABUCO, Joaquim. *O abolicionismo.* Londres: Abraham Kingdon e Ca., 1883.

NABUCO, Joaquim. *O direito do Brasil.* São Paulo: Instituto Progresso Editorial, 1949. (Obras completas de Joaquim Nabuco, v. VIII).

NABUCO, Joaquim. *Pensamentos soltos.* São Paulo: Instituto Progresso Editorial, 1949. (Obras completas de Joaquim Nabuco, v. X).

NABUCO, Joaquim. *Um estadista do Império – Nabuco de Araújo: sua vida, suas opiniões, sua época.* Rio de Janeiro; Paris: Garnier, 1897. t. I: 1813-1857.

NABUCO, Joaquim. *Um estadista do Império – Nabuco de Araújo: sua vida, suas opiniões, sua época.* Rio de Janeiro; Paris: Garnier, 1898. t. II: 1857-1866.

NABUCO, Joaquim. *Um estadista do Império – Nabuco de Araújo: sua vida, suas opiniões, sua época.* Rio de Janeiro; Paris: Garnier, 1899. t. III: 1866-1878.

NABUCO, Maurício. Diário. *In*: FARIAS, Rogério de Souza (Org.). *Maurício Nabuco e o diário secreto da diplomacia brasileira (1919-1977)*. Brasília: Fundação Alexandre de Gusmão, 2025.

NEGRÃO DE LIMA, Francisco. Carta do Embaixador Negrão de Lima a M. M., Lisboa, 20 de junho de 1961. *In*: MATHIAS, Marcello. *Correspondência Marcello Mathias-Salazar: 1947/1968*. 2. ed. Lisboa: DIFEL, 1984.

NEVES DA FONTOURA, João. Carta-Prefácio. *In*: BEZERRA DE MENEZES, Adolpho Justo. *O Brasil e o mundo ásio-africano*. Rio de Janeiro: Irmãos Pongetti, 1956.

NEVES DA FONTOURA, João. *Exposição do Ministro João Neves da Fontoura: aos membros das comissões de Relações Exteriores do Senado Federal e de Diplomacia e Tratados da Câmara dos Deputados e aos líderes dos partidos nacionais com assento no Parlamento, em 29 de maio de 1951*. Rio de Janeiro: Serviço de Publicações do Ministério das Relações Exteriores, 1951.

NOGUEIRA, Alberto Franco. *Salazar*. Porto: Civilização, 1986. v. IV – O ataque: 1945-1958.

NOGUEIRA, Alberto Franco. *Salazar*. Porto: Civilização, 1988. v. V – A resistência: 1958-1964.

NOGUEIRA, Alberto Franco. *The United Nations and Portugal: a Study of Anti-Colonialism*. 2. ed. Londres: Sidgwick and Jackson, 1963.

NOGUEIRA, Alberto Franco. *Um político confessa-se: diário (1960-1968)*. Porto: Civilização, 1986.

O BRASIL não censurará frontalmente a Portugal. *O Globo*, 10 nov. 1961.

PARANHOS JÚNIOR, José Maria da Silva. Série telegráfica à Haia. *In*: PARANHOS JÚNIOR, José Maria da Silva; BARBOSA, Rui. *II Conferência da Paz: Haia 1907*. Brasília: Fundação Alexandre de Gusmão, 2014.

PARANHOS JÚNIOR, José Maria da Silva. Série telegráfica a Washington. *In*: NABUCO, Joaquim. *Joaquim Nabuco, embaixador*. Rio de Janeiro: Fundação Alexandre de Gusmão, 2011. v. I: 1905-1907.

PARANHOS JÚNIOR, José Maria da Silva. A satisfação diplomática (12 jan. 1906). *In*: *Obras do barão do Rio Branco*. Brasília: Fundação Alexandre de Gusmão, 2012. v. X: Artigos.

PARANHOS JÚNIOR, José Maria da Silva. A solução diplomática no caso da *Panther* (13 jan. 1906). *In*: *Obras do barão do Rio Branco*. Brasília: Fundação Alexandre de Gusmão, 2012. v. X: Artigos.

PARANHOS JÚNIOR, José Maria da Silva. Ao visconde de Cabo Frio (16 ago. 1903). *In*: *Obras do barão do Rio Branco*. Brasília: Fundação Alexandre de Gusmão, 2012. v. IX: Discursos.

PARANHOS JÚNIOR, José Maria da Silva. Brasil e Argentina (26 set. 1908). *In*: *Obras do barão do Rio Branco*. Brasília: Fundação Alexandre de Gusmão, 2012. v. X: Artigos.

PARANHOS JÚNIOR, José Maria da Silva. Crônica (1º maio 1875). *In*: *Obras do barão do Rio Branco*. Brasília: Fundação Alexandre de Gusmão, 2012. v. X: Artigos.

PARANHOS JÚNIOR, José Maria da Silva. III Conferência Internacional Americana (23 jul. 1906). *In*: *Obras do barão do Rio Branco*. Brasília: Fundação Alexandre de Gusmão, 2012. v. IX: Discursos.

PARANHOS JÚNIOR, José Maria da Silva. No Clube Militar. *Obras do barão do Rio Branco*. Brasília: Fundação Alexandre de Gusmão, 2012. v. IX: Discursos.

PARANHOS JÚNIOR, José Maria da Silva. O Brasil nos conflitos americanos (17 dez. 1909). *In*: *Obras do barão do Rio Branco*. Brasília: Fundação Alexandre de Gusmão, 2012. v. X: Artigos.

PARANHOS JÚNIOR, José Maria da Silva. O caso da *Panther* (11 jan. 1906). *In*: *Obras do barão do Rio Branco*. Brasília: Fundação Alexandre de Gusmão, 2012. v. X: Artigos.

PARANHOS JÚNIOR, José Maria da Silva. *Obras do barão do Rio Branco*. Brasília: Fundação Alexandre de Gusmão, 2012. v. IX: Discursos.

PARANHOS, José Maria da Silva. Montevidéu (1853). *Cadernos do CHDD*, a. 21, n. 40, 1º sem. 2022.

PARANHOS, José Maria da Silva. *Cartas ao amigo ausente*. Rio de Janeiro: Academia Brasileira de Letras, 2008.

POTTER, Pitman B. Universalism *Versus* Regionalism in International Reorganization. *The American Political Science Review*, n. 36, 1943.

PUFENDORF, Samuel. *An Introduction to the History of the Principal Kingdoms and States of Europe*. Michael J. Seidler (Ed.). Indianapolis: Liberty Fund, 2013.

RAO, Vicente. Reatar com a URSS? A palavra oficial do Itamaraty sobre o problema. *Visão*, 11 dez. 1953.

RESUMO das atividades da delegação do Brasil à XVI sessão da Assembleia Geral das Nações Unidas. 28 de dezembro de 1961. *In*: FRANCO, Álvaro Costa (Org.). *Documentos da Política Externa Independente*. Rio de Janeiro; Centro de História e Documentação Diplomática; Brasília: Fundação Alexandre de Gusmão, 2007. v. 1.

SANTA CRUZ, Hernán. *Racial Discrimination*. Nova York: United Nations, 1971.

SCHMITT, Carl. Cambio de estructura del derecho internacional (1943). *In*: *Escritos de política mundial*. Buenos Aires: Heracles, 1995.

SCHMITT, Carl. *El concepto de lo político: texto de 1932 con un prólogo y tres corolarios*. Madri: Alianza, 2014.

SCHMITT, Carl. Großraum *Versus* Universalism: the International Legal Struggle Over the Monroe Doctrine (1939). *In*: LEGG, Stephen (Ed.). *Spatiality, Sovereignty and Carl Schmitt: Geographies of the Nomos*. Londres; Nova York: Routledge, 2011.

SCHMITT, Carl. The Großraum Order of International Law with a Ban on Intervention for Spatially Foreign Powers: a Contribution to the Concept of *Reich* in International Law (1939-1941). *In*: *Writings on War*. Cambridge; Malden: Polity, 2013.

Senado Federal. *Anais do Senado do Império do Brasil: Assembleia Geral Legislativa: Sessão Legislativa Ordinária: 8ª Legislatura: Sessões de Maio de 1851*. Brasília: Subsecretaria de Anais, 1978.

Senado Federal. *Anais do Senado do Império do Brasil: Assembleia Geral Legislativa: Sessão Legislativa Ordinária: 8ª Legislatura: Sessões de Setembro de 1851*, Brasília: Subsecretaria de Anais, 1978.

Senado Federal. *Anais do Senado do Império do Brasil: Assembleia Geral Legislativa: Sessão Legislativa Ordinária: 8ª Legislatura: Sessões de Maio de 1852*. Brasília: Subsecretaria de Anais, 1978.

Senado Federal. *Anais do Senado do Império do Brasil: Assembleia Geral Legislativa: Sessão Legislativa Ordinária: 9ª Legislatura: Sessões de Maio a Julho de 1853*. Brasília: Subsecretaria de Anais, 1978.

Senado Federal. *Anais do Senado do Império do Brasil: Assembleia Geral Legislativa: Sessão Legislativa Ordinária: 10ª Legislatura: Sessões de Maio a Setembro de 1857*. Brasília: Subsecretaria de Anais, 1978.

Sodré, Roberto de Abreu. Carta do ministro de Estado das Relações Exteriores, Roberto de Abreu Sodré, ao Secretário-Geral das Nações Unidas, Javier Pérez de Cuéllar, enviada em 29 de maio de 1986. *Resenha de Política Exterior do Brasil*, n. 49, 2º trim. 1986.

Souza, Paulino José Soares de. Documentos expedidos pela Secretaria de Estado. *In*: Souza, José Antônio Soares de (Org.). *A missão Bellegarde ao Paraguai (1849-1852)*. Rio de Janeiro: Ministério das Relações Exteriores, 1970. v. III: Documentos.

Souza, Paulino José Soares de. Documentos Montevidéu (jan. 1852-out. 1853) e Buenos Aires (maio 1852-set. 1853). *Cadernos do CHDD*, a. 22, n. 43, 2º sem. 2023.

Souza, Paulino José Soares de. Instruções (1843-1846). *Cadernos do CHDD*, a. 9, n. 17, 2º sem. 2010.

Souza, Paulino José Soares de. Missão especial à América Meridional: Duarte da Ponte Ribeiro (1851-1852). *Cadernos do CHDD*, a. 9, n. 16, 1º sem. 2010.

Souza, Paulino José Soares de. Montevidéu Documentos (1849-1852). *Cadernos do CHDD*, a. 20, n. 39, 2º sem. 2021.

Souza, Paulino José Soares de. *Ensaio sobre o direito administrativo pelo visconde do Uruguai*. Rio de Janeiro: Typ. Nacional, 1862. t. I.

Souza, Paulino José Soares de. *Ensaio sobre o direito administrativo pelo visconde do Uruguai*. Rio de Janeiro: Typ. Nacional, 1862. t. II.

Souza, Paulino José Soares de. *Relatório da Repartição dos Negócios Estrangeiros, apresentado à Assembleia Geral Legislativa na quarta sessão da oitava legislatura pelo respectivo ministro e secretário de Estado Paulino José Soares de Souza*. Rio de Janeiro: Typ. Universal de Laemmert, 1852.

Souza, Paulino José Soares de. *Relatório da Repartição dos Negócios Estrangeiros, apresentado à Assembleia Geral Legislativa na primeira sessão da nona legislatura pelo respectivo ministro e secretário de Estado Paulino José Soares de Souza*. Rio de Janeiro: Typ. do Diário de A. & L. Navarro, 1853.

Souza, Paulino José Soares de. *Três discursos do Illmo. e Exmo. Sr. Paulino José Soares de Souza, Ministro dos Negócios Estrangeiros*. Rio de Janeiro: Typ. Imp. e Const. de J. Villeneuve e C., 1852.

Vargas, Getúlio. *No limiar de uma nova era: 20 de outubro de 1939 a 29 de junho de 1940*. Rio de Janeiro: José Olympio, 1940. v. VII: A nova política do Brasil.

Varnhagen, Francisco Adolfo de. *Memorial orgânico: (uma proposta para o Brasil em meados do século XIX)*. Brasília: Fundação Alexandre de Gusmão, 2016.

Wright, Philip Quincy. *Mandates Under the League of Nations*. Chicago: University of Chicago Press, 1930.

Zimmern, Alfred. Nationalism and Internationalism. *Foreign Affairs*, n. 1, v. 4, 1923.

Zimmern, Alfred. *The Third British Empire: Being a Course of Lectures Delivered at Columbia University New York*. Londres: Humphrey Milford; Oxford: Oxford University Press, 1926.

Bibliografia geral

Albuquerque e Silva, Silvio José. *Combate ao racismo*. Brasília: Fundação Alexandre de Gusmão, 2008.

Alencastro, Luiz Felipe de. Geopolítica da mestiçagem. *Novos Estudos CEBRAP*, n. 11, v. 1, 1985.

Alencastro, Luiz Felipe de. Mulattos in Brazil and Angola: a Comparative Approach, Seventeenth to Twenty-First Centuries. *In*: Bethencourt, Francisco; Pearce, Adrian. *Racism and Ethnic Relations in the Portuguese-Speaking World*. Oxford: Oxford University Press, 2012.

Alencastro, Luiz Felipe de. Prefácio. *In*: Feldman, Luiz. *Mar e sertão: ensaio sobre o espaço no pensamento brasileiro*. Rio de Janeiro: Topbooks, 2023.

Alencastro, Luiz Felipe de. *O trato dos viventes: formação do Brasil no Atlântico Sul*. São Paulo: Companhia das Letras, 2000.

Almeida, André Ferrand de. O *Mapa Geográfico de América Meridional*, de Juan de la Cruz Cano y Olmedilla. *Anais do Museu Paulista*, v. 17, n. 2, 2009.

Altamirano, Carlos. *La invención de Nuestra América: obsesiones, narrativas y debates sobre la identidad de América Latina*. Buenos Aires: Siglo XXI Editores, 2021.

Amorim, Celso. O Brasil e o Conselho de Segurança das Nações Unidas. *Revista Política Externa*, v. 3, n. 4, 1995.

Amorim, Celso. *Breves narrativas diplomáticas*. São Paulo: Benvirá, 2013.

Amorim, Celso. *A grande estratégia do Brasil: discursos, artigos e entrevistas da gestão no ministério da Defesa*. Editado por Antonio Jorge Ramalho da Rocha *et al*. Brasília: Fundação Alexandre de Gusmão; São Paulo: Edusp, 2014.

Andrade, Mario. *Aspectos da literatura brasileira*. Rio de Janeiro: Americ=Edit., 1943.

Antunes de Oliveira, Felipe; Pavan Lopes, Lucas. A Argentina e a independência do Brasil: o reconhecimento tardio de um reconhecimento pioneiro. *CEBRI Revista*, a. 2, n. 5, 2023.

Ardao, Arturo. *Génesis de la idea y el nombre de América Latina*. Caracas: Centro de Estudios Latinoamericanos Rómulo Gallegos, 1980.

Ardao, Arturo. Naturaleza y cultura en los puntos cardinales. *In*: *Espacio e inteligencia*. Caracas: Editorial Equinoccio, 1983.

Arendt, Hannah. *Between Past and Future: Six Exercises in Political Thought*. Nova York: Viking Press, 1961.

Arendt, Hannah. *Essays in Understanding: 1930-1954 – Formation, Exile, Totalitarianism*. New York: Schocken, 2005.

Assis, Arthur Alfaix. *Plural Pasts: Historiography Between Events and Structures*. Cambridge: Cambridge University Press, 2023.

Aubert, Pedro Gustavo. A pax armada no entreguerras do Rio da Prata. *In*: Ferreira, Leonardo da Costa; Loureiro, Marcello José Gomes; Arias Neto, José Miguel (Org.). *O legado de Marte: olhares múltiplos sobre a Guerra do Paraguai*. Curitiba: Appris, 2021.

Azambuja, Marcos. Apresentação. *In*: Freitas-Valle, Cyro de. *Vale dico: despedida do Itamaraty*. Brasília: Fundação Alexandre de Gusmão, 2001.

Azambuja, Marcos. Videla é a mãe. *Revista Piauí*, n. 55, mar. 2011.

Balbino, Viviane Rios. *Diplomata – substantivo comum de dois gêneros. Um estudo sobre a presença das mulheres na diplomacia brasileira*. Brasília: Fundação Alexandre de Gusmão, 2011.

Baracuhy, Braz. A crise da Liga das Nações em 1926: realismo neoclássico, multilateralismo e a natureza da política externa brasileira. *Contexto Internacional*, v. 28, n. 2, 2006.

Barbosa, Cibele. *Escrita histórica e geopolítica da raça: a recepção de Gilberto Freyre na França*. São Paulo: Global, 2023.

Barrio, Cesar. *O Império do Brasil e a política de intervenção no Rio da Prata (1843-1865)*. Brasília: Fundação Alexandre de Gusmão, 2018.

Barroso, Gustavo. *História do Palácio Itamaraty*. Rio de Janeiro: Museu Histórico e Diplomático do Itamaraty, 1956.

Belli, Benoni; Uziel, Eduardo (Org.). *O Brasil e o mundo: estudos sobre o pensamento de Gelson Fonseca Júnior*. Brasília: Fundação Alexandre de Gusmão; Centro Brasileiro de Relações Internacionais, 2023.

Benzaquen de Araújo, Ricardo. *Guerra e paz:* Casa-grande & senzala *e a obra de Gilberto Freyre nos anos 30*. São Paulo: Ed. 34, 1994.

Bicalho, Maria Fernanda. Da colônia ao império. *In*: Mello e Souza, Laura de; Furtado, Júnia Ferreira; Bicalho, Maria Fernanda (Org.). *O governo dos povos*. São Paulo: Alameda, 2009.

Bitelli, Julio. A política brasileira para a África e a descolonização dos territórios portugueses. *Cadernos do IPRI*, n. 2, 1989.

Boxer, Charles Ralph. *Opera Minora III: Historiografia/Historiography*. Curto, Diogo Ramada (Ed.). Lisboa: Fundação Oriente, 2002.

Boxer, Charles Ralph. *Race Relations in the Portuguese Colonial Empire: 1415-1825*. Oxford: Clarendon Press, 1963.

Buarque de Holanda, Sérgio. O atual e o inatual na obra de Leopold von Ranke. *Revista de História*, v. 50, n. 100, 1974.

Buarque de Holanda, Sérgio. *Capítulos de expansão paulista*. Organizado por Laura de Mello e Souza e André Sekkel Cerqueira. São Paulo: Companhia das Letras, 2014.

Buarque de Holanda, Sérgio. *Raízes do Brasil*. Rio de Janeiro: José Olympio, 1936.

Buarque de Holanda, Sérgio. *Visão do paraíso: os motivos edênicos no descobrimento e colonização do Brasil*. Rio de Janeiro: José Olympio, 1959.

Burns, E. Bradford. *A aliança não escrita: o barão do Rio Branco e as relações do Brasil com os Estados Unidos*. Rio de Janeiro: EMC, 2003.

Cabral de Mello, Evaldo. Depois do *D. João VI*. *In*: Lima, Manoel de Oliveira. *O movimento da Independência: 1821-1822*. Rio de Janeiro: Topbooks, 1997.

Cabral de Mello, Evaldo. Diplomacia: 1899-1910. *In*: Nabuco, Joaquim. *Diários*. Prefácio e notas de Evaldo Cabral de Mello. Recife: Massangana; Rio de Janeiro: Bem-Te-Vi, 2005. v. II: 1889-1910.

Cabral de Mello, Evaldo. *Um imenso Portugal: história e historiografia*. São Paulo: Ed. 34, 2002.

Cahen, Michel. A mestiçagem colonialista ou a colonialidade de Gilberto Freyre na colonialidade do Brasil. *Portuguese Studies Review*, v. 26, n. 1, 2018.

Calvet de Magalhães, José. *A diplomacia pura*. Viseu: Associação Portuguesa para o Estudo das Relações Internacionais, 1982.

Campderrich, Ramón. *La palabra de Behemoth: derecho, política y orden internacional en la obra de Carl Schmitt*. Madri: Editorial, 2005.

Campos, Luiz Augusto. O negro é povo no Brasil: afirmação da negritude e democracia racial em Alberto Guerreiro Ramos (1948-1955). *Caderno CRH*, v. 28, n. 73, 2015.

Candido, Antonio. Radicalismos. *Estudos Avançados,* São Paulo, v. 4, n. 8, 1990.

Capistrano de Abreu, João. Ao barão do Rio Branco – 1886-1903. *In*: Rodrigues, José Honório (Org.). *Correspondência de Capistrano de Abreu*. Rio de Janeiro: Instituto Nacional do Livro, 1954. v. 1.

Capistrano de Abreu, João. Introdução. *In*: Salvador, Frei Vicente do. *História do Brasil*. Rio de Janeiro: Typ. de G. Leuzinger & Filhos, 1889.

Carrières, Henri (Org.). *A gestão de Vasco Leitão da Cunha no Itamaraty e a política externa brasileira: seleção de documentos diplomáticos (1964-1965)*. Brasília: Fundação Alexandre de Gusmão, 2021.

CARVALHO, José Murilo de. Introdução. *In*: CARVALHO, José Murilo de (Org.). *Visconde do Uruguai*. São Paulo: Ed. 34, 2002.

COOK-MARTIN, David; Fitzgerald, David. Vender el mito de la democracia racial: selección étnica en las políticas migratorias de Brasil desde la República hasta el presente. *In*: MARTÍNEZ, Elda González; LEANDRI, Ricardo González (Ed.). *Migraciones transatlánticas: desplazamientos, etnicidad y políticas*. Madri: Catarata, 2015.

CORRÊA DO LAGO, Pedro. *Oswaldo Aranha: uma fotobiografia*. Rio de Janeiro: Capivara, 2017.

CORTESÃO, Armando; TEIXEIRA DA MOTA, Avelino. *Portvgaliae Monvmenta Cartographica*. Lisboa: Imprensa Nacional-Casa da Moeda, 1987. v. III.

CORTESÃO, Jaime. *Alexandre de Gusmão e o Tratado de Madrid*. Brasília e São Paulo: Fundação Alexandre de Gusmão; Imprensa Oficial, 2006. t. I.

CORTESÃO, Jaime. *Alexandre de Gusmão e o Tratado de Madrid*. Brasília e São Paulo: Fundação Alexandre de Gusmão; Imprensa Oficial, 2006. t. II.

CORTESÃO, Jaime. *História do Brasil nos velhos mapas*. Lisboa: Imprensa Nacional-Casa da Moeda, 2009. t. II.

CORTESÃO, Jaime. *Manuscritos da Coleção De Angelis*. Rio de Janeiro: Biblioteca Nacional, 1951. 7 v.

CORTESÃO, Jaime. *Influência dos descobrimentos portugueses na história da civilização*. Lisboa: Imprensa Nacional-Casa da Moeda, 1993.

COSER, Ivo. Estado. *In*: FERES JÚNIOR, João (Org.). *Léxico da história dos conceitos políticos do Brasil*. Belo Horizonte: Ed. UFMG, 2014.

COSÍO VILLEGAS, Daniel. *Ensayos y notas*. Buenos Aires; Cidade do México: Hermes, 1966. v. 2.

COSTA E SILVA, Alberto da. Notas de um companheiro de viagem. *In*: FREYRE, Gilberto. *Aventura e rotina*. Rio de Janeiro: Topbooks, 2001.

COSTA E SILVA, Alberto da. *Das mãos do oleiro: aproximações*. Rio de Janeiro: Nova Fronteira, 2005.

COSTA, João Frank da. *Nabuco e a política exterior do Brasil*. Rio de Janeiro: Record, 1968.

CRUZ, Levy. Democracia racial, uma hipótese. *FUNDAJ – Trabalhos para Discussão*, n. 128, 2002.

DÁVILA, Jerry. Entre dois mundos: Gilberto Freyre, a ONU e o *apartheid* sul-africano. *História Social*, n. 19, 2010.

DÁVILA, Jerry. *Hotel trópico: o Brasil e o desafio da descolonização africana, 1950-1980*. São Paulo: Paz e Terra, 2011.

DE MOURGUES, Odette. *Two French Moralists: La Rochefoucauld and La Bruyère*. Cambridge: Cambridge University Press, 1978.

DIMAS, Antonio. Blanche Knopf & Gilberto Freyre. *In*: DE PAULA JR., Josias; AZOUBEL, Roberto (Org.). *O enigma Gilberto Freyre: ensaios de imersão*. Recife: CEPE, 2022.

DIMAS, Antonio. Nas ruínas, o otimismo. *In*: DIMAS, Antonio; LEENHARDT, Jacques; PESAVENTO, Sandra Jatahy (Org.). *Reinventar o Brasil: Gilberto Freyre entre história e ficção*. Porto Alegre: Ed. UFRGS, 2006.

DONGHI, Tulio Halperin. Rosismo y restauración europea en los informes del cónsul sardo en Buenos Aires (1835-1848). *Revista de Historia de América*, n. 37-38, 1954.

DORATIOTO, Francisco. *O Brasil no Rio da Prata (1822-1994)*. Brasília: Fundação Alexandre de Gusmão, 2014.

DORÉ, Andréa. O deslocamento de interesses da Índia para o Brasil durante a União Ibérica: mapas e relatos. *Colonial Latin American Review*, v. 23, n. 2, 2014.

DORÉ, Andréa. *Cartografia da promessa: Potosi e o Brasil em um continente chamado Peruana*. São Paulo: Intermeios, 2020.

DUTRA, Pedro (Org.). *San Tiago Dantas: escritos*. São Paulo: Singular, 2024. v. 2: 1946-1964.

DUTRA, Pedro. *San Tiago Dantas: a razão vencida*. São Paulo: Singular, 2023. v. 2: 1946-1964.

ELLIOTT, John H. El dominio atlántico de John H. Elliott. *In*: MICHAEL, Christopher Domínguez. *Profetas del pasado: quince voces de la historiografía sobre México*. Cidade do México: Ediciones Era; Universidad Autónoma de Nuevo León, 2011.

ELLIOTT, John H. *El Atlántico español y el Atlántico luso: divergencias y convergencias*. Las Palmas: Cabildo Insular de Gran Canaria, 2016.

ENTÍN, Gabriel (Ed.). *Rousseau en Iberoamérica: lecturas e interpretaciones entre monarquía y revolución*. Buenos Aires: SB, 2019.

FARIA, Carlos Aurélio Pimenta de; CEPIK, Marco. Brasil y América Latina: bolivarianismos antiguos y modernos. *Análisis Político*, v. 49, 2003.

FARIAS, Rogério de Souza. O diplomata pelo seu inédito arquivo. *In*: FARIAS, Rogério de Souza (Org.). *Maurício Nabuco e o diário secreto da diplomacia brasileira (1919-1977)*. Brasília: Fundação Alexandre de Gusmão, 2025.

FASTENRATH, Ulrich. Chapter XI: Declaration Regarding Non-Self-Governing Territories. Article 73. *In*: SIMMA, Bruno (Ed.). *The Charter of the United Nations: a commentary*. Munique: C. H. Beck, 1995.

FELDMAN, Luiz. *La invención de América* y *Visión del paraíso*: un acercamiento. *Historia Mexicana*, v. 75, n. 2 (298), oct./dic. 2025.

FELDMAN, Luiz. *Cuatro aproximaciones a Sérgio Buarque de Holanda*. Cidade do México: Instituto de Investigaciones Dr. José María Luis Mora, 2024.

FELDMAN, Luiz. *Mar e sertão: ensaio sobre o espaço no pensamento brasileiro*. Rio de Janeiro: Topbooks, 2023.

FERES JÚNIOR, João. O conceito de América: conceito básico ou contra-conceito? *Jahrbuch für Geschichte Lateinamerikas*, n. 45, 2008.

FERREIRA, Gabriela Nunes. O Segundo Reinado (1840-1889). *In*: FONSECA JÚNIOR, Gelson (Org.). *Política externa brasileira: história e historiografia*. Brasília: Fundação Alexandre de Gusmão, 2023.

FERREIRA, Gabriela Nunes. *O Rio da Prata e a consolidação do Estado imperial.* São Paulo: Hucitec, 2006.

FONSECA JÚNIOR, Gelson. Anotações sobre as condições do sistema internacional no limiar do século XXI: a distribuição dos polos de poder e a inserção internacional do Brasil. *In*: DUPAS, Gilberto; VIGEVANI, Tullo (Org.). *O Brasil e as novas dimensões da segurança internacional.* São Paulo: Alfa Omega; Fapesp, 1999.

FONSECA JÚNIOR, Gelson. Os Colóquios da Casa das Pedras: argumentos da diplomacia de San Tiago Dantas. *In*: DANTAS, Francisco Clementino de San Tiago. *Política Externa Independente*. Ed. atual. Brasília: Fundação Alexandre de Gusmão, 2011.

FONSECA JÚNIOR, Gelson. Política externa brasileira: padrões e descontinuidades no período republicano. *Relações Internacionais*, n. 29, mar. 2011.

FONSECA JÚNIOR, Gelson. *A legitimidade e outras questões internacionais: poder e ética entre as nações*. 2. ed. São Paulo: Paz e Terra, 2004.

FONSECA JÚNIOR, Gelson. *O interesse e a regra: ensaios sobre o multilateralismo*. São Paulo: Paz e Terra, 2008.

FRADKIN, Raúl O.; GELMAN, Jorge. *Juan Manuel de Rosas: la construcción de un liderazgo político*. Buenos Aires: Edhasa, 2019.

FRESTON, Paul. Um império na província: o Instituto Joaquim Nabuco em Recife. *In*: MICELI, Sérgio (Org.). *História das Ciências Sociais no Brasil.* São Paulo: Sumaré, 2001.

FURTADO, Júnia Ferreira. Portuguese America under Foreign Threat and the Creation of the Concept of Uti Possidetis in the First Half of the 18th Century. *Espacio, tiempo y forma*, s. IV, n. 34, 2021.

FURTADO, Júnia Ferreira. *L'Amérique Méridionale: the Map that Shaped Brazil in the 18th Century*. Leiden; Boston: Brill, 2025.

FURTADO, Júnia Ferreira. *O mapa que inventou o Brasil.* São Paulo: Odebrecht, 2013.

FURTADO, Júnia Ferreira. *Oráculos da geografia iluminista: Dom Luís da Cunha e Jean-Baptiste Bourguignon D'Anville na construção da cartografia do Brasil.* Belo Horizonte: Ed. UFMG, 2012.

GALLI, Carlo. *Formas de la crítica*. Madri: Guillermo Escolar, 2023.

GANIVET, Ángel. *Idearium español: y El porvenir de España*. Buenos Aires; Cidade do México: Espasa-Calpe Argentina, 1940.

GARCIA, Eugênio Vargas. *O Brasil e a Liga das Nações (1919-1926): vencer ou não perder*. Brasília: Fundação Alexandre de Gusmão, 2000.

GARCIA, Eugênio Vargas. *O sexto membro permanente: o Brasil e a criação da ONU.* Rio de Janeiro: Contraponto, 2011.

GOES FILHO, Synesio Sampaio. *As fronteiras do Brasil.* Brasília: Fundação Alexandre de Gusmão, 2013.

GOES FILHO, Synesio Sampaio. *Navegantes, bandeirantes, diplomatas: um ensaio sobre a formação das fronteiras do Brasil.* Brasília: Fundação Alexandre de Gusmão, 2015.

GOMES, Ângela de Castro. *História e historiadores: a política cultural do Estado Novo*. 2. ed. Rio de Janeiro: FGV, 1999.

GOMES, Mario Helio. *A história íntima de Gilberto Freyre*. Recife: CEPE, 2022.

GONÇALVES, Williams da Silva. *O realismo da fraternidade: as relações Brasil-Portugal no governo Kubitschek*. Brasília: Fundação Alexandre de Gusmão, 2024.

GONZALEZ, Lélia. Por um feminismo afro-latino-americano. *In*: RIOS, Flavia; LIMA, Márcia (Org.). Rio de Janeiro: Zahar, 2020.

GRATALOUP, Christian. *Geohistoria*. Barcelona: RBA, 2025.

GRAY, Colin S. *Hard Power and Soft Power: the Utility of Military Force as an Instrument of Policy in the 21st Century*. Carlisle: Strategic Studies Institute, 2011.

GRINBERG, Keila. Paulino José Soares de Souza (Visconde do Uruguai). *In*: VAINFAS, Ronaldo (Org.). *Dicionário do Brasil imperial (1822-1889)*. Rio de Janeiro: Objetiva, 2002.

GUERREIRO, Ramiro Elysio Saraiva. Conferência na Escola Superior de Guerra, no Rio de Janeiro, em 3 de setembro de 1982. *Resenha de Política Exterior do Brasil*, n. 34, jul./set. 1982.

GUERREIRO, Ramiro Elysio Saraiva. Discursos do Ministro de Estado das Relações Exteriores, Ramiro Saraiva Guerreiro, e do Presidente da Comissão de Relações Exteriores da Câmara dos Deputados, Deputado Diogo Nomura, no Palácio Itamaraty, em Brasília, em 11 de maio de 1983. *Resenha de Política Exterior do Brasil*, n. 37, abr./maio 1983.

GUERREIRO, Ramiro Elysio Saraiva. *Ramiro Saraiva Guerreiro (depoimento 1985/1991)*. Rio de Janeiro: CPDOC, 2009.

GUIMARÃES, Antonio Sérgio Alfredo. Democracia racial: o ideal, o pacto e o mito. *Novos estudos*, n. 61, 2001.

GUIMARÃES, Antonio Sérgio Alfredo. *Modernidades negras: a formação racial brasileira (1930-1970)*. São Paulo, Ed. 34, 2021.

GUIMARÃES, Antonio Sérgio Alfredo. *Racismo e antirracismo no Brasil*. São Paulo: Ed. 34, 2009.

GULICK, Edward Vose. *Europe's Classical Balance of Power: a Case History of the Theory and Practice of One of the Great Concepts of European Statecraft*. Nova York: W. W. Norton & Company, 1967.

HAAS, Peter M. Epistemic Communities and International Policy Coordination. *International Organization*, v. 46, n. 1, 1992.

HENDRIX, Henry J. *Theodore Roosevelt's Naval Diplomacy: The U. S. Navy and the Birth of the American Century*. Annapolis: Naval Institute Press, 2009.

HOBBES, Thomas. *Leviathan*. Oxford; Nova York: Oxford University Press, 2008.

KANTOR, Íris. Novas expressões da soberania portuguesa na América do Sul: impasses e repercussões do reformismo pombalino na segunda metade do século XVIII. *In*: FRAGOSO, João; GOUVÊA, Maria de Fátima (Org.). *O Brasil colonial 1720-1821*. Rio de Janeiro: Civilização Brasileira, 2025.

Kennedy, Paul. *The Parliament of Man: The United Nations and the Quest for World Government*. Londres: Allen Lane, 2007.

Kennedy, Paul. *The Rise and Fall of British Naval Mastery*. Amherst: Humanity Books, 1983.

Kissinger, Henry. *A World Restored: Metternich, Castlereagh and the Problems of Peace 1812-1822*. Boston: Houghton Mifflin, 1973.

Koselleck, Reinhart. Mudança linguística e história de eventos. *In*: *Histórias de conceitos: estudos sobre a semântica e a pragmática da linguagem política e social*. Rio de Janeiro: Contraponto, 2020.

Koselleck, Reinhart. Space and History. *In*: *Sediments of Time: on Possible Histories*. Stanford: Stanford University Press, 2018.

Koskenniemi, Martti. *The Gentle Civilizer of Nations: The Rise and Fall of International Law (1870-1960)*. Cambridge: Cambridge University Press, 2001.

Kratochwil, Friedrich. On the Notion of "Interest" in International Relations. *International Organization*, v. 36, n. 1, 1982.

Kratochwil, Friedrich. The Genealogy of Multilateralism: Reflections on an Organizational Form and its Crisis. *In*: Newman, Edward; Thakur, Ramesh; Tirman, John (Ed.). *Multilateralism Under Challenge? Power, International Order, and Structural Change*. Tóquio; Nova York; Paris: United Nations University Press, 2006.

Lafer, Celso. *A identidade internacional do Brasil e a política externa brasileira: passado, presente e futuro*. 2 ed. rev. ampl. São Paulo: Perspectiva, 2004.

Lafer, Celso. *Relações internacionais, política externa e diplomacia brasileira: pensamento e ação*. Brasília: Fundação Alexandre de Gusmão, 2018. 2 v.

Lafer, Celso. "Soft Power" e Joseph Nye. *O Estado de S. Paulo*, 15 jun. 2025.

Lamazière, Georges. *Ordem, hegemonia e transgressão: a resolução 687 (1991) do Conselho de Segurança das Nações Unidas, a Comissão Especial das Nações Unidas (UNSCOM) e o regime internacional de não-proliferação de armas de destruição em massa*. Brasília: Fundação Alexandre de Gusmão; Centro de Estudos Estratégicos, 1998.

Leme, Rafael Souza Campos de Moraes. *Absurdos e milagres: um estudo sobre a política externa do lusotropicalismo (1930-1960)*. Brasília: Fundação Alexandre de Gusmão, 2011.

Leme, Rafael Souza Campos de Moraes. *O Brasil e as Reclamações Alabama*. Brasília: Fundação Alexandre de Gusmão, 2025.

Lemoine, Yves. *Fernand Braudel, ambition et inquiétude d'un historien*. Paris: Michel de Maule, 2010.

Lima, Manoel de Oliveira. *Aspectos da história e da cultura do Brasil: conferências inaugurais*. Lisboa: Livraria Clássica Editora de A. M. Teixeira & C. (Filhos), 1923.

Lima, Manoel de Oliveira. *Um século nas relações internacionais do Brasil*. São Paulo: Seção de Obras d'O Estado de S. Paulo, 1924.

Lima, Márcia; Campos, Luiz Augusto; Gomes, Ingrid. Os estudos sobre relações raciais no Brasil: uma análise da produção recente (1994-2013). *In*: Miceli,

Sérgio; Martins, Carlos Benedito. *Sociologia brasileira hoje*. Cotia: Ateliê Editorial, 2018. v. II.

Lima, Sérgio Eduardo Moreira. O Brasil e a independência de Angola. *In*: Lima, Sérgio Eduardo Moreira; Santos, Luís Cláudio Villafañe G. (Org.). *Quarenta anos das relações Brasil-Angola: documentos e depoimentos*. Brasília: Fundação Alexandre de Gusmão, 2015.

Lobo, Helio. *O pan-americanismo e o Brasil.* São Paulo; Rio de Janeiro; Recife; Porto Alegre: Companhia Editora Nacional, 1939. (Brasiliana, v. 169).

Lopes dos Santos, Ynaê. *Irmãs do Atlântico: escravidão e espaço urbano no Rio de Janeiro e em Havana (1763-1843)*. Rio de Janeiro: Civilização Brasileira, 2025.

Lopes dos Santos, Ynaê. *Racismo brasileiro: uma história da formação do país*. São Paulo: Todavia, 2022.

Lopes, Dawisson Belém. Existe um pensamento internacional brasileiro? *Revista Estudos Políticos*, v. 6, n. 2, 2015.

Lopes, Dawisson Belém. *De Bonifácio a Amorim: elementos de uma teoria social da política externa brasileira*. Belo Horizonte: Ed. UFMG, 2025.

Lynch, Christian. Cartografia do pensamento político brasileiro: conceito, história, abordagens. *Revista Brasileira de Ciência Política*, Brasília, n. 19, 2016.

Lynch, Christian. Matrizes ideológicas da historiografia brasileira: as primeiras histórias partidárias da independência (1826-1849). *História da Historiografia*, v. 17, 2024.

Lynch, Christian. O Império é que era a República: a monarquia republicana de Joaquim Nabuco. *Lua Nova*, n. 85, 2012.

Lynch, Christian. Um saquarema no Itamaraty: por uma abordagem renovada do pensamento político do Barão do Rio Branco. *Revista Brasileira de Ciência Política*, n. 15, set./dez. 2014.

Lynch, Christian. Visconde do Uruguai: realismo periférico, construção do Estado e geopolítica na América Ibérica oitocentista. *Revista do Instituto Histórico e Geographico Brazileiro*, v. 475, 2017.

Lynch, Christian. *Fundações do pensamento político brasileiro: a construção intelectual do Estado no Brasil.* Rio de Janeiro: Topbooks, 2024.

Mackinder, Halford John. The Geographical Pivot of History. *The Geographical Journal*, v. 23, n. 4, 1904.

Mahan, Alfred Thayer. *The Interest of America in Sea Power, Present and Future*. Boston: Little, Brown, and Company, 1898.

Maio, Marcos Chor. Cientificismo e antirracismo no pós-II Guerra Mundial: uma análise das primeiras declarações sobre raça da Unesco. *In*: Maio, Marcos Chor; Santos, Ricardo Ventura (Org.). *Raça como questão: história, ciência e identidades no Brasil.* Rio de Janeiro: Fiocruz, 2010.

Maio, Marcos Chor. O Brasil no concerto das nações: a luta contra o racismo nos primórdios da Unesco. *História, Ciências, Saúde – Manguinhos*, v. 5, 1998.

MAIO, Marcos Chor. O Projeto Unesco e a agenda das ciências sociais no Brasil dos anos 40 e 50. *Revista Brasileira de Ciências Sociais*, v. 14, n. 41, 1999.

MAIO, Marcos Chor. O Projeto Unesco: ciências sociais e o credo racial brasileiro. *Revista USP*, v. 1, n. 46, 2000.

MAIO, Marcos Chor. Tempo controverso: Gilberto Freyre e o Projeto Unesco. *Tempo Social*, v. 11, 1999.

MARÍAS, Julián. *Cinco años de España*. Madri: Espasa-Calpe, 1982.

MARTINS FILHO, José Roberto. *A Marinha brasileira na era dos encouraçados, 1895-1910: tecnologia, forças armadas e política*. Rio de Janeiro: FGV, 2010.

MATTOS, Ilmar Rohloff de. O lavrador e o construtor: o visconde do Uruguai e a construção do Estado imperial. *In*: Prado, Maria Emília. *O Estado como vocação: ideias e práticas políticas no Brasil oitocentista*. Rio de Janeiro: Access, 1999.

MAZOWER, Mark. *No Enchanted Palace: the End of Empire and the Ideological Origins of the United Nations*. Princeton; Oxford: Princeton University Press, 2009.

MENCK, José Theodoro Mascarenhas. *A questão do Rio Pirara (1829-1904)*. Brasília: Fundação Alexandre de Gusmão, 2009.

MERQUIOR, José Guilherme. Gilberto y después. *In*: LYRIO, Mauricio Carvalho; FELDMAN, Luiz (Org.). *Merquior y México: una antologia*. Cidade do México: Textofilia, 2023.

MESQUITA, Gustavo. *Gilberto Freyre e o Estado Novo: região, nação e modernidade*. São Paulo: Global, 2018.

MILANI, Carlos R. S.; PINHEIRO, Leticia; SOARES DE LIMA, Maria Regina. Brazil's Foreign Policy and the "Graduation Dilemma". *In*: MILANI, Carlos; HIRST, Monica (Org.). *A projeção internacional do Brasil: textos selecionados de Maria Regina Soares de Lima*. Curitiba: Appris, 2021.

MONTAIGNE, Michel de. *Ensaios*. São Paulo: Martins Fontes, 2002. v. 1.

MORAES, Fabiano Bastos. Gilberto Freyre, Itamaraty e relações internacionais. [*S. l.*]: [*S. n.*], 2025. Mimeo.

MORGENTHAU, Hans J. *In Defense of the National Interest: a Critical Examination of American Foreign Policy*. Lanham; Londres: University Press of America, 1982.

MORGENTHAU, Hans J. *Peace, Security & the United Nations*. Chicago: University of Chicago Press, 1946.

MORRIS, Ian. *Geography Is Destiny: Britain and the World: a 10,000-Year History*. Nova York: Picador (Farrar, Straus and Giroux), 2023.

MOTA, Carlos Guilherme. *Ideologia da cultura brasileira (1933-1974)*. São Paulo: Ática, 1976.

MOURA, Gerson. *Autonomia na dependência: a política externa brasileira de 1935 a 1942*. Rio de Janeiro: Nova Fronteira, 1980.

MOUTINHO, Laura. "Raça", sexualidade e gênero na construção da identidade nacional. *Cadernos Pagu*, n. 23, jul./dez. 2024.

NASCIMENTO, Abdias. *"Racial Democracy" in Brazil: Myth or Reality?* Ife: University of Ife, 1977.

NASCIMENTO, Beatriz. *Uma história feita por mãos negras*. Organizado por Alex Ratts. Rio de Janeiro: Zahar, 2021.

NEUMANN, Franz. *Behemoth: pensamiento y acción en el nacional-socialismo*. Cidade do México: Fondo de Cultura Económica, 1943.

O'GORMAN, Edmundo. *La idea del descubrimiento de América: historia de esa interpretación y crítica de sus fundamentos*. Cidade do México: Universidad Nacional Autónoma de México, 1976.

OAKESHOTT, Michael. The Activity of Being an Historian. *In*: *Rationalism in Politics and Other Essays*. Expand. ed. Indiana: Liberty Fund, 1991.

PALTI, Elías J. *La "Nueva historia intelectual"*. Buenos Aires: Prometeo, 2025. v. II: Reinhart Koselleck y la historia conceptual alemana.

PANI, Erika. *Torn Asunder: Republican Crises and Civil Wars in the United States and Mexico, 1848-1867*. Chapel Hill: University of North Carolina Press, 2025.

PARADISO, José. *El ideal unificador en América Latina: dos siglos de integración y fragmentación*. Buenos Aires: Editorial de la Universidad Nacional de Tres de Febrero, 2024.

PARRON, Támis. *A política da escravidão no Império do Brasil, 1826-1865*. Rio de Janeiro: Civilização Brasileira, 2011.

PATRIOTA DE MOURA, Cristina. Herança e metamorfose: a construção social de dois Rio Branco. *Estudos Históricos*, v. 14, n. 25, 2000.

PEREIRA, José Mario. El fenómeno Merquior. *In*: LYRIO, Mauricio Carvalho; FELDMAN, Luiz (Org.). *Merquior y México: una antología*. Cidade do México: Textofilia, 2023.

PEREIRA, Paulo José dos Reis. Idealismo continental e pragmatismo nacional na diplomacia de Joaquim Nabuco. *In*: JACKSON, Kenneth David (Org.). *Joaquim Nabuco em Yale: centenário das conferências na universidade – ensaios comemorativos*. Rio de Janeiro: Bem-te-vi, 2010.

PHELAN, John Leddy. Pan-Latinism, French Intervention in Mexico (1861-1867) and the Genesis of the Idea of Latin America. *In*: ORTEGA Y MEDINA, Juan A. (Org.). *Conciencia y autenticidad históricas: escritos en homenaje a Edmundo O'Gorman*. Cidade do México: UNAM, 1968.

QUINTELLA, Thereza Maria Machado. Apresentação. *In*: FRIAÇA, Guilherme José Roeder. *Mulheres diplomatas no Itamaraty (1918-2011): uma análise de trajetórias, vitórias e desafios*. Brasília: Fundação Alexandre de Gusmão, 2018.

RAMOS, Alberto Guerreiro. Enteléquias na interpretação. *In*: RAMOS, Alberto Guerreiro. *Introdução crítica à sociologia brasileira*. Rio de Janeiro: Ed. UFRJ, 1995.

RAMOS, Alberto Guerreiro. *A redução sociológica: introdução ao estudo da razão sociológica*. São Paulo: Ubu, 2024.

RAMOS, Alberto Guerreiro. *Ideologias e segurança nacional*. Rio de Janeiro: Instituto Superior de Estudos Brasileiros, 1957.

RAMOS, Alberto Guerreiro. Gilberto Freyre ou a obsolescência (1956). *In*: BARBOSA, Muryatan S. (Org.). *Negro sou*. Rio de Janeiro: Zahar, 2023.

REGO, André Heráclio do. *Oliveira Lima: obra seleta (História)*. Recife: CEPE, 2022.

RIBEIRO, Darcy. *¿América Latina existe?* Buenos Aires: Tucán Editores, 2023.

RICHTER, Melvin. *The History of Political and Social Concepts: a Critical Introduction*. Nova York; Oxford: Oxford University Press, 1995.

RICUPERO, Rubens. Joaquim Nabuco e as fronteiras do Brasil. *Revista da Academia Brasileira*, v. 19, n. 4, 2011.

RICUPERO, Rubens. Um doce crepúsculo: a diplomacia de Joaquim Nabuco. *Revista USP*, n. 83, 2009.

RICUPERO, Rubens. *A diplomacia na construção do Brasil: 1750-2016*. Rio de Janeiro: Versal, 2017.

ROJAS, Rafael. *La vanguardia peregrina: el escritor cubano, la tradición y el exilio*. Cidade do México: Fondo de Cultura Económica, 2013.

ROJAS, Rafael. *La historia como arma: los intelectuales latinoamericanos y la Guerra Fría*. Cidade do México: Siglo XXI Editores, 2025.

ROMÁN, José Antonio Sánchez. *La Sociedad de Naciones y la reinvención del imperialismo liberal*. Madri: Marcial Pons Historia, 2021.

SANTÍ, Enrico Mario. Latinoamericanismo. *Vuelta*, a. XVIII, n. 210, mai. 1994.

SANTOS, Luís Claudio Villafañe G. Duarte da Ponte Ribeiro: definindo o território da monarquia. *In*: PIMENTEL, José Vicente de Sá (Org.). *Pensamento diplomático brasileiro: formuladores e agentes da política externa (1750-1950)*. Brasília: Fundação Alexandre de Gusmão, 2013.

SANTOS, Luís Cláudio Villafañe G. *A América do Sul no discurso diplomático brasileiro*. Brasília: Fundação Alexandre de Gusmão, 2014.

SANTOS, Luís Cláudio Villafañe G. *Juca Paranhos, o barão do Rio Branco*. São Paulo: Companhia das Letras, 2018.

SARALEGUI, Miguel. *Vacío y unidad: introducción al pensamiento de Carl Schmitt*. Madri: Guillermo Escolar, 2024.

SCHLÖGEL, Karl. *En el espacio leemos el tiempo: sobre historia de la civilización y geopolítica*. Madri: Siruela, 2007.

SCHNEIDER, Alberto Luiz. *Capítulos de história intelectual: racismos, identidades e alteridades na reflexão sobre o Brasil*. São Paulo: Alameda, 2019.

SCHWARCZ, Lilia Moritz (Org.). *Leituras críticas sobre Evaldo Cabral de Mello*. Belo Horizonte: Ed. UFMG; São Paulo: Fundação Perseu Abramo, 2008.

SEMMEL, Bernard. *Liberalism & Naval Strategy: Ideology, Interest, and Sea Power During the Pax Britannica*. Boston: Allen & Unwin, 1986.

SÉNÉCHAL, Gustavo. *Entre poder e direito: a tradição grotiana na política externa brasileira*. Brasília: Fundação Alexandre de Gusmão, 2005.

SEXTON, Jay. *The Monroe Doctrine: Empire and Nation in Nineteenth-Century America*, Nova York: Farrar, Strauss & Giroux, 2012.

Silva, A. E. Duarte. O litígio entre Portugal e a ONU (1960-1974). *Análise Social*, v. 30, n. 130, 1995.

Skinner, Quentin. Meaning and Understanding in the History of Ideas. *In*: Tully, James (Ed.). *Meaning and Context: Quentin Skinner and his Critics*. Princeton: Princeton University Press, 1988.

Skinner, Quentin. *Reason and Rhetoric in the Philosophy of Hobbes*. Cambridge; Nova York: Cambridge University Press, 2004.

Skinner, Quentin. *Visions of Politics*. Cambridge; Nova York: Cambridge University Press, 2002. v. 1: Regarding Method.

Soares, Rodrigo Goyena. A região-mundo platina no século XIX. *In*: Fonseca Júnior, Gelson; Soares, Rodrigo Goyena (Org.). *A Bacia do Prata no século XIX: política, economia e sociedade*. Brasília: Fundação Alexandre de Gusmão, 2025.

Soares de Lima, Maria Regina. A economia política da política externa brasileira: uma proposta de análise. *Contexto Internacional*, Rio de Janeiro, a. 6, n. 12, jul./dez. 1990.

Soares de Lima, Maria Regina. Aspiração internacional e política externa. *In*: Milani, Carlos; Hirst, Monica (Org.). *A projeção internacional do Brasil: textos selecionados de Maria Regina Soares de Lima*. Curitiba: Appris, 2021.

Soares de Lima, Maria Regina. Política Externa Independente de San Tiago Dantas. *In*: Milani, Carlos; Hirst, Monica (Org.). *A projeção internacional do Brasil: textos selecionados de Maria Regina Soares de Lima*. Curitiba: Appris, 2021.

Soares de Lima, Maria Regina. Prefácio. *In*: Fonseca Júnior, Gelson. *O interesse e a regra: ensaios sobre o multilateralismo*. São Paulo: Paz e Terra, 2008.

Sobreira, Caesar. *Gilberto e o judaísmo: consonâncias e dissonâncias hebraicas no judeu de Apipucos*. Recife: CEPE, 2024.

Sousa, Elizeu Santiago Tavares de. *Pensamento político e política externa no Brasil imperial: tendências do pensamento internacional brasileiro*. 2017. 293 f. Tese (Doutorado em Ciência Política) – Instituto de Estudos Sociais e Políticos, Universidade do Estado do Rio de Janeiro, Rio de Janeiro, 2017.

Souza, José Antônio Soares de. *A vida do visconde do Uruguai: Paulino José Soares de Souza (1807-1866)*. São Paulo: Companhia Editora Nacional, 1944.

Spektor, Matias. Strategies of Rising Brazil: Post-Mortem Review, Looking Forward. *Contemporary Politics*, v. 28, n. 1, 2022.

Tenorio-Trillo, Mauricio. *Latin America: the Allure and Power of an Idea*. Chicago: University of Chicago Press, 2017.

The United Nations and Apartheid 1948-1994. Nova York: Department of Public Information, UN, 1994.

Travassos, Mario. *Projeção continental do Brasil*. 2. ed. ampl. São Paulo: Companhia Editora Nacional, 1935. (Brasiliana, v. 50).

Uziel, Eduardo. A Diamond of Intense Brilliance in the Diadem of Brazilian Diplomacy: the 1953 Plan for Peace in Jerusalem. *Diplomacy & Statecraft*, v. 30, n. 1, 2019.

Uziel, Eduardo. Introdução à documentação histórica sobre a participação do Brasil na Conferência de São Francisco. *In*: Tarrisse da Fontoura, Paulo Roberto; Escorel de Moraes, Maria Luisa; Uziel, Eduardo. *O Brasil e as Nações Unidas: 70 anos*. Brasília: Fundação Alexandre de Gusmão, 2015.

Vainfas, Ronaldo. Colonização, miscigenação e questão racial: notas sobre equívocos e tabus da historiografia brasileira. *Tempo*, n. 8, 1999.

Valentim, Alexandre. *Contra o vento: Portugal, o império e a maré anticolonial (1945-1960)*. Lisboa: Círculo de Leitores, 2017.

Valentim, Alexandre. *No fio da navalha: Portugal e a defesa do império (1961: abril a novembro)*. Lisboa: Círculo de Leitores, 2023.

Valentim, Alexandre. *Os desastres da guerra: Portugal e as revoltas em Angola (1961: janeiro a abril)*. Lisboa: Círculo de Leitores, 2021.

Vargas, João Augusto Costa. *Um mundo que também é nosso: o pensamento e a trajetória diplomática de Araújo Castro*. Brasília: Fundação Alexandre de Gusmão, 2013.

Venancio, Giselle; Furtado, André. *Mestiça cientificidade: três leitores franceses de Gilberto Freyre e a sua máxima consagração no exterior*. Niterói: Eduff, 2021.

Vieira, Mauro. Discurso na sessão solene da Academia Brasileira de Letras pelo lançamento da Coleção Hélio Jaguaribe: Rio de Janeiro, 20 de julho de 2023. *Resenha de Política Exterior do Brasil*, n. 133, 2º sem. 2023.

Walters, F. P. *A History of the League of Nations*. Londres; Nova York; Toronto: Oxford University Press, 1952.

Wehling, Arno. *A invenção da História: estudos sobre o historicismo*. 2. ed. Rio de Janeiro: Gama Filho, 2001.

Wehling, Arno. Introdução. *In*: Varnhagen, Francisco Adolfo de. *Memorial orgânico: (uma proposta para o Brasil em meados do século XIX)*. Brasília: Fundação Alexandre de Gusmão, 2016.

Wey-Gómez, Nicolás. *The Tropics of Empire: Why Columbus Sailed South to the Indies*. Cambridge, Mass.; Londres: The MIT Press, 2008.

Wight, Martin. The Balance of Power. *In*: Butterfield, Herbert; Wight, Martin (Ed.). *Diplomatic Investigations: Essays in the Theory of International Politics*. Cambridge, Mass.: Harvard University Press, 1968.

Wight, Martin. *Power Politics*. Editado por Hedley Bull e Carsten Holbraad. Londres; Nova York: Royal Institute of International Affairs, 1978.

Yankelevich, Pablo; Bernaldo de Quirós, Pilar González (Org.). *Políticas de nacionalidad en América Latina: escalas espaciales y contiendas jurídicas*. Cidade do México: El Colegio de México, 2024.

Zambrano, María. *Escritos sobre Ortega*. Madri: Trotta, 2011.

Zermeño, Guillermo. La metáfora de la historia como tribunal de justicia y su crítica: el caso de Edmundo O'Gorman. *In*: Fuentes, Ángel Hernández (Org.). *Relaciones con el tiempo: estudios sobre la temporalidad en disciplinas histórico-sociales*. Guanajuato: Universidad de Guanajuato, 2023.

FSC
www.fsc.org
MISTO
Papel | Apoiando uma gestão florestal responsável
FSC® C092828

2023
CARBON NEUTRAL
SAVE cerrado

Este livro foi composto com tipografia Adobe Garamond Pro
e impresso em papel Off-White 70 g/m² na Formato Artes Gráficas.